02 ゼロからはじめる建築知識
木造の工事

安水 正

INDEX

第1章 木造工事の全体像 ………………………… 005

- 着工から4ヵ月かかる木造住宅工事の流れ ………………… 006
- コミュニケーションが大切な工事の仕事………………………… 008
- 工事全体を統括する現場監督と職方の役割 ………………… 010
- 写真が伝える工事の真実 ……………………………………… 012
- チェックシートで細かく確認する完了検査………………… 014
- 引渡し時に行う取扱い説明 …………………………………… 016
- 引渡してから始まる本当のお付き合い ……………………… 018
- コラム 工事の仕事に欠かせない建築関係法令の知識………………… 020

第2章 地盤と基礎のチェックポイント……………… 021

- 建物を支える基礎工事のチェックポイント ………………… 022
- 不同沈下と軟弱地盤の危険性 ………………………………… 024
- 調査に熟練が求められるスウェーデン式サウンディング試験 …… 026
- 自沈層の見極めが大切な地盤調査結果の見方 ……………… 028
- 地盤調査の結果で決める地盤補強工法 ……………………… 030
- 建物の位置を決める地縄張りと遣り方 ……………………… 032
- 基礎底面を平らにするための捨てコンクリート …………… 034
- 土台の腐朽を防ぐ床下の湿気対策 …………………………… 036
- 地耐力で決める基礎の種類 …………………………………… 038
- 構造計算で決める基礎の配筋 ………………………………… 040
- かぶり厚さや継手の長さをチェックする配筋検査 ………… 042
- 取付位置が重要なアンカーボルトの施工 …………………… 044
- 試験成績書と現場試験で確認するコンクリートの品質 …… 046
- 締め固めが重要なコンクリートの施工……………………… 048
- 振動で空気を追い出す立ち上がりコンクリートの打設 …… 050
- コンクリートを大事に育てる養生と表面補修 ……………… 052
- 位置と勾配が大切な埋設配管の施工 ………………………… 054
- コラム 品確法は住宅性能の共通ルール ………………………………… 056

第3章　構造の安全性を確保する工事 ……………… 057

- 木造住宅の主流は在来軸組工法 ……………………………… 058
- チェックのタイミングが重要な軸組工事と外装工事 ………… 060
- 木材の特徴を生かして建てる木造住宅 ……………………… 062
- 継手と仕口は在来軸組工法の伝統技術 ……………………… 064
- 耐久性重視で選ぶ土台の材種 ………………………………… 066
- スパンと荷重で決まる梁の断面寸法 ………………………… 068
- たわみや床鳴りを防ぐ床組のポイント ……………………… 070
- 屋根を支える小屋組の構造 …………………………………… 072
- 品質と生産性を高めた軸組プレカット ……………………… 074
- 打ち方で変わる釘留めの性能 ………………………………… 076
- 地震や風圧力に対抗する耐力壁 ……………………………… 078
- 4分割法で確認する耐力壁の配置 …………………………… 080
- 筋かいの向きによって効果が変わる筋かい耐力壁 ………… 082
- 面材によって変わる釘の種類と打ち方 ……………………… 084
- N値で決まる接合金物の種類 ………………………………… 086
- 金物同士の干渉に注意が必要な接合金物の施工 …………… 088
- 耐力壁への力の伝達に必要な水平構面の強さ ……………… 090
- 中間検査のチェックポイント ………………………………… 092
- コラム 強さや含水率を規定する木材の等級 ……………………… 094

第4章　屋根・外壁・断熱の工事と省エネ性能 ……… 095

- アスファルトルーフィングで守る屋根の防水 ……………… 096
- 美しさと重厚感が人気の瓦屋根 ……………………………… 098
- 地震に有利で加工もしやすいスレート屋根 ………………… 100
- 軽くて耐候性にも優れている金属屋根 ……………………… 102
- 屋根面積に応じて選ぶ雨樋の大きさ ………………………… 104
- 下地の取合い部分の防水処理が大切なサッシの施工 ……… 106
- 省エネルギーに適した複層ガラス …………………………… 108
- 施工性に優れる乾式外壁と味わいがある湿式外壁 ………… 110
- 建物の湿気を外部に逃がす外壁通気構法 …………………… 112
- 取合いをシーリングで納める窯業系サイディング外壁 …… 114
- ラスの張り方で防ぐモルタル外壁のひび割れ ……………… 116

下塗り・中塗り・上塗りの3回で施工するモルタル外壁 …………… 118
下地の良否で決まる吹付け塗装の仕上げ ……………………… 120
雨水が浸入しやすい屋根や外壁の取合い部分 ……………… 122
2面接着で防ぐシーリングの破断 ……………………………… 124
水勾配と防水立ち上げで防ぐバルコニーの雨漏り …………… 126
セットで考える断熱・気密と計画換気 ………………………… 128
断熱材の性能を表す熱伝導率 …………………………………… 130
充填断熱工法と外張り断熱工法 ………………………………… 132
床下を居住空間と考える基礎断熱工法 ………………………… 134
壁と天井の通気止めで防ぐ冷気の流入 ………………………… 136
コラム 天井断熱で必要となる小屋裏換気 …………………… 138

第5章　内装工事と健康への配慮 …………………… 139

健康に配慮して選択する内装仕上げ材と工事の流れ ………… 140
下地で調整するフローリングと畳の仕上がり高さ …………… 142
継目をパテで埋める石膏ボードの壁下地 ……………………… 144
上階の振動を防ぐ天井下地の吊木受け ………………………… 146
現場ごとに異なる開口廻りの造作 ……………………………… 148
床・壁・天井の納まりを美しく見せる幅木と廻り縁 ………… 150
真壁工法で行う和室の造作 ……………………………………… 152
安全で使いやすい階段と手摺 …………………………………… 154
床材で最も使われるフローリング ……………………………… 156
4つの等級に分けられる畳の種類 ……………………………… 158
下地と目的に応じて使い分ける塗料と塗装方法 ……………… 160
割り付けが大切なタイルの施工 ………………………………… 162
コラム シックハウス対策と24時間換気 ……………………… 164

第6章　設備機器の設置と外構のデザイン ………… 165

将来の増設も考慮して行う電気設備の工事 …………………… 166
通水・水漏れの確認が大切な給排水設備 ……………………… 168
2時間で室内の空気を入れ換える空調・換気設備 …………… 170
電気式と温水式がある床暖房設備 ……………………………… 172
建物との調和が大切な外構のデザイン ………………………… 174

本書は2009年3月、エクスナレッジより刊行された「世界で一番やさしい木造住宅監理編」を、再編集および加筆・修正したものです。

第1章

木造工事の全体像

着工から4ヵ月かかる
木造住宅工事の流れ

工事着工～基礎工事

　工事契約が済むと、現場での工事が始まります。木造住宅工事の流れとしては、まず地盤調査を行い、地盤が悪ければ地盤補強工事を行います。地盤補強工事は数種類の方法があり、通常の木造住宅ならば、2～3日程度で完了します。

　地盤補強工事が終わると、次に基礎工事を行います。基礎工事の中は細かく分類すると根切り、地業工事、鉄筋工事、型枠コンクリート工事に分けられます。鉄筋の組立てが終了すると配筋検査が行われ、問題がなければコンクリートの打設となります。コンクリートは通常、ベースと立上りの2回に分けて行われます。3～5日程度コンクリート養生をしてから型枠解体、埋め戻しを行い、2～3週間程度で基礎工事が終了します。

建方～引き渡し

　基礎工事が終わると建方の準備に入りますが、建方の前に外部埋設配管工事を行っておきます。それから、土台と大引を敷き、束を設置します。このときに防蟻処理を行い、断熱材を敷いて床の合板張りまで行うケースが増えています。建方前に合板を張っておくと建方の作業がしやすくなるためです。この工程には2～3日程度かかり、その後、外部足場を組んで建方が行われます。建方ではレッカーを使用して、屋根下地合板張りまで一気に行います。建方の後、水平、垂直などを確認したうえで筋かいを入れ、接合金物にてそれぞれの部材を緊結し、中間検査が行われます。

　中間検査が終わると内外装の仕上げ工事に入ります。サッシを取り付けた後に防水工事をして、屋根や外壁仕上げ工事が行われます。それと並行して内部では、断熱工事や内装下地(石膏ボード)の施工、造作工事、建具工事が行われます。それが終わると、塗装、クロス張り、設備機器の取り付け、美装工事へと進み、完了検査に合格後、建物引き渡しとなります(図1)。

> 工事監理者は工事の流れを正確に知り、適切な時期に適切な指示を出します

図1 ▶木造住宅工事の流れ

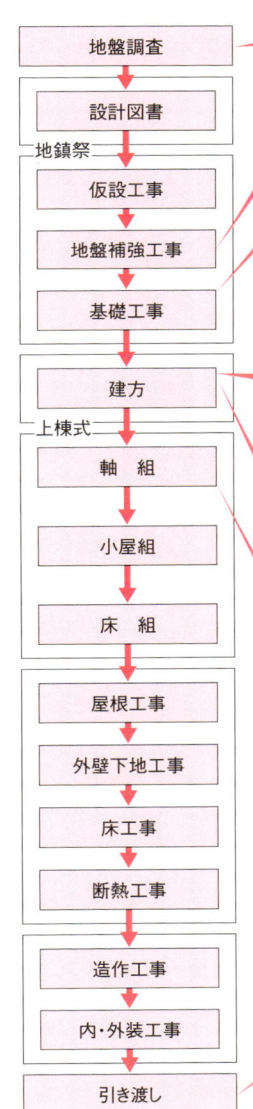

地盤調査
設計に入る前に必ず地盤調査を行う。その結果により地盤補強工事の必要性の有無、基礎形状を決める

地盤補強工事
地盤調査の結果により、地盤が悪い場合に補強工事を行う

基礎工事
根切り、割栗石入れ、捨てコンクリート打ち、墨出し、鉄筋組、型枠組、コンクリート打設などの工事が含まれる。コンクリート打設前に配筋検査が行われる。型枠コンクリート工事は、ベース部分と立上り部分の2回に分けて行われる。立上りコンクリート打設前にアンカーボルトの設置を行う

建方準備
型枠を解体した後、建方の準備として、土台、束、大引を設置、防蟻処理まで行い、断熱材を敷き、床に合板まで張る場合も多い。このときに外部埋設配管工事も行い、埋戻し後、外部足場を組む

建方
レッカー、鳶職人による建方である。柱を立て、一気に柱や梁などの構造材を組み、2階床、屋根下地まで張ってしまう

木造軸組工事
筋かいを入れて、部材同士、接合金物にて緊結する。軸組工事が完了すると、中間検査が行われる。木造住宅工事のなかでも最も重要な工程といえる

内外装下地工事
軸組工事が終わると、内外装の仕上げ工事の前に下地をつくる工事が行われる。屋根、外壁においては、防水シートを張ったり、バルコニーに防水をするための下地をつくる。サッシは、外壁に防水シートを張る前に取り付け、周囲に防水テープを張る。給排水、電気、空調などの設備配線・配管もこの時期に行う

内外装仕上げ工事
下地工事が終わるといよいよ仕上げ工事に入る。外装では屋根、外壁の仕上げ、内装においては、建具を取り付けて造作工事を行う。造作工事が終了したら、塗装、クロス張り工事を行い、最後に設備機器を設置して美装をかけ、完了検査を受けて引き渡しとなる

引き渡し
引き渡し書、検査済書、取扱い説明書、保証書、工事記録写真、竣工図などの書類を揃え、建築主に提出する

コミュニケーションが大切な工事の仕事

工程監理のチェックポイント

　何事でもそうですが、物事を成し遂げようとする場合、必ず期限があります。建築工事においても期限があり、いつから始めていつ終わるのか工程を明確にし、それが契約条件の1つになります。そして、その工程が予定どおりに進んでいるかを確認するのが、現場監理の重要な仕事です。

　工程監理をしていくうえでのチェックポイントは、まず、全体の工期の長さが適正であるかどうかです。また、梅雨時の長雨や、台風時、正月やお盆をはさんだときの長期休止を考慮し、各工程の工事期間が適切かを確認します。

　全体工期は適切であっても躯体工事に時間をかけすぎて、仕上げが突貫になるような工程ではいけません。次の職方を入れるタイミング、そのための準備期間、施工図・施工計画書をいつまでに施工会社に出してもらわなければならないのかなどについては、工程全体を把握して各工事の開始日から逆算してその期限を決めます。

　良質な建物をつくるためには、無理な工程は絶対に禁物です（図2）。

定期的打ち合わせ

　工程を進めていくうえで、大切なことは施工会社任せにしてはいけません。建て主を交えながら、定期的に打ち合わせをして、工事の進捗状況はどうか、スムーズに工事を進めるために何をいつまでに決めないといけないのか、現場で何か不具合が発生し、工期がずれるようならばどう対処するのか、常に建て主と現場とのコミュニケーションを密に図るようにします。

　この打ち合わせにより、全体の工程、月の工程、週の工程をそれぞれ決め、施工会社からは、毎週初めに週間報告書（週報）を出してもらいます。週報にはその週の作業内容、作業者、工事予定を記載してもらい、工事の進捗状況を正確に把握します。

常に工程を把握し、絶対に無理な工程を組まないようにします

図2 ▶ 工程表の例

○○邸新築工事工程表

平成○○年○月～○月
工期 平成○○年○月～○月

全体の工程は長すぎないか、無理がないか、契約書と同じかどうかチェック

工事種別	1ヶ月目	2ヶ月目	3ヶ月目	4ヶ月目	5ヶ月目
仮設工事	遣り方・墨出し	外部足場組立て		足場解体	
地盤補強工事	地盤改良				
基礎工事	掘削・地業・鉄筋コンクリート工事				
木工事		床組・建方　軸組・外部下地	床張り・壁天井下地	内部造作	
屋根工事	屋根発注	下地ルーフィング張り	屋根工事		
外装工事	サイディング発注		下地防水シート張り　サイディング張り	壁・天井ボード張り	
建具工事	サッシ発注	サッシ取付け	サッシ廻りシーリング	建具製作	内部建具切り込み
防水工事			バルコニー防水		
左官・タイル・石工事			施工図のチェック・承認	内部タイル・塗り壁仕上げ	
内装工事			断熱工事	クロスの決定	塗装・クロス張り
雑工事		家具の打ち合わせ 施工図のチェック・承認		家具製作 家具取付け	美装・手直し
電気設備工事		スリーブ入れ	内部配線	器具の打ち合わせ	器具取付け
給排水設備工事		外部埋設配管	内部配管	器具の打ち合わせ	器具取付け
空調設備工事			内部配管	器具の打ち合わせ	器具取付け
外構工事			外構の打ち合わせ 施工図のチェック・承認		外構工事

- 工事日から逆算し、製作日数を考慮して、いつまでに決定し、発注しないといけないのか把握する
- 雨が降った場合の予備日を考慮しているか、養生期間などは適切かをチェック
- 各工事の始まりと終わりは、次の工程を考えて適切かどうかチェック
- 大工の人数、全体のバランスを見て工事日数が長すぎないか、無理がないかをチェック

工事全体を統括する
現場監督と職方の役割

現場全体を統括する現場監督

　木造住宅の工事では、さまざまな職種の職方が現場に関わります。それぞれの職方が役割分担し、協力しあって1軒の住宅をつくり上げていきますが、その職方を統括するのが現場監督です。

　木造住宅の工事において要となるのが、造作大工です。造作大工の良し悪しによって、その建物の質が決まるといっても過言ではありません。

各職方の役割分担

　造作大工は、まず、基礎が出来上がると土台を敷き、束を立て、大引を掛け、断熱材を入れて、床合板を張るところまでを行います。

　具体的には、建方時には鳶職人と協力して柱・梁を組み立て、屋根下地までつくります。躯体が出来上がると接合金物を取り付け、外壁に合板などの下地材を張り、サッシを取り付け、断熱材を入れます。外装廻りが出来上がると、床にフローリングを張り、建具枠、内法材（幅木、廻り縁）を取り付け、壁、天井に下地の石膏ボードを張るなどの作業を行います。

　最近では、構造材は、プレカットにより機械で継手・仕口を加工しますが、以前は、造作大工により木材に墨付けが行われ、のみと鋸により継手・仕口の加工がされていました。また、枠材などの造作材についても、造作大工が鉋で仕上げ・加工・組立てをしていましたが、最近では既製品が多く、工場生産したものを現場で取り付けるというケースが多くなっています。

　そのほかの職方には、土工、鉄筋工、型枠大工、鳶工、屋根工、ブリキエ、防水工、左官工、サイディング工、内装工、石タイル工、塗装工、美装工、水道工、電気工、空調工、造園工などがあります。どの職方も重要であり、1つでも欠けると良い住宅はできません（図3）。

木造住宅工事現場の全体を統括するのが現場監督です

図3 ▶ 木造住宅工事に関わる職方とその役割

木造住宅における職方の種類と仕事内容をまとめてみた。木造住宅では、役割を分担してそれぞれの専門職により工事が進められる。

職方	仕事内容
鳶工	内外部足場組、建前時の軸組の組立てを行う
土工	基礎工事における掘削、割栗石敷き、捨てコンクリート、基礎コンクリートの打設を行う
軽作業工	いろいろな作業の手元、手伝い。雑用、掃除、片付けなどを行う
鉄筋工	基礎の鉄筋の組立てを行う
型枠大工	基礎のコンクリートを流し込むための型枠を組み立てる
造作大工	木造住宅工事では中心的な職方。遣り方、墨出しからはじまり、建方、床組、小屋組、軸組、内外部の造作工事など木に関するすべての作業を行う
屋根葺き工	屋根を葺く。瓦、スレートではそれぞれ手が変わる。下地のルーフィングは専門の職方がいる
板金工	屋根において谷になっている部分に樋を入れ、壁と屋根の取合いに雨押さえを入れる。棟、軒先に水切金物を入れる。軒樋、竪樋などの樋を付ける
防水工	バルコニー、屋上などに防水を行う。最近の住宅ではFRP防水がよく使われる。その他にアスファルト防水、シート防水などがあり、すべてそれぞれ専門の職方がいる。サッシ、サイディングの取合いのシーリングも防水に含まれ、シーリング専門の職方がいる
左官工	最近では乾式が多くなり、湿式の左官工事は減る傾向にある。しかしながら、内部においては、珪藻土塗り、外部においても外壁や腰、土間のモルタル塗りなど建物にはなくてはならない職方である
石工	石を張る職方。石を加工する石彫り工、石を積む石積み工、丁場から石を切り出す石採工に大別される
タイル工	タイルを張る職方。石張りでも、タイルと同様の施工方法で規格品を扱う場合は、タイル工が行うことも多い
サイディング工	最近は、外壁においてモルタル塗りからサイディングに変わる傾向にある。工期が早くて安価、デザインが豊富で火にも強いという理由でその職方も多い
塗装工	内外部の木部、金属部に保護、装飾のために塗装をする職方
内装工	クロス張り、絨毯敷き、カーテン、シート張りなどの仕上げ工事に関わる
木製建具工	木製建具を製作した場合、専門の建具工が建具の吊込みを行う。既製品建具の場合は造作大工が取り付ける
美装工	すべての工事が終了し、竣工・引き渡し前のクリーニングをする。外部のガラス・サッシのクリーニングや、クロス、床のワックスがけ、家具など、仕上がった建物を引き渡すために工事で汚れた仕上材を美しくする
水道工	建物に水が使えるように内外部の給水、給湯、排水の配管を行う。仕上げ工事では、設備機器の取り付けを行う
電気工	建物に電気が使えるように電気の配線、配管を行う。テレビ、電話などの弱電関係も含める。仕上げ工事では、照明器具、スイッチ、コンセントプレートの取付けを行う
空調工	建物に空調機器が使えるように空調用の配管を行う。換気設備なども含める場合がある。仕上げ工事では、空調機器の取付けを行う
ブロック工	外構の塀工事などでブロックを積む職方
造園工	建物工事がすべて終了した後にエクステリアなども含め、植栽工事を行う

写真が伝える工事の真実

工事記録写真の重要性

　適切に現場監理を行うためには、工事記録写真が非常に重要になります。後で隠れてしまう構造部分や埋設される部分、納まりが複雑な部分の写真は、後でトラブルや紛争が生じたときに貴重な資料となります。

　また、設計図書どおりにできているのかどうかを建て主に報告する際にも、文書だけでなく写真を添付することで、より信頼性のある報告書となります。

　写真を撮る主な工程は、地盤補強工事、根切り、地業工事、配筋検査、アンカーボルト設置、コンクリート工事、木造躯体工事、外装下地工事、サッシ工事、防水工事、屋根工事、断熱工事、内装下地工事、内外装仕上げ工事、設備工事、外構工事、検査などです。それぞれの工事ごとのポイントで撮影します。こうして写真を撮っていくことによって、建物が設計図書どおりにできているかどうかも同時にチェックできます（図4）。

誰にでも分かる写真の撮り方

　仕様書や図面に寸法や仕様が記載してある場合は、そのとおりの材料を使って指定どおりにできていることを、写真を見ただけで誰にでも分かるように撮らなければなりません。

　たとえば、基礎工事時のアンカーボルト設置の写真であれば、その位置が分かるように基礎全体の写真を数枚撮った上で、アンカーボルトが入っている間隔を、スケールを当てて撮ります。そして、形状、仕様、太さ、長さが分かるように、全体にスケールを当てて撮ります。

　また、アンカーボルトをコンクリートに埋め込んだ長さが分かるようにコンクリートの天端からどれだけの長さが出ているのかを、天端にスケールを当てて撮ります。これらの写真は、工事の現場が特定出来るように、できる限り現場の風景を入れて撮ることが大切です。

> 仕上げによって隠れる部分は、真実を記録に残すため特に注意して写真を撮影します

図4 ▶各工事で撮るべき写真

地盤補強工事	材料の仕様、使用量。地盤改良の範囲、深さ、杭の本数、位置。施工状況。テストピース採取状況、全景
根切り	地盤からの深さ、根切り範囲。根切り後の状態。施工状況
地業工事	割栗石の厚み、転圧状態。防湿シートの施工状況。全景
配筋検査	鉄筋の仕様、径、間隔、定着、継手の長さ、補強筋の施工状態。スペーサーの設置状況。検査を受けている状況。全景。検査後に是正があればその是正状況
アンカーボルト	位置、本数、仕様、長さ、太さ、形状、埋め込み長さ、設置状況
コンクリート工事	施工状況、散水状況、現場試験、バイブレーターの使用、打設状況、ベースコンクリートの厚み、幅、立上りコンクリートの幅、高さ、型枠を解体した状態、補修状況。全景
木造躯体工事	柱、梁などの構造材の仕様、寸法。束、大引、根太の寸法、間隔。垂木の寸法、間隔。床板、屋根下地合板の仕様、厚み、釘の仕様や長さと間隔、釘打ちの状況。接合金物の仕様、接合状態。筋かいの寸法と位置。検査を受けている状況
外装下地	構造用合板の仕様、厚み、釘の仕様や長さと間隔、釘打ちの状況。胴縁の寸法と間隔。防水シートの仕様、重ね代、張り方、施工状況。ラスと釘の仕様と長さ、間隔、施工状況
サッシ工事	サッシの取付け状況、サッシ廻りの防水テープの張り方。散水試験
防水工事	下地の状況、使用材料の仕様。施工状況。散水試験
屋根工事	屋根下地の状況、防水紙の重ね代、張り方。外壁との取合い部、谷部の納め方。使用材料の仕様、厚み、施工状況
断熱工事	使用材料の仕様、厚み、施工状況。各部との取合い部分の詳細
内装下地工事	石膏ボード、構造用合板の仕様、厚み、釘の仕様、長さ、間隔、釘打ちの状況、施工状況
内外装仕上げ工事	使用材料の仕様、施工状況
設備工事	使用材料の仕様、配管の径、勾配状態、支持金物の状況、保温状況、コンセントボックスの取付け方、結線の状況、施工状況
外構工事	施工状況、塀・擁壁・土間の配線状況、コンクリート打設状況、埋設物の状況
検査	不具合個所、是正状況、検査状況

工事記録写真の例

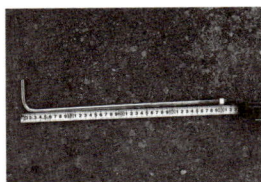

使用するアンカーボルトの長さが適正であることを確認できるように撮る

アンカーボルトのコンクリート天端からの出の長さをあたっている。背景が分かるように撮る

アンカーボルトの位置が正しいかどうか確認できるように基礎全体の写真を撮る

Point 撮影した写真データはCD-Rなどに保管しておく

チェックシートで細かく確認する完了検査

仕上げ検査から引渡しまで

　工事が完了すると完了検査を行います。工事中は、その工事が終了するごとに検査が行われるので、完了検査では主に仕上げの検査を行うことになります。契約書、仕様書、設計図書、打ち合わせ記録などにもとづいて工事が適正に行われていることを確認します。

　現場では、外廻りから内部まで、チェックシートに従って、細かいところまでチェックします。設計図書どおりにできているかどうか、仕上材に傷や汚れ、不陸などがないか、建具に関しては、開閉不良、施錠不良などがないか、電気設備に関しては、照明、コンセントなどの位置、個数、通電が適切か、給排水に関しては、すべて水を出し、異音、異臭、流れ具合、水漏れなどがないかをチェックします。時間をかけてじっくりと見ていくといろいろな不具合が出てきます。不具合箇所には付箋などで印を付け、チェックシートと図面にも不具合個所と内容を記録していきます（図5）。

　検査終了後すぐに、補修方法と補修期日などを検討します。一般的にこの補修は「だめ直し」と呼ばれます。補修工事が完了後に、再度チェックを行います。

　これに前後して建築基準法、住宅金融支援機構、品確法、住宅瑕疵担保責任保険の完了検査が行われます。現場監督はこの検査に立ち会い、指摘されたところは速やかに是正します。

　これらの検査が終わるといよいよ引渡し前の建て主による内覧会が行われます。

　内覧会は、建て主に対するお披露目の会です。工事関係者にとっては最も緊張する日であり、ここで建て主から指摘を受けた場合は、速やかに手直しをして再度、建て主の確認を受けます。建て主の了解が出て、ようやく引渡しとなります。

完了検査では、仕上材の不具合や設備機器の動作確認を行います

図5 ▶ 完了検査の主なポイント

軒裏・外壁に傷、クラック、むら、汚れなどないか確認する

コンセントに電気が正常に通電しているかチェック。また、位置・個数など図面どおりか確認

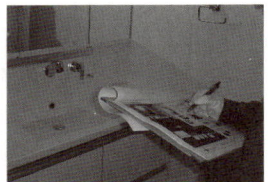
洗面台のチェック。水を流してみて水漏れがないかをチェックする

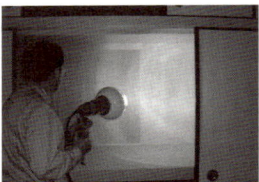
収納のチェック。仕様どおりか、棚板・ハンガーパイプにガタツキはないか、清掃できているか

サッシ、雨戸の開閉状況、施錠は正常にできるか、建付けに問題はないかチェック

換気扇にティッシュを当てて動作状態をチェック

Check Point 完了検査のチェック項目

- **外部に関して**
- □ **全体**：仕様書・図面どおりに施工されているか。建物が傾いていないか
- □ **外壁・軒裏**：仕上材に傷・クラック・ムラ・汚れなどがないか
- □ **土間**：タイル、コンクリートに浮き、汚れ、不陸、傷などの有無、目地に目違い、隙間はないか
- □ **サッシ**：開口部まわりのシーリングは適切に打設されているか
- □ **基礎**：コンクリートにひび割れはないか
- □ **屋根**：屋根材に割れ、不陸、汚れはないか。取合い部分の雨仕舞は適切になされているか
- □ **雨仕舞い・地下車庫**：水漏れはないか
- □ **設備機器**：機器は仕様どおりか、正常に作動しているか
- □ **設備配管**：配管の流れが適正か、排水枡の位置は適正か、異臭、異音はないか
- □ **外構**：門扉の開閉状態の確認、ネットフェンスなどに傷、汚れなどないか、インターホンの動作など
- **内部に関して**
- □ **全体**：仕様書・図面どおりに施工されているか
- □ **床**：床鳴り、浮き、汚れ、不陸、傷などの有無、目地に目違い、隙間はないか、水平にできているか
- □ **幅木**：汚れ、不陸、傷などの有無、床との取合いに隙間はないか
- □ **壁**：クロスなどに浮き、汚れ、不陸、傷、シール切れなどの有無、ジョイント処理はどうか
- □ **天井**：クロスなどに浮き、汚れ、不陸、傷、シール切れなどの有無、ジョイント処理はどうか
- □ **建具**：建具金物、戸当たりは適正に取り付けてあるか、汚れ、不陸、傷などの有無、建て付けの確認、開閉状態の確認
- □ **サッシ**：網戸の有無、汚れ、不陸、傷、破損などの有無、建て付けの確認、開閉状態の確認
- □ **収納**：汚れ、傷などの有無、水平に取り付けてあるか、ハンガーパイプにガタツキはないか、扉の開閉状態は正常か、戸当たりは適正に取り付けてあるか、清掃状況はどうか
- □ **電気設備**：照明器具、換気扇、スイッチコンセントなどの機器は仕様どおりか、位置、個数は図面どおりか、破損、汚れ、傷の有無、動作の確認
- □ **給排水設備**：洗面台、収納棚などの機器は仕様書どおりか、破損、汚れ、傷の有無、動作は正常か、水漏れはないか、臭気はないか、異音はないか、タオル掛けにガタツキはないか

引渡し時に行う取り扱い説明

取り扱い説明

引渡し時には、建て主へ取り扱い説明を行います。長時間になる場合もありますが、建て主にとってはこれからの新生活への大きな期待と希望に満ちた時間です。説明の内容は、建物や設備機器の使用方法や手入れの方法、万が一故障した場合の対処の仕方などです。

設備機器に関しては、キッチンの使い方や清掃の仕方、インターホン、ウォシュレット、給湯器の使い方などです。最近の設備機器は多機能のものが多く、一度にまとめて聞いても、覚えることはできないので、大事なポイントを簡潔に説明します。メーカーの説明書は、1冊のファイルにまとめて引き渡します。

建物の取り扱いに関しても、必ず文書にまとめます。説明する内容は、サッシ・シャッターの開閉の仕方、換気の仕方、フローリング、クロスなどの仕上材に汚れや傷が付いたときの補修の仕方、手入れの仕方、清掃の仕方、長く使うためのメンテナンスの方法などです(図6)。

引渡し

内覧会で建て主の確認がOKとなるといよいよ引渡しとなります。引渡しに必要な書類は、引渡し書、建築確認申請書、中間検査済証、完了検査済証、竣工図面、仕様書、地盤調査報告書、各種保証書、取り扱い説明書、工事記録写真、鍵（鍵明細書）、緊急連絡先一覧などです。写真、報告書などは、データをCDなどに収めて渡すのも良い方法です。これらの書類に不備がなければ、引渡し書に押印して、引渡しとなり、工事は終了となります(図7)。

引渡し時における書類は、万が一、何か不具合が生じたときや増改築するとき、転売するときなどに必要になるので、建て主は、その建物を所有している間は大切に保管しなければなりません。

引渡しでは、建物に関する書類、取り扱い説明書、図面、鍵を整理してすべて手渡します

図6 ▶ 取り扱い説明会で説明すべきこと

確認個所の工事種別	説明内容
躯体および建具工事	屋根仕上材のメンテナンスの時期、割れた場合の補修方法、外装仕上材のメンテナンスの時期、その方法
	収納の説明（材質、扉の開閉・棚の上下の仕方など）以下、造付け家具についてはそれぞれ同様の説明をする
	各部屋で壁仕上げ、床仕上げ、天井仕上げの説明とそのメンテナンス、特に汚れた場合の掃除方法
	玄関ドアの説明とメンテナンスについて、また鍵の説明
	木製建具については、すべて開け閉めしてみせたうえ、その使用法などの説明とメンテナンス方法を伝える。鍵付きの場合は鍵の使い方も併せて説明
	窓サッシについても全数、開け方とロックの仕方、掃除の仕方、ガラスや網戸について説明
電気設備工事	電気の受電位置、メーター、外廻り照明器具、スイッチ、タイマースイッチ、テレビアンテナの説明
	テレビ付きインターホンの取り扱い説明
	照明器具およびスイッチについても全数、その性能、機能、入り／切りの方法、球の種別についての説明とその取り替えについての説明
	換気扇も全数、その機能と性能について説明し、入り／切りの方法と、いつつけていつ切るかや入れたままにするところの説明。掃除の仕方についても注意
	床下の結露防止のための床下換気扇についての説明とそのスイッチと本体の位置の説明
給排水・衛生設備工事	給水メーター、下水公共桝、各汚水雨水桝、外部水道の使い方や水抜きの方法、掃除について
	雨樋の説明と日ごろのメンテナンスについて
	ガスの供給の仕方
	給湯器の使い方と注意点
	各位置の水栓について、全数の使い方、特に温度調節についての説明
	各換気扇や給気口などのフードの説明と防虫網を外してあることの説明
	システムキッチンの使い方と掃除の仕方、特に食洗器の使い方について実演をしながらの説明
	床暖房の使い方と注意点
	ユニットバスや洗面化粧台、ウォシュレットの取り扱い説明
外構工事	各樹木の名前や特徴。庭木の水のやり方。枝切り、薬撒き、雪囲いなどのメンテナンスについて説明
	玄関アプローチの洗出しやカーポート平板の掃除の仕方
	濡縁、デッキなどの自然塗料の説明とメンテナンスの仕方

図7 ▶ 引渡し時に必要な書類

引渡し書	完了検査に合格し、工事に関わるすべての人が納得のうえで引渡しをします、という証書
確認申請書副本	建築基準法に適合していることを確認した証明となる書類。正本は、確認をした確認検査機関に保存されている。後に、住宅を転売するときや増改築する際にも必要になってくる
中間検査済書完了検査済書	その現場が確認申請通りにできていることを現場にて検査し、合格していることを証明したもの。融資手続きや登記、増改築、転売の際にも必要である
鍵引渡し書および鍵	その建物の鍵と鍵の設置・本数を記したリスト
下請業者一覧表	その建物の工事に関わった下請け業者のリスト。大工、屋根、左官、建具、タイル、設備などすべての業者の連絡先が書かれている。何か不具合が生じた場合、通常は、請負った工務店に連絡するが、緊急の場合には直接連絡できるように一覧にしてまとめたもの
各種取り扱い説明書	設備機器、建物に関して、取り扱いを詳しく説明したもの。設備機器に関しては、多機能であるものが多いので特に必要。建物に関しては、手入れの仕方、掃除の仕方、メンテナンスの仕方まで説明されたものが必要
各種保証書	10年保証をとった場合であると、その保証書が発行される。その他として、防水、シロアリ、地盤改良、各種機器を保証したもの。何か不具合が生じた場合に必要になってくる
工事記録写真	工事中の構造、下地状態を撮影したものが必要。何か不具合が生じた場合に見えない部分をチェックするときに重要になってくる。増改築・転売するときなどにも重要になる
竣工図面	契約以後、工事が始まるとよく変更されるので、実際に現場ではどうようにできあがったのかを訂正した最終的な図面。契約時と同じように「仕様書」・「仕上表」・「配置図」・「平面図」・「立面図」・「断面図」・「矩計図」・「平面詳細図」・「展開図」・「建具表」・「天井伏図」・「構造図」・「設備図」すべての図面が必要である。将来、増改築したり、転売したりする際に必要になってくる

引渡してから始まる本当のお付き合い

定期点検のポイント

工務店と建て主とは、建物が出来上がってから本当のお付き合いが始まるといわれています。建物に入居すると予期せぬさまざまな問題が発生します。雨漏りがした、建具の締りが悪い、エアコンが故障したといったクレームはもちろん、数年経つと子供が大きくなったので増改築したいなど、これらの要望に対しても柔軟に対処しなければなりません。

建物のメンテナンスは入居後3カ月、半年後、2年後というように、定期点検を行います。点検では建て主にヒアリングしたうえでチェックシートに従い点検を行います。定期点検のポイントは、構造部分のチェックと雨漏りの原因となる部分のチェックです。外壁や基礎にクラックがないか、劣化状況はどうか、サッシ・サイディング廻りのシーリングに劣化はないか、屋根材に破損・劣化はないか、バルコニーの防水に劣化はないか、結露はしていないか、建具・サッシの開閉は問題ないかなどのチェックを行います(図8)。

住宅瑕疵担保履行法

新築住宅については、2000年に「住宅の品質確保の促進等に関する法律(品確法)」により、売主および請負人(工務店)が10年間の瑕疵担保責任を負うことが義務付けられました。

しかし、2005年に構造計算書偽装問題が発覚すると、デベロッパーが倒産し、瑕疵担保責任が負えないという事態が発生しました。

そこで、2009年に新たに「特定住宅瑕疵担保責任の履行の確保等に関する法律(住宅瑕疵担保履行法)」が施行されました。新築住宅を建て主に引き渡す売主または請負者に対し、「保証金の供託」または「保険への加入」を義務化し、資金確保を確実にさせるものです。この法律によって、建て主は安心して住宅を手にすることができるようになりました(図9)。

> 建て主とは、引渡しが終わってから、本当のお付き合いが始まります

図8 ▶ 建物の点検・診断

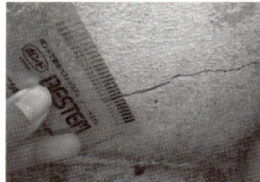
基礎の点検。クラック幅が大きい場合は構造的に問題があると疑い、原因を解明する

レベルを据えて不同沈下を起こしていないかをチェック

下げ振りを降ろして床が傾いていないかチェック

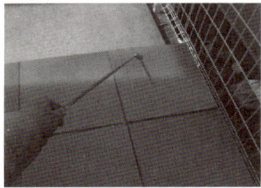
打診棒にてタイルを叩くとタイルが浮いているかどうかすぐに分かる

床下、基礎コンクリートにひび割れがないか、木に腐食がないか、断熱材の施工状況は適切かを点検

母屋、垂木にたわみがないか、接合金物は緩んでいないか、雨漏り跡はないかチェック

図9 ▶ 瑕疵担保の範囲（部位）

● 期間
新築住宅の引渡しから10年間

● 対象部位
住宅の品質確保の促進等に関する法律（品確法）94条1項または95条1項の規定による瑕疵担保責任保険の付保等の義務づけの範囲
※法令で定めるものの瑕疵

- **構造耐力上主要な部分**
  住宅の基礎、基礎杭、壁柱、小屋組、土台、斜材（筋かい、方づえ、火打ち材、その他これらに類するものをいう）。床板、屋根板または横架材（梁、桁、その他これらに類するものをいう）で、当該住宅の自重もしくは積載荷重、積雪、風圧、土圧もしくは水圧または、地震その他の震動もしくは衝撃を支えるものとする

- **雨水の浸入を防止する部分**
  ①住宅の屋根もしくは外壁またはこれらの開口部に設ける枠その他の建具
  ②雨水を排除するため住宅に設ける排水管のうち、当該住宅の屋根もしくは外壁の内部または屋内にある部分

● 請求できる内容
修補請求・損害賠償請求・解除（売買契約でかつ重大な瑕疵に限定）

対象となる瑕疵担保責任の範囲（例）
木造（在来軸組工法）の戸建住宅
2階建ての場合の骨組み（小屋組、軸組、床組）等の構成

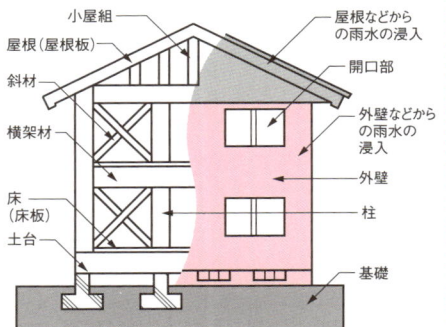

コラム

工事の仕事に欠かせない建築関係法令の知識

　木造住宅に限らず、現場工事に携わる人は建築関係法令をしっかり理解しておく必要があります。建築物の安全と衛生を守り、街並みの形成や都市の防災対策を図り、そのなかで人々が安心して快適に暮らしていくためには、建築物に関するルールを設ける必要があり、「建築基準法」が定められました。日本では、憲法をもとに国会の議決を経て法律が制定されますが、この法律にあたるのが「建築基準法」です。そして、法律にもとづき、内閣が具体的な規定として政令を定めますが、この政令にあたるのが「建築基準法施行令」です。また、各省大臣が発する命令が省令で、「建築基準法施行規則」にあたります。各省大臣が法令上の技術的基準を定めたものを告示といいますが、これは「国土交通省告示」にあたります。

　また、地方公共団体は、地域的な風土や歴史の違いから生じる差異などに柔軟に対応するために「条例」を制定します。これ以外にも建築に関連したさまざまな法律があります。

建築基準法	建築基準法1条では、「この法律は、建築物の敷地、構造、設備及び用途に関する最低の基準を定め、国民の生命・健康及び財産の保護を図り、もつて公共の福祉の増進に資することを目的とする。」と明言している。建築基準法の法体系は3つの要素から成る。1つ目は法令運用上の総括的なもので、適用の範囲、原則、制度、手続き、罰則規定など。あとの2つは、単体規定と集団規定と呼ばれる。単体規定は、建築物の構造、防火や避難施設、衛生設備などに関する安全性を確保するための規定であり、集団規定は、建築物の集団である街や都市において、安全で良好な環境を確保するための規定である。なお、建築基準法に適合しているかどうかは建築士が建築主事に建築確認申請し、主事は確認を行って判断する。現場においては、工事監理者が申請どおりに建築基準法が遵守されているかどうかを確認する。建築基準法は「法」と略される
建築基準法施行令	建築基準法の規定を受けて、規定を実現するための具体的な方法や方策を定めている。建築基準法の施行に必要な衛生・構造・防火・避難などに関する技術的基準などを定めた政令のこと。建築基準法施行令は「令」と略される
建築基準法施行規則	建築基準法と建築基準法施行令を実施する際に必要とされる設計図書や事務書式を具体的に定めている。建築基準法施行規則は「規則」と略される
国土交通省告示	建築基準法関係告示は国土交通省から公示される。複数分野の技術進歩に柔軟に追従するために、具体的な技術的基準を定めている。建築基準法・建築基準法施行令・建築基準法施行規則を補完する役割を担う。建築基準法関係告示は「告示」と略される

建築基準法のほかに、建築に関連する法規として
消防法：建築物の火災を予防し、人々の生命、財産を保護するための法律
都市計画法：都市の健全な発展と秩序ある整備を図るための法律
宅地造成規制法：宅地造成に伴う崖崩れ、土砂の流出による災害の防止に関する法律
電気事業法・ガス事業法・水道法・ビル管理法：建築設備の保全に関する法律
ハートビル法：高齢者、身体障害者が円滑に利用できる特定建築物の建築の促進に関する法律
品確法：住宅の品質を一定の基準内に定め、紛争の処理体制を整備し、購入者の財産を確保するための法律
耐震改修促進法：建築物の耐震改修を促進し、地震による倒壊を防ぎ、人々の生命、財産を保護するための法律
建築士法：建築物の設計、工事監理等を行う技術者の資格を定め、業務の適正を図るための法律
建設業法：建設業を営む者の資質向上、工事請負契約の適正化を図り、適切な施工を確保するための法律
この他にも、それぞれの分野で人々の財産と生命を守り、住環境を向上させるためのさまざまな法律がある

第2章

地盤と基礎の
チェックポイント

建物を支える基礎工事の
チェックポイント

工事請負契約が終わると、いよいよ本格的な工事が始まります。まずは地盤・基礎工事を行います。

地盤補強工事

事前の地盤調査により、敷地の地盤が、建てようとする建物に対応できないほど軟弱であるということが判明した場合は、地盤補強工事が必要となります。地盤がしっかりしていれば、補強工事は必要ありません。

木造住宅の場合、地盤補強工事の方法は、大きく分けて3種類あります。表層（浅層）地盤改良工法、柱状（深層）地盤改良工法、小口径鋼管杭工法です。地盤調査結果により工法を選択し、地盤補強を行ったうえで基礎工事を行います。

基礎工事

基礎は、その地盤の硬さによって適する形状が違います。そのため、地盤調査結果にもとづき、ふさわしい基礎の形状や仕様を決定します。基礎は直接基礎と杭基礎に大別され、さらに直接基礎には、ベタ基礎、布基礎の2種類の基礎形式があります。

基礎工事は、地業工事、鉄筋工事、型枠工事、コンクリート工事からなります。そのうちの地業工事では、根切り（掘削）を行い、割栗石入れ、捨てコンクリート打ち、墨出し、そして埋戻しまでの工事を行います。基礎の位置や高さなどが図面どおりか、墨出しの段階で十分にチェックします。

鉄筋工事では、標準となる組み方があるのでその仕様書どおりにできているかどうかを確認します。

コンクリート工事は、事前の品質チェック、打設の仕方、養生が重要です。どのようなコンクリートなのか、どのような打設方法かを確認することがより良質の基礎をつくることにつながります（図10）。

基礎は、建物のなかで最も重要な部分です。現場監督は毎日、現場で確認します

図10 ▶ 地業、基礎工事の流れと各工程の注意点

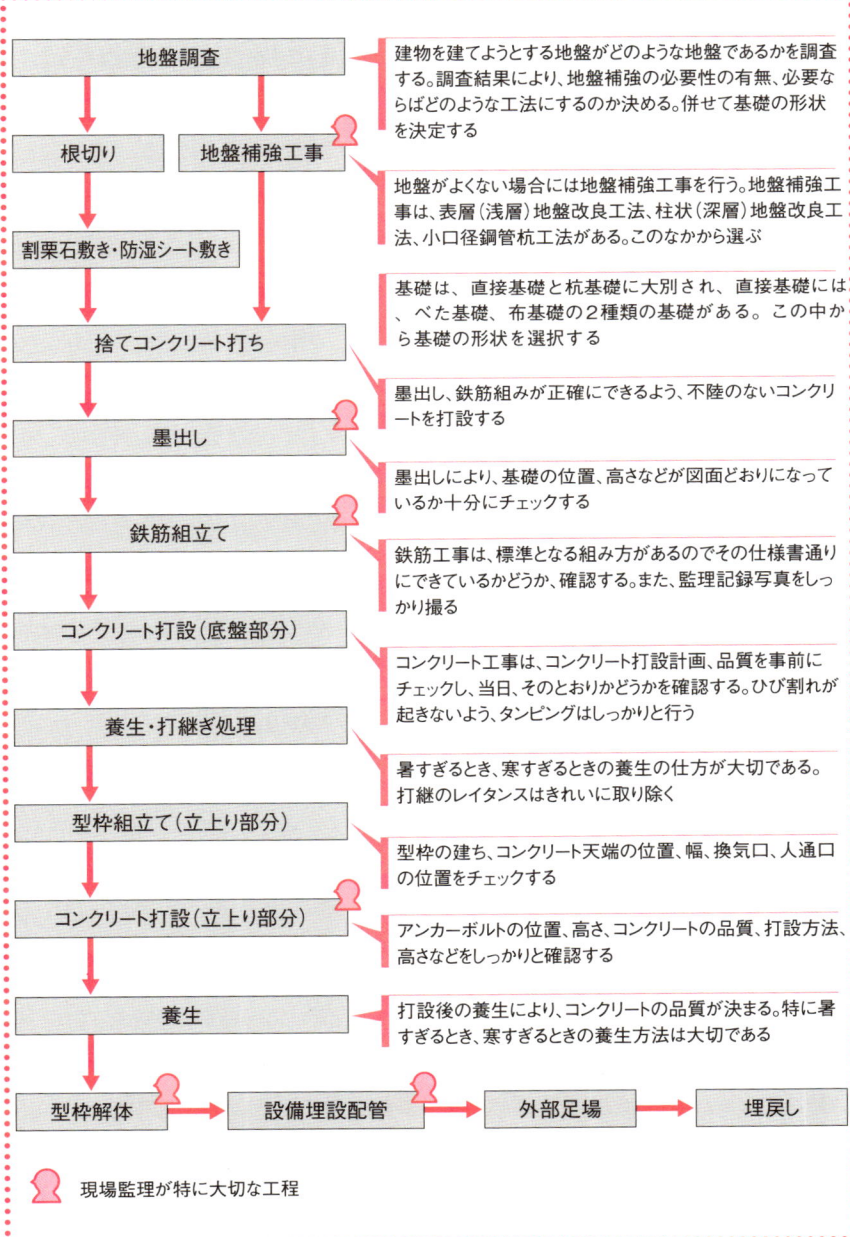

不同沈下と軟弱地盤の危険性

不同沈下とは

　基礎を設計するためには、その敷地がどのような地盤であるかを知ることが必要です。建物にとって最も注意すべきことは、不同沈下です。不同沈下とは、敷地内に軟弱な地盤と硬い地盤が混在し、軟弱な部分が沈下を起こし建物が傾くことです（図11）。

　また、山地を土で盛ったり切ったりして造成した敷地は、地盤が安定するまで盛った部分が元の地形に戻ろうとします。このような地盤に家を建てた場合も不同沈下を起こしやすくなります。

　建物が傾くと、建具が閉まらなくなったり、傾いた方向へ荷重が偏るのでその部分の構造が弱くなり、壁・基礎にクラックが入るおそれがあります。また、排水管の勾配が変わり詰まりや破損の原因にもなります。傾いた建物内で生活を続けると平衡感覚が狂うため、目まいがして気分が悪くなったりするなどの影響を及ぼすことがあります。

　不同沈下による傾きを補修するには、多額の費用と労力がかかり、建て主は大きな経済的・精神的苦痛を受けることになります。事前に地盤を十分に調査したうえで設計・施工しなければなりません。

軟弱地盤とは

　地層が泥土、腐植土などで構成されていたり、泥や緩い砂などで埋め立てたような地盤を軟弱地盤といいます。軟弱地盤は、沼、水田、谷、海岸などに土砂で埋め立てたところや三角州や河川沿いなどの低地などに多く、ここに建物を建てると不同沈下を起こしやすくなります。

　また、軟弱地盤の上に盛土をすると、軟弱地盤から水が絞り出され、その分、沈下を起こします（図12）。

　これを圧密沈下といいます。軟弱地盤層が厚いと圧密沈下が発生しやすく、また長期間、沈下が続きます。

　地盤が悪い場合は、地盤補強を行い、しっかりとした地盤の上に基礎を設置することが大切です（図13）。

基礎の形状や仕様を決めるためには地盤調査が重要です

図11 ▶ 不同沈下

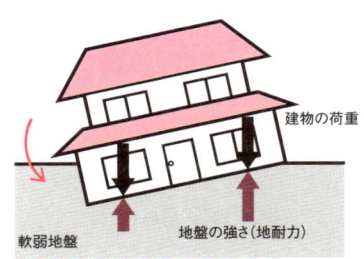

軟弱地盤のため地耐力が弱く、建物の荷重を支えきれずに建物が不均等に沈下してしまった状態

図12 ▶ 圧密沈下

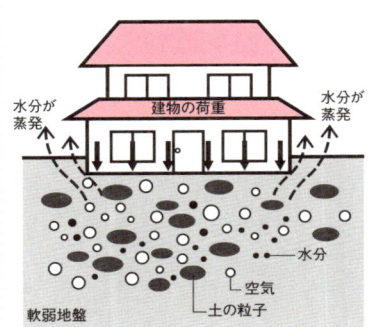

建物の荷重が軟弱地盤に加わり、地中の水分が蒸発してしまい、地盤が沈下し、それに伴い建物が沈下する

図13 ▶ 不同沈下が起こる原因

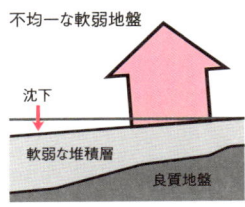

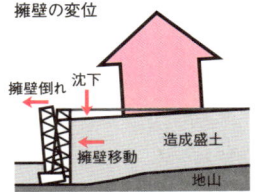

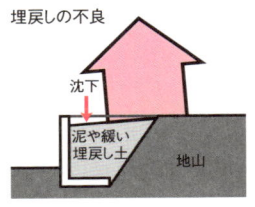

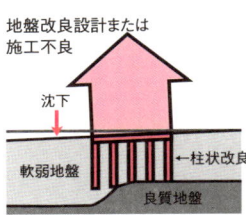

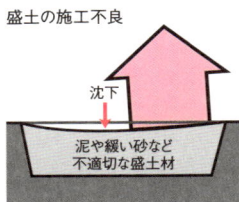

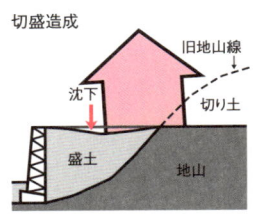

建物に原因があるケースの例

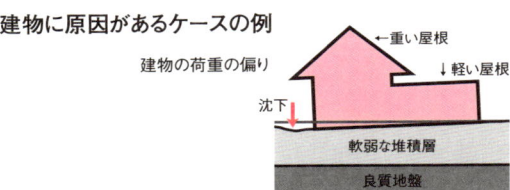

調査に熟練が求められる スウェーデン式サウンディング試験

　地盤調査方法は、主にスウェーデン式サウンディング試験（SWS試験）と標準貫入試験（SPT試験）があります。

スウェーデン式サウンディング試験

　スウェーデン式サウンディング試験は、木造住宅でよく使われている方法です。先端にスクリューポイントのついたロッド（鉄棒）を地盤にねじ込み、その際に鉄棒の上に25kgずつ100kgまで重りを載せます。軟弱な地盤では、ロッドが自重でめり込んでいきます。重りだけでめり込まない場合は、ロッドを回転させて、25cmめり込むのに何回転するのかを数え、その回転数からN値に相応する「換算N値」を計算します（図14）。

　スウェーデン式サウンディング試験は、作業スペースは1㎡程度、1カ所につき30分程度の時間で行うことができ、コストもあまりかからないことから手軽に採用されます。しかし、土中に埋立時の石やコンクリートのガラなどが入っている場合にはロッドが侵入しなくなり、硬い地盤と誤診することがあります。また、直接土を採取することができないため、ロッドの回転する音によって土質を判断することになり、調査者により精度が異なるのがこの試験の難しい点です。

標準貫入試験

　標準貫入試験はボーリングともいわれ、最も基本的な調査方法ですが、コストがかかるため、木造住宅ではあまり使われません。

　調査方法は、鉄製のボーリングロッドの先端に土を採取するための試験用サンプラーを取り付け、ロッドの上に63.5kgの重りを76cm自由落下させて、ロッド頭部に取り付けたノッキングヘッドを打撃します。

　ロッド先端に取り付けた標準貫入試験用サンプラーを地盤に30cmめり込ませるのに要する打撃数をN値といい、この回数で地耐力を確認します。同時に試験用サンプラーで土を採取し、砂質土か粘土などの土質も調べます（図15）。

> 木造住宅の地盤調査では、スウェーデン式サウンディング試験を行うのが一般的です

図14 ▶ スウェーデン式サウンディング試験

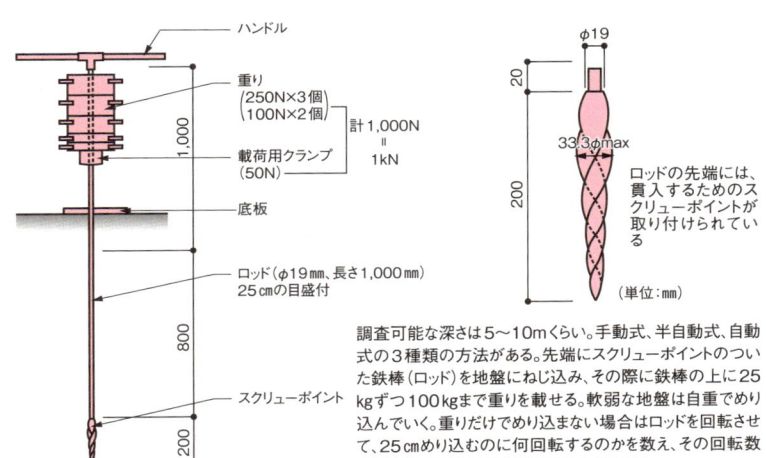

調査可能な深さは5〜10mくらい。手動式、半自動式、自動式の3種類の方法がある。先端にスクリューポイントのついた鉄棒(ロッド)を地盤にねじ込み、その際に鉄棒の上に25kgずつ100kgまで重りを載せる。軟弱な地盤は自重でめり込んでいく。重りだけでめり込まない場合はロッドを回転させて、25cmめり込むのに何回転するのかを数え、その回転数からN値に相応する「換算N値」を計算する

図15 ▶ 標準貫入試験

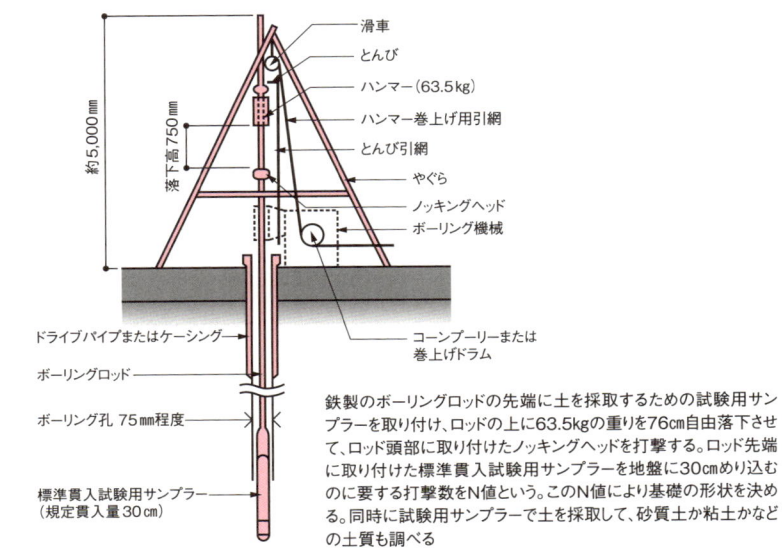

鉄製のボーリングロッドの先端に土を採取するための試験用サンプラーを取り付け、ロッドの上に63.5kgの重りを76cm自由落下させて、ロッド頭部に取り付けたノッキングヘッドを打撃する。ロッド先端に取り付けた標準貫入試験用サンプラーを地盤に30cmめり込むのに要する打撃数をN値という。このN値により基礎の形状を決める。同時に試験用サンプラーで土を採取して、砂質土か粘土などの土質も調べる

自沈層の見極めが大切な地盤調査結果の見方

地盤調査の項目

スウェーデン式サウンディング試験における地盤調査結果表の見方を説明します。基本的には、N値の数字を見るのではなく、「自沈層」がどの深さにどれだけあるかが基礎を決めるうえでポイントになります。地盤調査結果表には、次のような項目が記載されています（図16・17）。

- **荷重 Wsw（kN）**：ロッドを25㎝貫入させるのにどれだけの重りを載せたかを示したもの
- **貫入深さ D（m）**：どの深さのデーターかを示したもの
- **半回転数 Na（回）**：ロッドを25㎝貫入させるのに要したロッドの回転数から半回転数を示したもの
- **貫入量 L（㎝）**：前のデーターの測定深さから次の測定深さまでの貫入量を示したもの
- **1m当たり半回転数（Nsw）**：ロッドを25㎝貫入させるのに要した半回転数から、1m貫入させるには何回の半回転が必要かを算出した数値
- **推定土質**：ロッドが貫入していく際の音や感触により砂質土か粘性土かを推定したもの
- **貫入状況**：ロッドが貫入していく際、どのような状況かを示したもの
- **推定柱状図**：粘性土か砂質土か示したもの
- **荷重 Wsw（kN）**：ロッドの貫入に必要な荷重の数値を棒グラフで示したもの
- **貫入量1m当たり半回転数（Nsw）**：1m当たりの半回転数をグラフにして図示したもので、グラフ横棒が長いほど地盤は硬いことを表している。半回転数がゼロの層は自沈層と呼ばれる軟弱地盤である
- **N値（回）、支持力 qa（kN/㎡）**：スウェーデン式サウンディング試験におけるN値と支持力 qa は、荷重 Wsw と1m当たり半回転数 Nsw から計算式によって求めることができます。

地盤調査報告書から「自沈層」がどの深さにあるのかを見極めるのが重要なポイントです

図16 ▶ 地盤調査報告書の例（スウェーデン式サウンディング試験）

- 報告用紙は調査会社などで内容とともに異なっている
- 手動・半自動・全自動などの種別を記載する
- 荷重が1,000Nに達しても貫入しない場合は重りを載せたまま25cm貫入するまで回転させ、半回転数を記録する
- 一般に Wsw と Nsw をグラフにして表示する

JIS A 1221	スウェーデン式サウンディング試験														
調査件名　○○様邸地盤調査									試験年月日　2009.1.15						
地点番号（地盤高）S-3（T.P+7.80m）									試験者　建築知識						
回転装置の種類	手　動				天候		晴れ								
荷重 Wsw (kN)	貫入深さ D	半回転数 Na (回)	貫入量 L (cm)	1m当りの半回転数 (Nsw)	推定土質	貫入状況	荷重 Wsw(N) 250 500		貫入量1m当たりの半回転数 Nsw 25 50 75 100 125					N値 (回)	支持力 qa (kN/m²)
1.00	0.25	0	25	0		掘削								–	–
1.00	0.50	0	25	0		掘削								–	–
1.00	0.75	32	25	128	SC	ジャリジャリ								9.4	106.8
1.00	1.00	18	25	72	SC	ジャリジャリ								6.6	73.2
1.00	1.25	72	25	288	SC	ジャリジャリ								17.4	202.8
1.00	1.50	19	25	76	SC	ジャリジャリ								6.8	75.6
1.00	1.75	27	25	108	SC	ジャリジャリ								8.4	94.8
0.75	2.00	0	25	0	SC	ユックリ								–	–
0.75	2.25	0	25	0	SC	ユックリ								–	–
1.00	2.50	10	25	40	SC	ジャリジャリ								5.0	54.0
1.00	2.75	15	25	60	SC	ジャリジャリ								6.0	66.0
1.00	3.00	7	25	28	SC	ジャリジャリ								4.4	46.8
1.00	3.25	14	25	56	SC	ジャリジャリ								5.8	63.6
1.00	3.50	11	25	44	SC	ジャリジャリ								5.2	56.4
1.00	3.75	8	25	32	SC	ジャリジャリ								4.6	49.2
1.00	4.00	0	25	0	SC	ユックリ								–	–
1.00	4.25	0	25	0	SC	ユックリ								–	–
1.00	4.50	16	25	40	C									5.0	54.0
1.00	4.75	21	25	84	C	ジャリジャリ								7.2	80.4
1.00	5.00	62	25	248	C	ガリガリ								15.4	178.8
1.00	5.25	93	25	372	C	ガリガリ								21.6	253.2
1.00	5.50	119	25	476	C	ガリガリ								26.8	315.6

凡例：土質記号　S＝砂質土、C＝粘性土、SC＝砂と粘土の混合土、G＝礫質土

- ロッドが貫入していく際にどのような音や感触だったのかを記録する
- 自沈層あり
- 半回転数 Na を1m当たりに換算して表示する
- 自沈層あり
- 50N、150N、250N、500N、750N、1,000N などの荷重段階を記入する（例では kN）
- 貫入深度は基本的に10mだが、障害物や固く締まった層に到達した場合は10mまで測定できないことがある。また、1測点以上は固く締まった層を確認するため10mより深く実施する場合もある

Point 地表面から深さ5m以内までのあいだに Nsw=0 の自沈層が連続してあるところは、地盤補強を行なう

図17 ▶ 調査結果から判断すること

- 半回転数がゼロの層は自沈層と呼ばれる軟弱地盤であり、地表面からこの層が連続して見られる場合には、地盤補強工事が必要となる

- 換算N値、支持力 qa の算出の仕方
  $N = 2W_{sw} + 0.067N_{sw}$（砂質土）
  $N = 3W_{sw} + 0.050N_{sw}$（粘性土）
  支持力 $qa = 30 + 0.6N_{sw}$

  N：N値
  Wsw：荷重の大きさ(Kn)
  Nsw：貫入量1m当たりの半回転数
  qa：支持力

- スウェーデン式サウンディング試験では、一般的に土のサンプルは採取しない。スクリュー先端に付着した土やロットの感触から土質判断をして表記されているが、必ずしも実際の土質と一致していないので、注意が必要である

たとえば、上記の表より貫入深さが4.50mの地点では、荷重 Wsw が、1.0kN、貫入量1m当たりの半回転数 Nsw が 40 であるので、
$N = 3 \times 1.00 + 0.050 \times 40 = 5.00$ で換算N値は 5.00 となる。また、支持力 qa は、$qa = 30 + 0.6 \times 40 = 54$ kN となる

地盤調査の結果で決める地盤補強工法

地盤調査により地盤が軟弱で支持力が不足していると判断された場合、地盤補強（改良）を行います。地盤補強工法には、大きく分けて、表層（浅層）地盤改良工法、柱状（深層）地盤改良工法、小口径鋼管杭工法の3種類があります。これらの工法選定は、地盤条件、地下水の状況、敷地条件、振動や騒音などの周囲環境への影響を考慮して決めます（図18）。

各工法の特徴

表層地盤改良工法は、軟弱地盤がさほど深くなく、2mくらいまでの場合に採用されます。表面の軟弱な地盤の土をすべて掘り起こし、セメント系固化剤を入れて混合攪拌し、固化させて地盤強化を図る工法です。建築面積に相当する部分を、厚さ500〜800mmごとにローラーで繰り返し転圧し、平坦にならします（図19）。柱状地盤改良工法と小口径鋼管杭工法は、柱や杭で建物を支える工法です。軟弱地盤が8mくらいの深さまで深く分布していて、その下に硬い地盤がある場合に採用します。

柱状地盤改良工法は、水を加えて液化状態にしたセメント系固化剤を軟弱な地盤に注入しながらかき混ぜ、柱状に固めます。この柱を基礎の通りに沿って2m間隔に施工します。この工法は、低振動、低騒音なので近隣の環境への負担が少ない工法です。

小口径鋼管杭工法は、直径が120㎜、140㎜、170㎜の小口径鋼管を硬い地盤まで貫入させて建物を支えます。施工時に掘削土、泥土が発生せず、低振動、低騒音なので近隣の環境への負担が少ない工法です。

地盤補強工法のチェック

地盤補強工事は非常に重要な部分であり、工事後は完全に地中に隠れて見えなくなってしまうため、工事監理は入念に行います。絶対に業者任せにしてはいけません。施工過程の写真を工程ごとにしっかりと撮っておき、後日、施工会社から提出される地盤改良工事の報告書と合わせて、その内容が適正であるかどうかを確認します。

地盤補強工法の選択は、地盤調査の結果と周囲の状況によって決められます

図18 ▶ 地盤に適した改良・補強工法の選び方

表層地盤改良工法は、軟弱地盤がさほど深くなく、2mくらいまでの場合に採用される。
柱状地盤改良工法と小口径鋼管杭工法は、軟弱地盤が深く、8mくらいまで分布していて、その下に硬い地盤がある場合に採用し、柱状に建物を支える

柱状改良を行うため固化剤を注入し、撹拌作業をしているところ

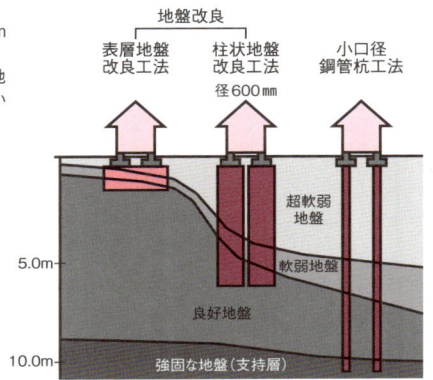

図19 ▶ 表層改良工法のポイント

1》》》 表層地盤改良工事をするにあたり、施工範囲が計画どおりか確認する

2》》》 固化剤を搬入しているところ。計画どおりの数量が搬入されているかどうか確認する

3》》》 固化剤をバックホーにて混合撹拌しているところ。十分に撹拌しているかどうか確認する

4》》》 撹拌が終われば、ローラーにてその都度、転圧する

建物の位置を決める
地縄張りと遣り方

地縄張りと遣り方

　地縄張りとは、敷地に計画建物の外壁、間仕切ラインに縄を張り、その位置について建て主に確認をとることで、通常、地鎮祭の前に行います。この地縄張りで、隣地境界線、道路境界線から建物までの距離、道路斜線、北側斜線などについて法規上支障がないか、軒先、バルコニーの位置、樹木と建物の関係などを実際に確認します（図20）。

　遣り方は正確に建物の位置を決めるための作業で、建物の外壁線より50〜60cm離したところに杭を打ち、貫板をぐるりと囲むように設置し、そこに隣地境界線、道路境界線から正確に測定した建物の外壁線を記します。

　さらにそれを基準にして、間仕切壁の線（通り芯）の位置を記します。これが、建物の実際の位置になるので、特に慎重に行います（図21）。

根切りと割栗石入れ

　根切りは、貫板の天端から根切り底の深さを記した棒で高さを確認しながら正確に掘っていきます。必要に応じて、掘削面に法面をつけるか土留めを設けます。根切りがある程度まで進んだところで、バックホーの爪で荒らされた根切り底を手作業でていねいにならし、この作業を繰り返して所定の深さまで根切りを行います。

　根切りが完了すると地耐力を確保するために割栗石を10〜15cm厚以上入れます。大きさが5〜10cmの石を均一に並べ、その隙間には、目潰しといわれる砂利を敷きます。目潰し砂利を入れたらランマーにて3回以上突いて、十分に締め固めます（図22）。

　ベタ基礎の場合、割栗石入れが終わると防湿シートを敷き、土壌の湿気が基礎に上がってこないようにします。防湿シートは厚さ0.1mm以上のものを使用し、重ね代は150mm以上とします。

> 地縄張り、遣り方は、建物の位置を決めるために行うものなので正確にチェックします

図20 ▶ 地縄張りの例

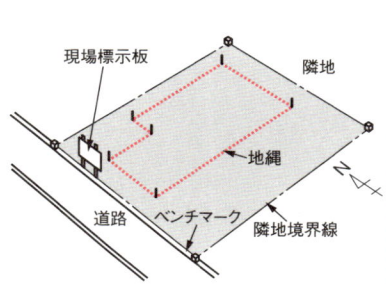

地縄張りの確認事項
- 敷地境界線の確認
- 道路との関係、道路斜線、北側斜線など法規上問題はないか
- ベンチマークの設定が設計図と相違ないか
- 軒先、バルコニー、庇、出入口などと境界線との関係はどうか
- 近隣建物との高さの関係（窓・エアコン）との関係はどうか
- 外部配管と建物との関係はどうか
- 樹木や残置物などの建物との関係はどうか

図21 ▶ 遣り方の例

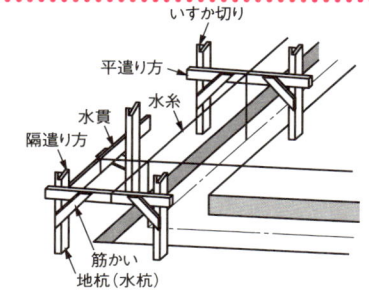

(1) 建築物隅角部、その中間部（通り芯）の要所で、根切り範囲から50〜60cm程度離れ、根切り後の移動のない位置に杭を打ち込む。杭の頭を「いすか切り」しているが、これは地杭に衝撃が加えられた場合に、その変状ですぐに異状を発見できるようにするためである

(2) 杭に高さの基準を記したら、かんな掛けをした貫板の上端をその基準に合わせて水平に取り付ける。この貫板に間仕切りの線（通り芯）の位置を記す

(3) 貫板が動いたときにすぐに確認できるように基準線は塀や路肩など動かないものに逃げ墨を打っておく

遣り方の確認事項
- 隣地境界線・道路境界線と水糸の交点の距離を確認
- 芯墨・水糸位置が図面と合っているか

図22 ▶ 根切り〜割栗石入れの例

根切りの深さ・幅を図面と照合

根切りの地盤面からの深さをロッド（標尺）などで正確に測り、基礎断面図と照合する

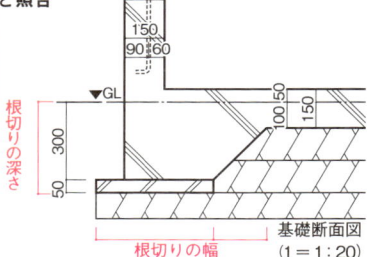

基礎断面図（1：1：20）

根切りの幅（根切り底）をロッドなどで正確に測り、基礎断面図と照合する

割栗石入れ

割栗石を入れているところ。材質に問題はないかを確認する

目潰し砂利を入れてランマーで十分に転圧する

基礎底面を平らにするための捨てコンクリート

捨てコンクリート

　防湿シートを敷き終わると捨てコンクリート（捨てコン）を打設します。捨てコンクリートは、基礎をつくる位置に印を付けて、型枠を正確に設置するために行うものです。捨てコンクリートを打設することで、基礎底面を平らにならし、鉄筋の高さを揃えることができます。捨てコンクリートは強度を求められているものではありませんが、18 N／mm²、スランプ値は15cm程度とし、厚みは3～5cm程度とします。防湿シートは、捨てコンクリートでしっかりと押さえます。

墨出し

　捨てコンクリートの打設が終わると、墨出しを行います。墨出しとは、基礎の位置を正確に決めるためにコンクリートの上に墨壺で必要な線を表示するものです。この墨出しによって建物の基礎の位置が決まるので、とても重要な作業です。通常は2回に分けて行われます。最初は、基礎のベース型枠を組み立てるために行われ、2回目はベースコンクリート打設終了後に立上り部分の位置を表示するために行われます。

　遣り方をした際の貫板に記した通り芯を基準にして水糸を張り、下げ振りを使って捨てコンクリートにその位置を記します。これを繰り返し行って、正確に壁のラインを出します。この墨出しで間取りの中心線（壁芯）を表示し、これを立上り鉄筋の位置とします。同時に換気口、人通口の位置も記します。この部分は、立上りの鉄筋をカットするため、補強筋を入れて補強しなければなりません。またベースの幅を記し、ベース型枠を設置します。

　墨出し後は、全長を長いスチールテープで測定し、それぞれの通り芯、壁芯の位置を図面と照合して確認します。換気口の位置、ベース幅、四隅の直角についても確認します（図23）。

　捨てコンの墨出しの確認時には床付けの深さや地業の厚さなども確認します。

> 墨出しにより基礎の位置が決まるので、絶対に間違ってはいけません

図23 ▶捨てコンクリート〜墨出しの工程

防湿シート0.2mm厚の敷設を確認

防湿シートを敷いて捨てコンクリートを打設。防湿シートの重ね代が150mm以上あるかなどを確認したうえで捨てコンクリートを打設する

捨てコンクリートの平滑性・レベル誤差を確認

捨てコンクリートを打設して水糸よりスケールを当てて捨てコンクリート面の深さをチェックする

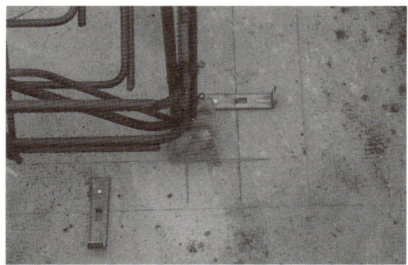

写真は墨出しによって描かれた墨に沿って鉄筋が組み立てられている様子

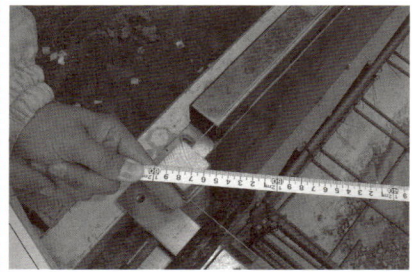

コンクリート打設前には、最終的にしっかりと墨、水糸をチェックする

> **Check Point**
>
> **捨てコンクリートのチェックポイント**
> ☐ 捨てコンクリートの高さに間違いはないか
> ☐ 捨てコンクリートに不陸はないか
>
> **墨出しのチェックポイント**
> ☐ 敷地境界線、道路境界線からの距離に間違いはないか
> ☐ 建物全体の長さに間違いはないか
> ☐ 通り芯の位置に間違いはないか
> ☐ 基礎を設置する位置に間違いはないか
> ☐ 建物に直角は出ているか
> ☐ 基礎ベース幅に間違いはないか
> ☐ 換気口の位置、大きさに間違いはないか

土台の腐朽を防ぐ床下の湿気対策

床下の湿気対策

床下は、地面からの湿気が溜まりやすいため、腐朽菌やシロアリが繁殖しやすい条件となっています。木造住宅の場合、腐朽菌やシロアリにより木材の耐久性が著しく損なわれるため、その対策が非常に重要です。

対処方法としては、まず、コンクリート基礎の立上り高さを40cm以上にします。この高さは、シロアリが土台まで上がらないようにするために最低限必要な高さとされています。

また、布基礎の場合、床下防湿措置として防湿用のコンクリートを打設するか、もしくは防湿シートを敷きます。防湿用コンクリートを施工する場合は、床下地面を盛土して十分に突き固めた後、厚さ60mm以上のコンクリートを打設します。

防湿シートを施工する場合は、床下全面に厚さ0.1mm以上のシートを敷きつめ、その重ね幅を150mm以上とします。

床下換気

床下に換気口を設ける際は、外周の基礎には有効換気面積300cm²以上の床下換気口を4m間隔以内ごとに設置します。この換気口から雨水が浸入しないように、換気口下端は外下がりの勾配をとります。

また、外周部以外の室内の布基礎には、適切な位置に床下換気口を設けます。通風・換気と点検時に人が通れるようにすることが目的です。

最近では、高さ20mmのネコ土台（基礎パッキン）を基礎と土台の間に設置して、床下換気をするケースが多くなっています。これを使用する場合は、メーカーの施工要領にもとづき、構造上支障のないように施工します。

ネコ土台の間隔やアンカーボルトの位置にも十分に注意して施工しなければなりません（図24）。

> シロアリから家を守るために防湿コンクリートや防湿シートで床下の防湿処理を行います

図24 ▶床下防湿対策

防湿コンクリートの例（布基礎の場合の例）

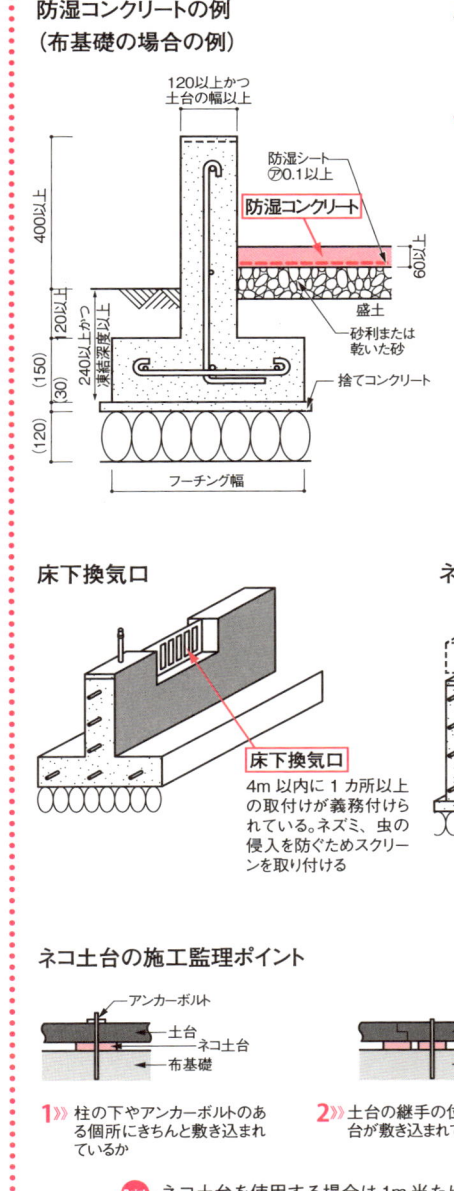

- 120以上かつ土台の幅以上
- 防湿シート ㋐0.1以上
- 防湿コンクリート
- 盛土
- 砂利または乾いた砂
- 捨てコンクリート
- 400以上
- 120以上かつ凍結深度以上（150）
- 240以上かつ凍結深度以上
- 30
- （120）
- 60以上
- フーチング幅

床下換気の取り方

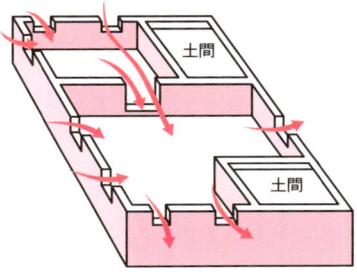

土間

外周部の基礎には有効換気面積 300cm²以上の床下換気口を、間隔4m以内ごとに設ける。内部の基礎には通風と点検に支障のない位置に換気口（人通口）を設ける

床下換気口

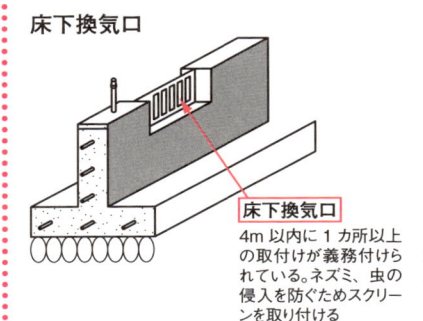

床下換気口
4m以内に1カ所以上の取付けが義務付けられている。ネズミ、虫の侵入を防ぐためスクリーンを取り付ける

ネコ土台

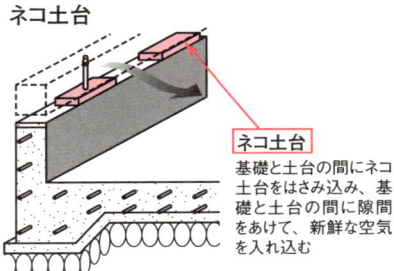

ネコ土台
基礎と土台の間にネコ土台をはさみ込み、基礎と土台の間に隙間をあけて、新鮮な空気を入れ込む

ネコ土台の施工監理ポイント

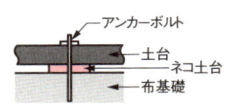

1》 柱の下やアンカーボルトのある個所にきちんと敷き込まれているか
（アンカーボルト／土台／ネコ土台／布基礎）

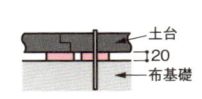

2》 土台の継手の位置にネコ土台が敷き込まれているか
（土台／20／布基礎）

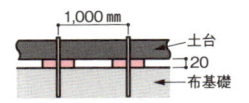

3》 ネコ土台の設置間隔が最大1,000mmピッチ（おおむね半間間隔）以内で施工してあるか
（1,000mm／土台／20／布基礎）

Point ネコ土台を使用する場合は1m当たり有効面積75cm²以上の換気口を設ける

地耐力で決める基礎の種類

直接基礎と杭基礎

　木造住宅の基礎の形状は、地盤調査で明らかになった支持地盤の地耐力により決められます。地耐力とは地盤がどれだけの荷重に耐えられるかを示したものです。地耐力は「支持力」、または「長期許容応力度」ともいい、単位はkN/㎡で表します。

　大地震時には基礎が破損するおそれもあるので、基礎の選定は慎重にしなければなりません。木造住宅の基礎は、直接基礎と杭基礎に大別され、直接基礎には、ベタ基礎、布基礎の2種類の基礎があります。最近では、ほとんどが安定性に優れるベタ基礎を使う傾向にあります。これ以外には、独立した基礎で柱を支える独立基礎があります（図25）。

各基礎の特徴

　ベタ基礎は、建物の平面全体を一体化した床版（ベース）に、外壁と間仕切壁の直下に立上り壁を設置したものです。構造的に強く、不同沈下に対しても効果を発揮します。ちょうど、海の上に船が浮いている状態のイメージです。ただし、軟弱な地盤ではその自重で沈下する可能性があるので注意が必要です。床版が地盤からの湿気を防ぐ役割も果たします。

　布基礎は、連続基礎ともいい、外壁と間仕切壁の直下に連続して設置するタイプの基礎です。フーチングと呼ばれる底盤部分と立上りの壁部分が一体で構成された基礎です。

　ベタ基礎と布基礎は、地盤が軟弱である場合は、地盤補強をしたうえで設置されます。

　杭基礎は、一般的に基礎の下部に固い地盤まで杭を打ち、杭を通して建物の荷重を地盤に伝えるもので、軟弱な地盤に適した基礎の形式です。基礎のベース、フーチングの厚みや幅、配筋、杭の方法は地盤調査をもとに構造計算を行って、決定されます（図26）。

> 基礎には、布基礎、ベタ基礎、杭基礎があり、地耐力によりその種類が決められます

図25 ▶ 基礎は敷地の地耐力にふさわしい形式を選択する（平12建告1347号）

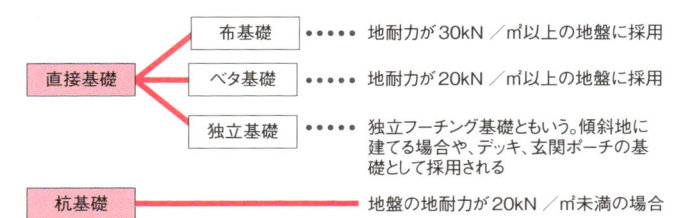

- **直接基礎**
  - 布基礎 ····· 地耐力が30kN／㎡以上の地盤に採用
  - ベタ基礎 ····· 地耐力が20kN／㎡以上の地盤に採用
  - 独立基礎 ····· 独立フーチング基礎ともいう。傾斜地に建てる場合や、デッキ、玄関ポーチの基礎として採用される
- **杭基礎** ───── 地盤の地耐力が20kN／㎡未満の場合

異なる構造の基礎を併用することは建築基準法で禁じられているため注意すること
（構造計算により構造耐力上の安全性を確認した場合を除く）

図26 ▶ 基礎の形式ごとの特徴

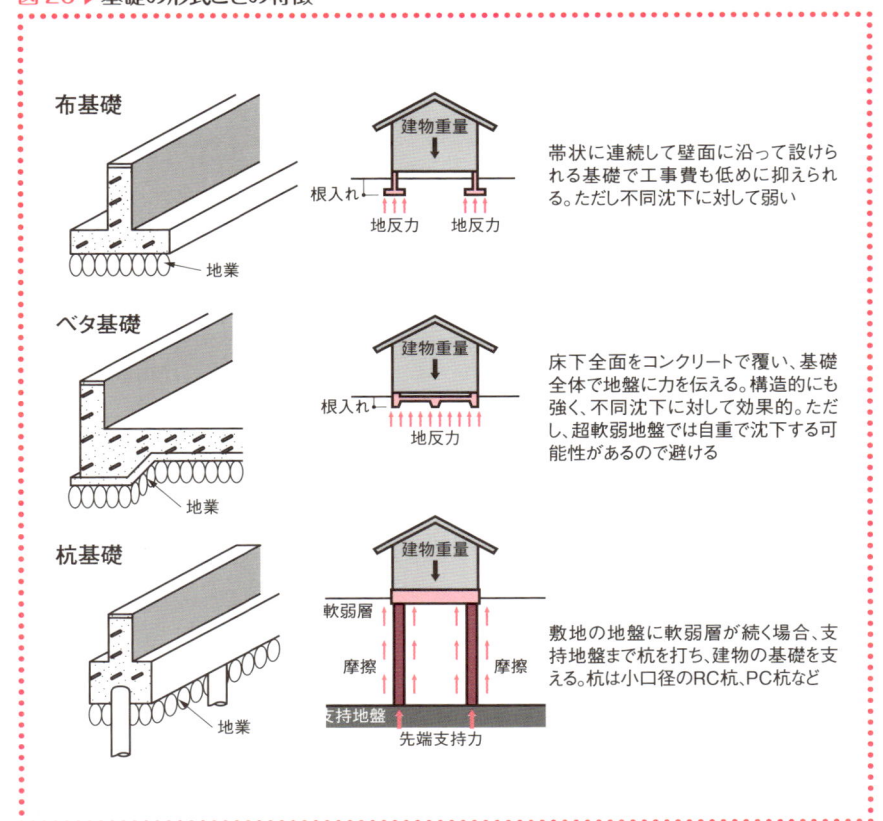

布基礎
帯状に連続して壁面に沿って設けられる基礎で工事費も低めに抑えられる。ただし不同沈下に対して弱い

ベタ基礎
床下全面をコンクリートで覆い、基礎全体で地盤に力を伝える。構造的にも強く、不同沈下に対して効果的。ただし、超軟弱地盤では自重で沈下する可能性があるので避ける

杭基礎
敷地の地盤に軟弱層が続く場合、支持地盤まで杭を打ち、建物の基礎を支える。杭は小口径のRC杭、PC杭など

構造計算で決める基礎の配筋

布基礎の形状と配筋

　布基礎はＴの字を逆にしたような形状で、底盤部分（フーチング）の幅は、地耐力50kN/㎡以上で450mmが標準となります。フーチングの厚さは150mm以上とし、根入れ深さはGLより240mm以上、かつ、地域の凍結深度より深くします。立上り部分は、GLからの高さを400mm、幅を120mmとするのが一般的ですが、120mm角の土台を使う場合は、幅を150mmとします。

　配筋は、立上り部分の主筋は、径13mm以上の異形鉄筋を立上り部分の上端と下部の底盤にそれぞれ1本以上配置して、立上り筋と緊結させます。また、立上りの縦筋はD10以上の鉄筋を300mm以下の間隔で配置します。底盤部分はD10以上の鉄筋を300mm以下の間隔で配置し、底盤の両端部に配置したD10以上の鉄筋と緊結させます（図27）。

ベタ基礎の形状と配筋

　ベタ基礎は、立上り基礎で囲まれた区画の面積が大きくなると、耐圧盤にかかる荷重が大きくなります。その場合は、耐圧盤の厚みを厚くするか、区画を小さくして対応します。

　ベタ基礎の配筋は、底盤部分はD10以上の異形鉄筋を300mm以下の間隔で縦と横に建物全体に配置します。地盤の状況が悪ければ、底盤部分の鉄筋をD13にしたり、ダブル配筋にしたりすることもあります（図28）。

開口廻りの補強

　基礎コンクリートに換気口や設備関係のスリーブが設けられると、その部分が構造上の弱点となります。また、出隅部は力の流れの方向が変わり、通常より大きな力が加わります。このような箇所は、補強が必要です。

　換気口廻りは、D13の横筋およびD10の斜め筋で補強します（図29）。

　出隅の補強は、横筋を折り曲げ、直行する他方向の横筋に300mm以上重ね合わせます（図30）。

換気口、人通口、配管スリーブなどの開口廻りには、鉄筋による補強が必要です

図27 ▶ 布基礎の仕様例

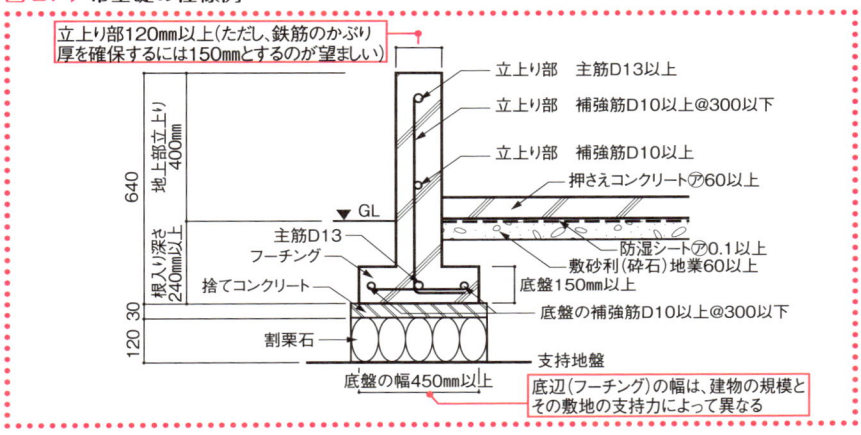

- 立上り部120mm以上（ただし、鉄筋のかぶり厚を確保するには150mmとするのが望ましい）
- 立上り部　主筋D13以上
- 立上り部　補強筋D10以上@300以下
- 立上り部　補強筋D10以上
- 押さえコンクリート⑦60以上
- 防湿シート⑦0.1以上
- 敷砂利（砕石）地業60以上
- 底盤150mm以上
- 底盤の補強筋D10以上@300以下
- 主筋D13
- フーチング
- 捨てコンクリート
- 割栗石
- 支持地盤
- 地上部立上り 400mm
- 根入れ深さ 240mm以上
- 640
- 120　30
- 底盤の幅450mm以上
- 底辺（フーチング）の幅は、建物の規模とその敷地の支持力によって異なる

図28 ▶ ベタ基礎の仕様例

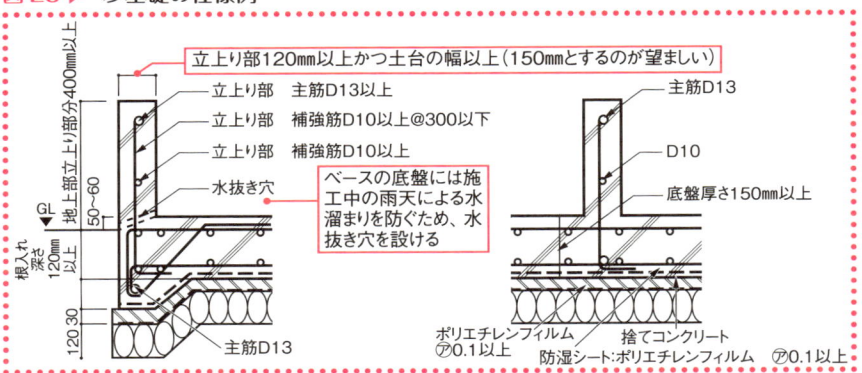

- 立上り部120mm以上かつ土台の幅以上（150mmとするのが望ましい）
- 立上り部　主筋D13以上
- 立上り部　補強筋D10以上@300以下
- 立上り部　補強筋D10以上
- 水抜き穴
- ベースの底盤には施工中の雨天による水溜まりを防ぐため、水抜き穴を設ける
- 主筋D13
- D10
- 底盤厚さ150mm以上
- 主筋D13
- ポリエチレンフィルム⑦0.1以上
- 防湿シート：ポリエチレンフィルム ⑦0.1以上
- 捨てコンクリート
- 地上部立上り部分400mm以上
- 根入れ深さ 120mm以上
- 50～60
- 120　30

図29 ▶ 床下換気口の補強例

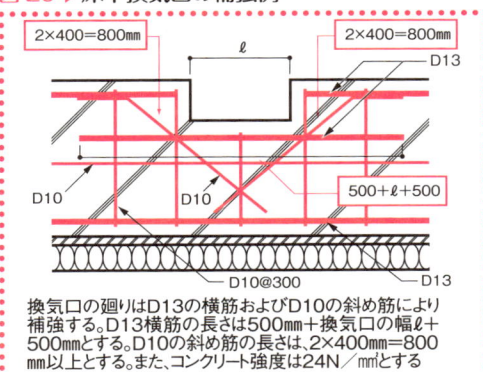

- 2×400=800mm
- 2×400=800mm
- ℓ
- D13
- D10
- D10
- 500+ℓ+500
- D10@300
- D13

換気口の廻りはD13の横筋およびD10の斜め筋により補強する。D13横筋の長さは500mm＋換気口の幅ℓ＋500mmとする。D10の斜め筋の長さは、2×400mm=800mm以上とする。また、コンクリート強度は24N／m㎡とする

図30 ▶ 出隅部の補強例

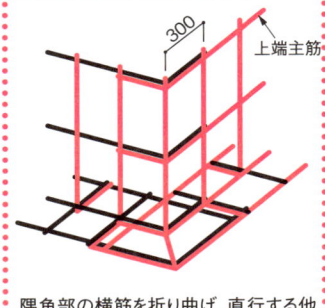

- 300
- 上端主筋

隅角部の横筋を折り曲げ、直行する他方向の横筋に300mm以上重ね合わせる

2　地盤と基礎のチェックポイント

かぶり厚さや継手の長さを
チェックする配筋検査

配筋検査

　鉄筋の組立てが終わると、その配筋が図面、仕様書どおりにできているかどうかを配筋検査でチェックします。まずは、現場監督が検査を行い、中間検査を受ける場合は、第三者機関による検査が行われます。第三者機関による検査には現場監督と施工者が立ち会います。

　検査では、鉄筋の種別、鉄筋の間隔、鉄筋径、かぶり厚さ、定着長さ、継手の長さ、立上り筋の高さ、緊結の状態、補強筋などが仕様書、図面どおりにできているかどうかをチェックします。鉄筋にはリブの付いた異形鉄筋とただの棒状である丸鋼の2種類がありますが、主に異形鉄筋を使用します。この検査は、基礎の耐久性に影響する非常に重要なものですから、入念に行わなければなりません。

検査のポイント

　現場では、まず、鉄筋の間隔、径をスケールを当てて確認します。鉄筋のかぶり厚さは、十分な厚さがなければ早く鉄筋が錆び、耐久性が低下してしまうため、スペーサーにより適切に厚みが確保されていることを確認します。

　コーナー部では、鉄筋同士の重なり（定着長さ）が規定通りであるかどうかを確認します。また、鉄筋の継手の長さは、鉄筋を途中でつなげる場合のその重なりの長さをいい、13mmの鉄筋では50～60cm必要です。

　換気口廻り、設備の配管廻りには、適切に補強筋が入っていることを確認します。また、結束線にて十分に鉄筋が緊結されていることの確認も大切です。緊結されていなければ、コンクリート打設の際に鉄筋が動いてしまい、所定の耐力、耐久性が期待できません。

　この検査で問題があった場合は、早急に是正し、再度、検査を行います。

　配筋の写真は特に重要なので、鉄筋の長さ、間隔、本数、位置などが確認できるようにしっかりと撮影して保存しておきます（図31）。

配筋検査では鉄筋の仕様、かぶり厚さ、定着長さ、継手の長さなどを確認します

図31 ▶ 配筋のチェックポイント

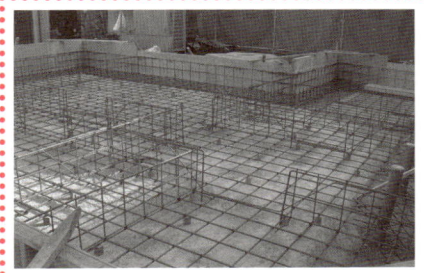

全体が分かる写真を撮っておく

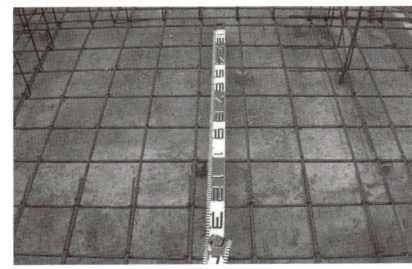

ベース筋の間隔を確認

立上り筋の間隔および折れ曲がり長さを確認

ベース筋のかぶり厚さを確認

開口補強筋の確認

配管部の補強筋と立上り筋のスペーサーの確認

Check Point 配筋検査におけるチェックポイント

- ☐ 鉄筋の種別、径、本数に間違いないか
- ☐ 鉄筋の間隔、かぶり厚さ（ベース部60mm、立上り部40mm）
- ☐ 隅角部における折り曲げの重ねは、300mm以上あるか
- ☐ 鉄筋の定着、継手長さは適正か
- ☐ 開口補強方法は適正か
- ☐ スリーブ補強方法は適正か
- ☐ 結束状況は適当か

鉄筋の種別とは

鉄筋にはリブの付いた異形鉄筋とただの棒状である丸鋼の2種類がある。最近では、異形鉄筋を使用し、丸鋼は使われない。また、鉄筋の引張りの強さを表す引張り強度がある。鉄筋の種別を表す記号として、SR235、SD295という表現をするが、このRが丸鋼であり、Dが異形鉄筋を表す。235、295が鉄筋の引張り強度を表す。リブ付きの異形鉄筋か否かは見ればわかるが、引張り強度は、出荷時のミルシート（鋼材検査証明書）にて確認する

取付位置が重要な
アンカーボルトの施工

アンカーボルトの役割

　木造住宅にとって、アンカーボルトをどのように入れるかは極めて重要です。阪神・淡路大震災でみられた大きな被害の原因の1つとして、アンカーボルトが適切に入っていなかったことがあげられます。

　アンカーボルトは、建物が地震力や風圧力を受けて基礎からはずれたり、持ち上げられたりしないように土台と基礎を緊結するものです。

　また、アンカーボルトは、㈶日本住宅・木材技術センターが定める規格による「Zマーク表示金物」または同等以上の良質で性能も担保されたものを使用します。

入れ方と注意事項

　アンカーボルトを入れる位置は、耐力壁の両側の柱に近接（約200㎜）した位置、土台切れの個所、土台の継手および仕口個所の上部です。そのほかに、2階建ての場合は2.7m以内、3階建ての場合は2m以内の位置に入れるようにします。これらの位置は、力の流れを考えた場合、土台の浮き上がりやずれを抑えるために最も効果が高いとされています（図32）。

　アンカーボルトの位置、埋め込み深さは、土台天端の高さから正確に決めます。埋め込み深さは240㎜以上とし、先端は土台天端からナットの外にねじが3山以上出るようにします。

　また、コンクリート打設時に動かないように、アンカーボルトは型枠などにしっかりと固定します。

　さらに、アンカーボルトのねじ部の破傷、錆の発生、汚れを防止するため、建方までの間は布、ビニルテープなどを巻いて養生をします（図33）。

　コンクリート打設前には、アンカーボルトの取り付け位置、本数、高さ、通りが図面どおりになっているかどうかを必ず確認します。

> アンカーボルトは、土台と基礎をつなぐ大切な金物です

図32 ▶ アンカーボルトの入れ方

アンカーボルトの位置

(2階)

(1階)

2.7m以内

- 土台の仕口端部
- 耐力壁の両端の柱から200mm内外であるが、他方の柱は基礎から緊結されたホールダウン金物で代用
- 土台の継手および仕口の上木端部
- 耐力壁の両端の柱から200mm内外

図33 ▶ アンカーボルト施工のポイント

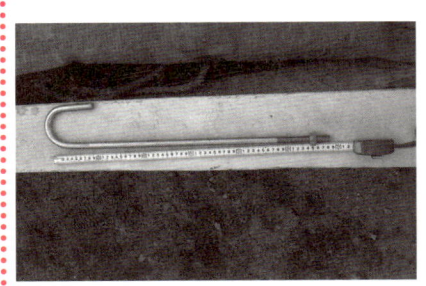

アンカーボルトの長さを確認。埋め込み長さは240mm以上あるかを確認する

アンカーボルトは、コンクリート打設時に動かないように型枠などにしっかりと固定させる

土台にアンカーボルトをセットしたところ。先端は土台の上端よりナットの外にねじが3山以上出るようにする

> **Check Point** アンカーボルト据付け時のチェックポイント
>
> ☐ 「Zマーク表示金物」または同等以上のものを使っているか
> ☐ 埋め込み長さは240mm以上確保してあるか
> ☐ 取り付け位置、本数、高さ、通りは計画どおりか
> ☐ 型枠にしっかりと固定されているかどうか
> ☐ 建方までの間、先端は、養生がされているか

試験成績書と現場試験で確認するコンクリートの品質

品質のチェック

コンクリートの品質をチェックするには、まず事前にコンクリート配合報告書を取り寄せ、コンクリートの配合をチェックします。そのほかに骨材試験成績表、セメント試験成績表、化学混和剤試験成績表、水質試験報告書などもチェックします。

また、生産工場の確認もしておきます。JISの認定工場であるか、工場に公認の技術士が常駐しているのか、工場から現場までの運搬時間はどれくらいかかるのか（90分以内とする）を確認します。

コンクリート打設時には、納品書と現場試験により、計画どおりの生コンクリートが納品されているかどうかをチェックします。

打設前の確認

木造基礎の場合、通常、ベース部分と立上り部分の2回に分けてコンクリートを打設します。型枠の確認では、墨出しどおりに型枠が入っているかどうか、型枠内のコンクリートの高さを示す印に間違いがないか、型枠がしっかり固定されているかなどを確認します。

また、コンクリート打設面の清掃ができているか、生コン車、ポンプ車、打設用の人員、バイブレーターの確認、型枠への散水なども確認します。打設面が清掃できていないと接合不良を起こし、強度に影響しますし、型枠が乾燥していると、型枠を解体する際にコンクリート表面の剥離の原因となります。

生コン車が到着するとコンクリートを降ろす前に、コンクリートの設計強度とスランプ値を確認します。設計強度は、納品書により確認し、スランプ値は、スランプコーンにより確認します。圧縮試験用の試験体も採取します（図34・35・36）。

打設後、表面が雨に打たれるとコンクリート中の骨材が分離し、強度、耐久性に影響するため、雨が激しく降ることが予想される場合は、打設を中止します。

> コンクリートの品質管理では、まず配合報告書を取り寄せてしっかりチェックします

図34 ▶ コンクリートの品質はどこでみる？

● 水セメント比
コンクリートの強度はセメントと水の重量割合によって決まる。水とセメントの重量比を水セメント比（W／C）という。強度を高めるためにはできるだけ少ない水で練ったほうがよい。しかも、水を透しにくいコンクリートや、ひびわれの発生しにくいコンクリートにするためにも、できるだけ水の少ない硬いコンクリートを十分に締め固めるのが原則となっている。しかし、あまりにも水の量を少なくすると、今度はコンクリートの流動性が悪くなり、作業が非常にやりにくく、コンクリートが隅々まで十分に行き渡らず、かえって悪いコンクリートとなるおそれがある。通常は、水セメント比で50～60％とする

● スランプ値
スランプ値とは、スランプコーンと呼ばれる試験用の容器に生コンクリートを入れ、突棒で撹拌したあとで垂直上にスランプコーンを抜き取り、コンクリート頂部の高さが何cm下がったかを測定した数値のこと。数値が大きいほどコンクリート頂部が下がっているので流動性が高いといえる。スランプ値15cm～18cmがよく使われる

● 空気量
コンクリート容積に対するフレッシュコンクリートに含まれる空気容積の割合のことで、％で表す。この空気量によりコンクリートが流動する際に摩擦の低減に効果がある。通常は、4～5％が適切である

● 塩化物量
コンクリート中にある程度以上の塩化物が含まれていると、コンクリート中の鉄筋が錆び、コンクリートにひび割れを起こす原因となる。生コンクリートの塩化物含有量はコンクリート中に含まれる塩化物総量で規定され、0.30kg／m³以下としている

コンクリートの現場試験

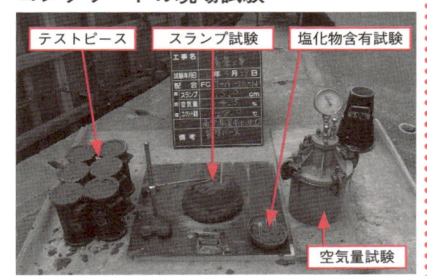

テストピース、スランプ試験、空気量試験、塩化物量を現場で実際の生コンクリートを採取して配合報告書どおりか確認する

図35 ▶ スランプ試験

1》3層に分けてコンクリートを入れ、突き棒の先端が前層に接する程度に各層25回突く

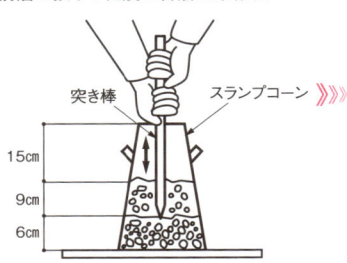

2》詰め終わったらコーンを真上に持ち上げ、スランプを測定する

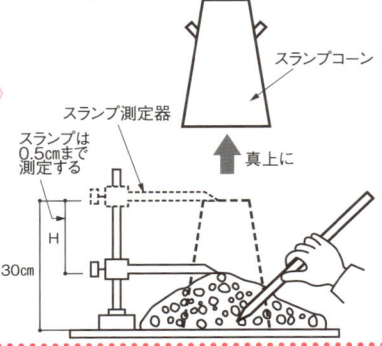

スランプは0.5cmまで測定する

図36 ▶ 生コンクリート現場試験における許容値

現場における試験として、スランプ値、空気量、塩化物量含有試験を行う

	値	許容値
空気量	4～5％	±1.5％
スランプ値	8～18cm	±2.5cm
	21cm	±1.5cm
塩化物	0.30kg/m³以下	―

締め固めが重要な
コンクリートの施工

ベース打設で起こるトラブル

　木造基礎の場合、通常、ベース部分と立上り部分の2回に分けてコンクリートを打設します。

　ベースコンクリートでは、ブリージングが発生することにより、コンクリートにひび割れが発生しやすくなります。生コンクリートは打設直後から分離が始まり、コンクリート骨材より比重の軽い水がコンクリート内で上昇します。これをブリージング水といいます。この水が上昇する際、コンクリートが沈下してひび割れを起こすことがあります。そして、ブリージング水が鉄筋の下部に滞留し、鉄筋の付着が阻害され、コンクリート強度・耐久性に問題が生じます。そのため、ベース打設では、ブリージング対策を考えた施工が必要となります。

ベースの打設手順

　スランプ12〜15cm程度の硬めの生コンクリートを使用し、バイブレーターで適切な振動を与えて流動化させながら少しずつ送り込みます。そうすることで鉄筋の裏側までコンクリートを行き渡らせます。

　ここで注意するのは、バイブレーターを打設作業の反対側で掛けることです。進行方向側で掛けると生コンクリートが流れてしまい、途中で隙間ができてしまうからです。そして、生コンクリートが固まらないうちに、再度、バイブレーターを掛けて、ブリージング水や空気をコンクリートから追い出すようにします。

　最後に、コンクリートの表面を金鏝や、とんぼで十分に叩きならします。この作業のことをタンピングといいます。浮き出たブリージング水はスポンジなどで除去します。この作業を十分に行うことで、コンクリートのひび割れを防止することができます（図37）。

　ベース部には縦横に多くの鉄筋が入っているので、ブリージング水による沈みやひび割れには特に注意が必要です（図38）。

> ひび割れを防ぐために硬めのコンクリートを打設し、締め固めをしっかり行います

図37 ▶ ひび割れやすいベース部のコンクリート打設方法

ひび割れが起こる原因

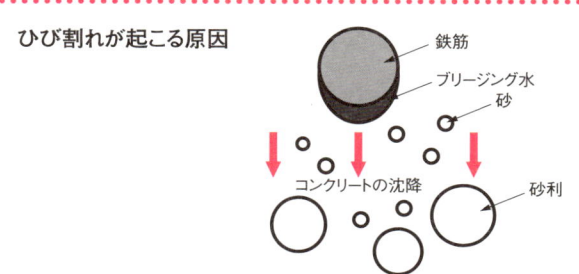

- 鉄筋
- ブリージング水
- 砂
- コンクリートの沈降
- 砂利

ブリージング水がひび割れの原因になるので、タンピングにより十分に締固めよう

コンクリート打設のポイント

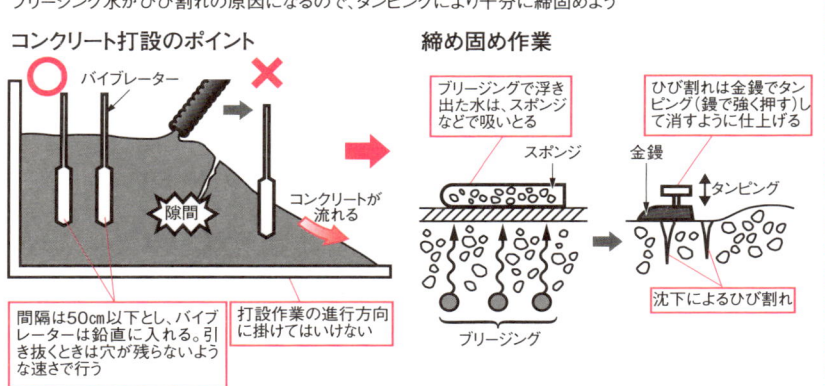

- バイブレーター
- 隙間
- コンクリートが流れる
- 間隔は50cm以下とし、バイブレーターは鉛直に入れる。引き抜くときは穴が残らないような速さで行う
- 打設作業の進行方向に掛けてはいけない

締め固め作業

- ブリージングで浮き出た水は、スポンジなどで吸いとる
- スポンジ
- ブリージング
- ひび割れは金鏝でタンピング（鏝で強く押す）して消すように仕上げる
- 金鏝
- タンピング
- 沈下によるひび割れ

図38 ▶ ひび割れはこんなふうに現れる

沈みひび割れの例

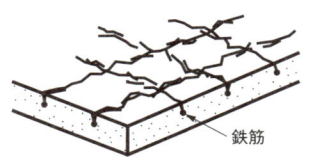

鉄筋

鉄筋位置の上面やスラブと梁の接合部付近に現れる

プラスチックひび割れの例

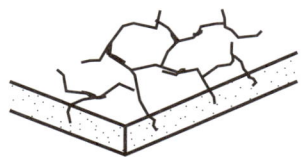

沈みひび割れよりも細かく、方向性のない亀甲模様となる

コンクリートのひび割れには、沈みひび割れとプラスチックひび割れと呼ばれるものがある。沈みひび割れは、ブリージング水が鉄筋の下部に滞留しコンクリートが沈下してひび割れを起こしたもの。プラスチックひび割れは、コンクリート表面の急激な水分の蒸発により起こる。これは、コンクリートを打設後、散水をするなどして、しっかりと養生することで防止できる

振動で空気を追い出す 立上りコンクリートの打設

立上りコンクリート打設時の注意点

　立上りコンクリートを打設する前に、ベースと立上りの接合部のレイタンスを金ブラシで清掃して取り除きます。レイタンスとは、コンクリート上面に浮かび上がった材料中の微粒分がコンクリート表面の水分が蒸発した後にコンクリート表面に残留して堆積したものです。

　打設は、固めのコンクリートをゆっくりと少しずつ型枠に流し込みます。固めのコンクリートは流動性が悪いため、コンクリート打設時に空気が巻き込まれやすくなります。空気が型枠内に残ったままの状態でコンクリートが硬化すると、セメントと砂利が分離して脆くなるジャンカや空洞の原因となります。そのため、コンクリート打設と同時にバイブレーターなどで振動を与えてコンクリートを液状化させ、空気を追い出すようにします。竹でコンクリートを突ついたり、型枠を木槌で叩いたりするのも良い方法です。打設途中ではコンクリートの流れが悪くても絶対に加水してはいけません（図39）。

コールドジョイントの防止

　最初にコンクリートを打設し、しばらく時間をおいてから再び打設すると、コールドジョイントが発生するおそれがあります。コールドジョイントとは、完全に一体化していないコンクリートの打ち継ぎ面のことです。この部分から水が浸入しやすくなるため、鉄筋が腐食して基礎の強度低下につながります。コールドジョイントができそうな場合は、バイブレーターで振動を与えてコンクリートを一体化させます。コンクリートがまだ固まらないうちに再度、振動を与えて最後に鏝で強く押さえます。

　コンクリート打設前には、打ち継ぎ部分に塵があると接合不良を起こし、強度が弱くなるので入念に清掃を行います。型枠に散水し、型枠解体時のコンクリートの剥離を防止します。

固いコンクリートにするためにバイブレーターを適切に使用します

図39 ▶ 立上りコンクリートの打ち方

コンクリート打設前には、打ち継ぎ部分に塵があると接合不良を起し、強度が弱くなるので入念に清掃する。型枠に散水し、型枠解体時のコンクリートの剥離を防ぐ

立上りのコンクリートを打設しているところ。バイブレーターをかける人、型枠を叩く人、タンピングをする人とそれぞれの役割をもつ。硬めのコンクリートをゆっくりと流し込みバイブレーターで十分に振動させ、コンクリートが隅々まで行きわたるようにする

コンクリート打設と同時にバイブレーターで振動を与えるが、打設進行方向とは逆の位置でバイブレーターをかける

コンクリートが固まらないうちに鏝で天端を強く押さえる。その後、レーザーレベルで位置を出してからレベラーを流し込み、基礎天端をならす場合もある

> **Check Point** ベース、立上りコンクリート打設時のチェックポイント
>
> ☐ 型枠にコンクリートの付着はないか、散水をしたか
> ☐ 立上り部の取合い部分の清掃はきちんとできているか
> ☐ 納品書を確認し、配合計画どおりになっているか、納入時刻の発着は90分以内か
> ☐ バイブレーターの使用は適切か
> ☐ タンピングは十分に行っているか
> ☐ アンカーボルトの倒れ、沈み、汚れなどはないか
> ☐ 生コンクリート現場試験結果は適切か、テストピースは採取したか

2 地盤と基礎のチェックポイント

コンクリートを大事に育てる
養生と表面補修

養生の重要性

　コンクリートを打設すると、セメントは気温や湿度の影響を受けながら水と反応して少しずつ硬化していきます。硬化が始まってから強度が出るまでの間、気温や湿度の条件を整えることが養生です。養生をおろそかにすると、コンクリートの品質を確保することができず、たとえ適切に打設を行っても、ひび割れを起こしたり、所定の強度が出ないことがあります（図42）。

　コンクリートは、硬化する際に発熱する性質があり、気温が高いとコンクリートの温度が35℃を超えることもあります。このような高温下では、水分が蒸発して、予定のコンクリート強度が出ないことがあるので、散水して温度を下げます。常に露出面に水分があるように水を散水してシートで覆います。コンクリートの露出面に水を溜めておく養生法もあります。

　逆に寒い時期のコンクリート打設には保温養生を行います。コンクリート中の水分が凍結すると、体積が膨張することにより周囲のコンクリートを押し広げ、ひび割れを起こす原因となるからです。コンクリート表面をシートですっぽりと覆い、バーナーなどで暖めて保温します（図40）。養生期間中は、型枠に振動および外力を加えないことも大切です。立上り基礎の場合、養生期間としての型枠の存置期間は、気温15℃以上の場合は3日以上、5℃以上の場合は5日以上とします（図41）。

ジャンカの補修

　ジャンカ、空洞、気泡は、生コンクリートを一気に打ち込んだ場合に型枠内部に取り残された空気が逃げ場を失うことによりできる施工不良です。ジャンカ部分をはつり取り、水洗いした後に硬練りのモルタルを塗り込みます（図43）。ジャンカが大きい場合は、不良部分をすべてはつり取り、鉄筋に付着しているコンクリートもきれいに清掃した後、固めのコンクリートを打設し、十分に締め固めを行います。

> コンクリートは、養生をしっかり行うことが大切です

図40 ▶養生の様子

湿潤養生の様子。冠水状態にしておくと、コンクリートの急激な乾燥を防ぎ、ひび割れが起きにくくなる（写真提供：都筑建築工房）

保温養生の様子。気温が2℃以下になるようであれば、ビニールシートでコンクリートを覆いヒーターなどで保温する（写真提供：福永洋一建築設計事務所）

図41 ▶型枠の最小存置期間

	存置期間中の平均気温	普通ポルトランドセメント、混合セメントのA種
コンクリートの材齢による場合	15℃以上	3日
	5℃以上	5日
	0℃以上	8日
コンクリートの圧縮強度による場合	—	圧縮強度が5N／㎡以上となるまで

図42 ▶コンクリートの仕上りをチェック

基礎全体の写真を撮っておくと、コンクリート状態、アンカーボルト位置などが確認できる

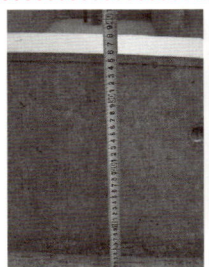

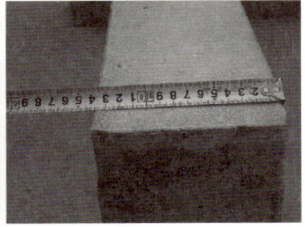

基礎の高さや幅が図面どおりか確認する

図43 ▶ジャンカの対処方法

ジャンカ

ジャンカとは締め固め不足などにより、セメントと砂利が分離し、脆くなっていて、強度が低下している状態をいう。表面は、へこみ、ざらついて砂利が露出し、醜い状態になっている。極端な場合、大きな空隙ができ、鉄筋が露出することがある。豆板と呼ぶ場合もある

ジャンカの補修方法

カッターなどで不良部分を除去し、水洗いをする

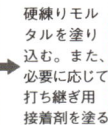

硬練りモルタルを塗り込む。また、必要に応じて打ち継ぎ用接着剤を塗る

位置と勾配が大切な埋設配管の施工

基礎が出来上がり、周囲の埋戻しをする前に排水管を埋設します。排水には、「汚水」「雑排水」「雨水」があり、排水管はこれらの各排水を単独でまたは合流させて公共下水道管へ放流します。

排水管埋設の注意点

排水管の外部配管を行うにあたり、コンクリートを打設する前に配管のためのスリーブを入れておきます。スリーブは立上り部に設けます。ベタ基礎の場合、ベースを貫通させて配管すると地中梁の断面欠損になりますし、またベースの下に配管すると、不具合が発生した場合に補修しにくくなるからです。

基礎にスリーブを設ける際は、アンカーボルトと干渉しないか、柱の直下に設けていないか、床下換気口と干渉しないか、給湯器・エアコン室外機の設置位置と干渉しないかなどに注意します。また、スリーブ廻りには鉄筋の補強がされているかも確認します。スリーブは、外部からの水の浸入を防ぐために外側に少し勾配をつけます(図44)。

排水管は、既存の公共桝との高低差を考慮し、最も短距離になるようなルートを考えます。ブロック塀やフェンス基礎の下部に通るような配管をしてはいけません。また、凍結防止のため管上で200mm以上の深さに埋設します。コーナー部には、物が詰まったときのために掃除口を設置します。

排水管の水勾配は、管径により変わりますが、1/50～1/200程度の勾配を取ります(図45)。

排水勾配が急な場合や管径が排水量に比べて大きすぎると、配管内の排水の深さが浅くなります。排水が浅いと汚物などの固形物を押し出す力が弱くなり、固形物が堆積しやすくなります。材料は、硬質塩化ビニル管のうち肉厚の厚いVP管を使用します。管の肉厚が薄いVU管を使用すると、車が載った場合に破損するおそれがあります。

> 排水管の勾配、径、深さ、材質が適切かどうか確認します

図44 ▶ 埋設配管の悪い例

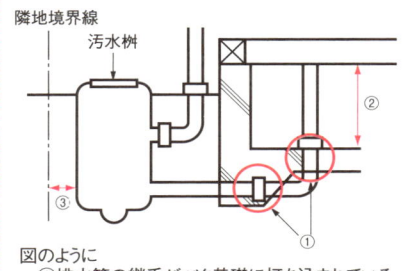

隣地境界線
汚水桝

図のように
①排水管の継手がベタ基礎に打ち込まれている
②床下の空間が狭すぎる
③隣地空間が狭すぎる
とメンテナンスをすることができない

Check Point 埋設配管のチェックポイント

- ☐ スリーブがベースを貫通していないか
- ☐ 勾配は外についているか
- ☐ 管の径・材質は適正か
- ☐ 配管は公共桝まで最短か、ブロック塀・フェンス基礎をまたいでいないか
- ☐ 配管の曲がり部、T字部分の処理の仕方は適正か
- ☐ 埋設配管の深さは200mm以上あるか、勾配は適正か
- ☐ アンカーボルト、床下換気口、給湯器、空調機と干渉しないか
- ☐ 柱の真下にきていないか

図45 ▶ 配水管の勾配と管径を確保する

管径と排水横管の勾配

管径（mm）	勾配
65以下	最小勾配1／50
75〜100以下	最小勾配1／100
125以下	最小勾配1／150
150以上	最小勾配1／200

埋設する管の勾配

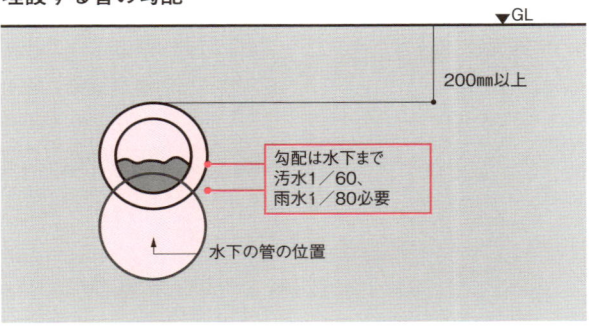

▼GL
200mm以上
勾配は水下まで汚水1／60、雨水1／80必要
水下の管の位置

埋設する排水管の位置は、排水の水上で、管上でGLから最低200mmの位置に埋設し、合流桝の水下までの勾配を汚水で1／60、雨水で1／80確保する

コラム

品確法は住宅性能の共通ルール

　品確法（住宅の品質確保促進等に関する法律）は、「瑕疵担保期間10年間の義務づけ」「住宅性能表示制度の新設」「住宅紛争処理体制の確立」の3つの要素から成り立っています。

　従来から住宅を建てたり、購入したりする際に欠陥住宅、シックハウスなどの問題が度々発生し、住宅取得者にとっては、住宅を安心して取得できないという問題がありました。

　その問題とは、住宅取得者にとっては住宅の性能に関する共通ルール（表示の方法、評価の方法の基準）がないために、相互比較することが難しいというものでした。そのほかにも、住宅の性能に関する評価が信頼できない、紛争が生じた場合、処理体制が整っていないために解決するのに多大な労力と時間がかかる、新築住宅の取得には、瑕疵の保証期間が1～2年間のため、その後に重大な瑕疵が発生した場合に無償修繕が要求できない、という問題点もありました。

　これらの問題を解決するために、住宅の生産からメンテナンスまで一貫して品質が確保される「住宅の品質確保促進等に関する法律(品確法)」が2000年4月に施行されました。

①瑕疵担保期間10年間の義務づけ

住宅供給者は、新築住宅の基本構造部分について10年間の瑕疵担保責任を義務づけられる。住宅取得者は、住宅供給者に対し、新築住宅の基礎や柱、床といった構造耐力上主要な部分や屋根、外壁などの雨水の浸入を防止する部分について瑕疵があった場合には10年間は無償で修繕する要求ができる

②性能表示制度

性能表示制度は、住宅取得者に対し、住宅の性能を分かりやすく示すため、全国共通のものさしとして、新築住宅の構造的な強さや火災時の安全性、高齢者への配慮など、10項目の性能について、公的に指定された機関が評価し、その水準を等級で表示する。大きい等級ほど性能がよいことを示す

③住宅紛争処理体制の確立

住宅性能表示制度を利用した住宅については、指定住宅紛争処理機関に紛争の処理を申請できる。指定住宅紛争処理機関は、紛争に対し、あっせん、調停、仲裁を行う。裁判などによる従来の紛争処理に比べ、安価で迅速な対処ができる

住宅の性能評価10項目

1 構造の安定　地盤と構造躯体の安全性の程度など

2 火災時の安全　火災時の避難の容易性、延焼の受けにくさなど

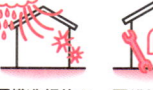

3 構造躯体の劣化の軽減　住宅の構造躯体の劣化対策の程度

4 維持管理への配慮　配管の維持管理への配慮の程度

5 温熱環境　躯体の断熱・気密による年間冷暖房負荷の少なさ

6 空気環境　内装材のホルムアルデヒド放散量の少なさ、換気の方法など

7 光・視環境　開口部面積の大きさ、天空光の取得のしやすさ

8 音環境　開口部の遮音対策の程度

9 高齢者への配慮　身体機能の低下を考慮した移動行為の安全性

10 防犯対策　ドアや窓の防犯対策の程度

第3章

構造の安全性を確保する工事

木造住宅の主流は在来軸組工法

　木造住宅の工法の種類は、大きく在来軸組工法と枠組壁工法に分けられます。

在来軸組工法

　木造工法の主流は、在来軸組工法です。在来軸組工法は、土台と柱、梁で建物の構造が構成される工法です。柱は上部の構造体を支え、梁は床、屋根などの水平の荷重を柱に伝え、土台は柱からの荷重を基礎に伝えます。水平材は土台、梁、胴差、桁で構成され、これらを総称して横架材と呼びます。また、筋かいは柱、梁、土台からなる四辺形に斜めに入れる部材で、地震力による横からの力に対して抵抗し、建物の変形、倒壊を防止する非常に重要なものです。

　また、最近では構造用合板を筋かいと併用して使用されることが多くなっています。構造用合板を柱、梁、土台に決められた方法で決められた釘で留めることにより建物の耐震性が向上します。

　火打ちは、それぞれの階の横架材の隅に入れるもので、外部からの水平力がかかったときに歪まないように水平構面を強固にする部材です。この火打ちを取り付けた水平構面にも構造用合板を張ることで、さらに強度を高めることができます。

　これらの柱、横架材、筋かい、構造用合板などは構造計算などにより計画的に断面寸法、本数を決定し、接合金物、釘でしっかりと留めることにより安全な軸組となります(図46)。

枠組壁工法

　枠組壁工法は主に2×4インチの部材に面材を張って壁を構成し、壁で建物全体の荷重を支える工法で、ツーバイフォー工法といわれます。壁によって構造が構成されているため、間仕切変更などのリフォームは難しいのですが、地震には強いといわれています。昭和40年代から増えてきました(図47)。

> 木造住宅の工法は主に在来軸組工法と枠組壁工法があるが、主流は在来軸組工法です

図46 ▶ 在来軸組工法

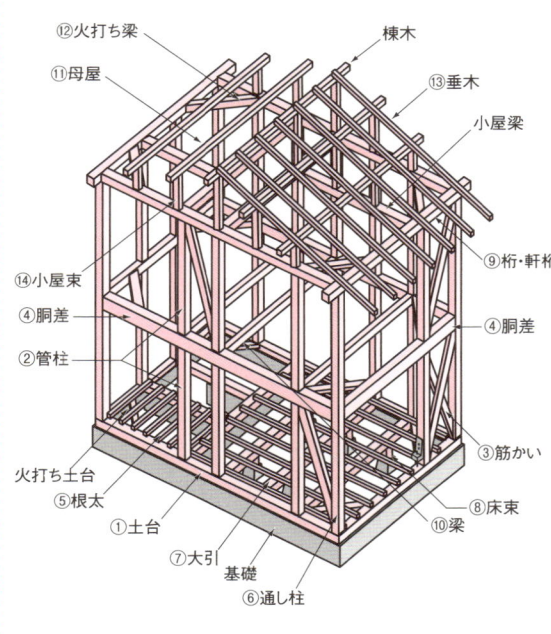

- ⑫火打ち梁
- ⑪母屋
- 棟木
- ⑬垂木
- 小屋梁
- ⑭小屋束
- ④胴差
- ②管柱
- 火打ち土台
- ⑤根太
- ①土台
- ⑦大引
- 基礎
- ⑥通し柱
- ⑨桁・軒桁
- ④胴差
- ③筋かい
- ⑧床束
- ⑩梁

① 土台：基礎の天端に敷く材で、柱から伝えられる建築物全体の荷重を基礎に伝える
② 管柱：柱のなかでも、2階以上の建築物で土台から軒まで1本の柱で通さずに、途中で胴差などで中断しているもの
③ 筋かい：柱、梁（胴差・桁）、土台からなる四辺形に組まれた軸組に対角線状に入れた材
④ 胴差：外壁の周りにあって、通し柱では2階以上の床の位置で柱を相互につなぎ、管柱では下階の柱の上端を相互につないでいる横架材
⑤ 根太：床板を受ける材で床の荷重を大引に伝える
⑥ 通し柱：土台から軒桁まで一本物で通した柱で建物の出隅・入隅に設置する
⑦ 大引：最下階床の根太を支える横木
⑧ 床束：最下階床を支える垂直の材。束石の上に立てて、大引を受ける
⑨ 桁・軒桁：側柱の上に渡す水平材で垂木を受ける部材
⑩ 梁：柱頭の位置にある水平材で建物の荷重を受けるもの。柱と剛に接合する。柱と共に構造上、最も重要な部材
⑪ 母屋：棟あるいは軒桁に平行に設置して垂木を支える部材
⑫ 火打ち梁・土台：水平に直交する部材の接合部を補強するための斜め材
⑬ 垂木：野地板を支えるために棟木から母屋・軒桁に架け渡す材
⑭ 小屋束：梁の上に立てて、母屋を支える材

図47 ▶ 枠組壁工法

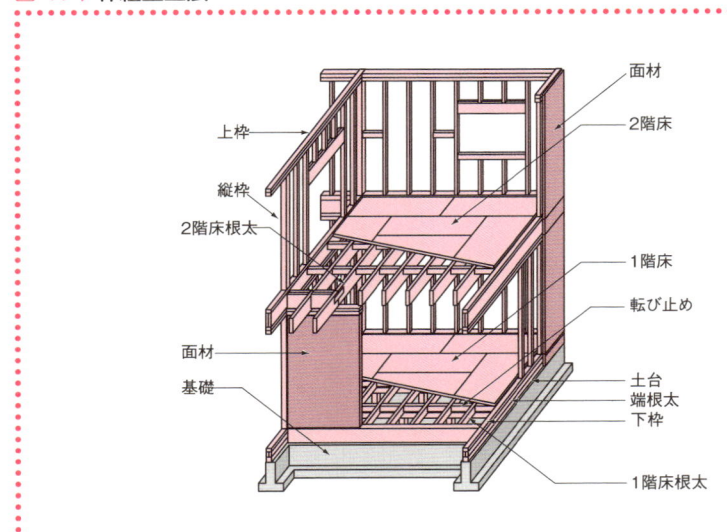

- 面材
- 2階床
- 上枠
- 縦枠
- 2階床根太
- 1階床
- 転び止め
- 面材
- 土台
- 基礎
- 端根太
- 下枠
- 1階床根太

3　構造の安全性を確保する工事

059

チェックのタイミングが重要な軸組工事と外装工事

軸組工事の流れ

　基礎が出来上がると軸組の工事が始まります。軸組は基礎と同様に構造上、非常に重要な部分です。さらに、仕上げで隠れてしまうので、特にしっかりとチェックしなければなりません。

　軸組の工事は土台敷きから始まります。プレカット工場から前日までに建方用の構造材が運ばれ、一番初めに土台を敷きます。土台にアンカーボルトの位置を正確に墨付けして、しっかりとボルトで固定します。また、土台敷きと並行して外部の埋設配管工事を行う場合もあります。内部配管工事より先に配管をしておき、埋め戻しをして建方用の外部足場を組み立てます。

　土台敷きが終わると防蟻処理を行い、建方の作業性向上のために床組を行います。床組ができたら柱を立てて、建方に備えます。

　建方では、レッカーと人手があるうちに一気に屋根下地（野地板）まで張り、雨に備えて下葺き材（ルーフィング）まで張ります。

外装工事の流れ

　建方が終了すると上棟式を行います。その後、外壁下地の工事に入ります。柱が垂直に立っていることを確認してから、筋かいや構造用合板を張り、筋かいなどを接合金物で固定します。瓦屋根など重い屋根材とする場合は先に屋根工事を行ってからサッシを取り付けます。瓦の重さで建物が沈み込んで高さが変わってしまうからです。

　サッシを取り付け終えるとバルコニーの防水工事を始めます。外壁には防水シートを張り、端部をしっかりテーピングします。この段階で散水試験を行い、雨漏りしないことを確認すると安心です。

　この後、外壁が乾式工法の場合は、胴縁で下地をつくりサイディングを張って、サッシ廻りにシーリングを打ち、外装工事が完了します（図48）。

> 軸組工事と外装下地工事は特に大事な工事なので、しっかり現場をチェックします

図48 ▶ 軸組と外装工事の流れ

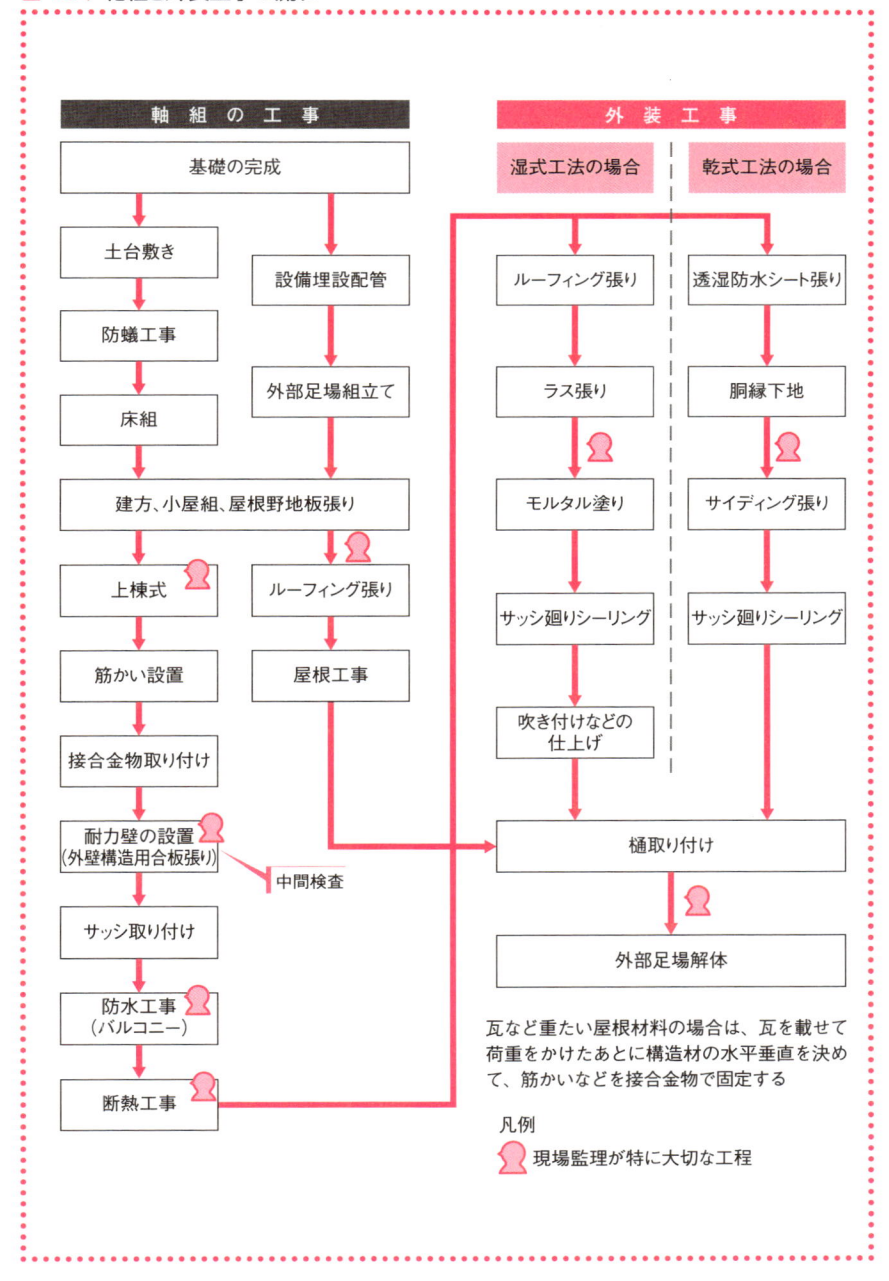

軸組の工事

基礎の完成
↓
土台敷き
↓
防蟻工事
↓
床組
↓
建方、小屋組、屋根野地板張り
↓
上棟式 🧷
↓
筋かい設置
↓
接合金物取り付け
↓
耐力壁の設置 🧷
（外壁構造用合板張り）
↓ ← 中間検査
サッシ取り付け
↓
防水工事 🧷
（バルコニー）
↓
断熱工事 🧷

（設備）
設備埋設配管
↓
外部足場組立て
↓
ルーフィング張り 🧷
↓
屋根工事

外装工事

湿式工法の場合

ルーフィング張り
↓
ラス張り 🧷
↓
モルタル塗り
↓
サッシ廻りシーリング
↓
吹き付けなどの仕上げ

乾式工法の場合

透湿防水シート張り
↓
胴縁下地 🧷
↓
サイディング張り
↓
サッシ廻りシーリング

↓
樋取り付け 🧷
↓
外部足場解体

瓦など重たい屋根材料の場合は、瓦を載せて荷重をかけたあとに構造材の水平垂直を決めて、筋かいなどを接合金物で固定する

凡例
🧷 現場監理が特に大切な工程

3 構造の安全性を確保する工事

木材の特徴を生かして建てる木造住宅

木材の長所と短所

　木材は古くから建築材料として使われています。さまざまな構造材のなかでも非常に軽いうえ強度に優れ、入手しやすく加工性がよいからです。木材の調湿性は日本の気候風土に適していて、日本人の感覚になじみやすい材料ともいえます。

　一方で木材は、火災に弱く、高温高湿の環境では腐朽しやすいという面もあります。また、木材が乾燥することで、伸縮や反りなどの変形が起きるため、適切に乾燥処理をする必要があります。節や割れなどの欠点もあります。

　木材は大きく分けて針葉樹と広葉樹に分けられます。針葉樹には、代表的な樹種としてヒノキ、スギ、マツなどがあります。材質は軟らかく、軽量で加工性が良く、長材が得やすいので構造材によく使われます。

　広葉樹は、代表的な樹種として、ケヤキ、カシ、ナラ、サクラ、ラワンなどがあり、材質は硬いものが多く、長材が得にくいため造作材、建具、家具材に使われます。木材には、心材と辺材があり、心材とは樹心に近い木部で赤味がかっている部分です。水分が少なく、硬くて乾燥による変形が少ないのが特徴です。辺材とは樹皮に近い木部で細胞が新しく、水分を多く含んでいるため軟らかく、虫害、腐朽、乾燥による変形などが起こりやすいのが特徴です。

木材の含水率と乾燥

　木材を乾燥させることは、木材の強度を増大させるばかりでなく、腐り、縮み、狂い、割れ、菌の発生、虫害などを防止するためにも非常に重要なことです。木材の収縮率は繊維方向によって異なり、樹幹方向で0.1％、直径方向で3.0〜5.0％、円周方向で6.0〜15％収縮するといわれています。

　一般的に生木には約40％以上の水分が含まれていますが、理想的な含水率は、構造材の場合は15〜18％で、建具や家具などは15％以下です。十分に乾燥した木材を使用します（図49）。

木材の特徴をうまく生かすことが、安全で快適な木造住宅をつくることにつながります

図49 ▶木材の樹種とその特長

針葉樹	国産材	スギ、アカマツ、クロマツ、ツガ、ヒノキ、ヒバ	主に構造材に使われる。加工もしやすい。スギやヒノキは造作や建具にも使われ、ヒバは腐りにくく水湿部位に使われる
	輸入材	台湾ヒノキ、ベイスギ、ベイマツ、ベイヒ、ベイツガ	主に構造材に使われる。ベイマツは梁によく用いられる
広葉樹	国産材	アカガシ、クリ、ケヤキ、キリ、サクラ	重くて硬く、造作材のほか家具・建具にも使われる
	輸入材	オーク、ウォールナット、マホガニー、チーク、赤ラワン	高級な材が多く、造作材や家具・建具に用いられる

木の構造

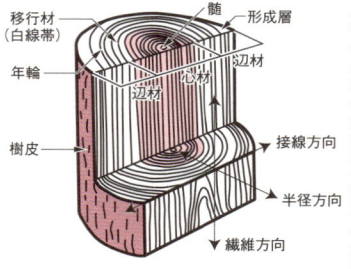

移行材（白線帯）
髄
形成層
年輪
辺材
樹皮
接線方向
半径方向
繊維方向

心材は水分が少ないので硬く、乾燥による変形は少ないが、割れに対して注意が必要である。土台、柱、梁などの構造材に使用される。
辺材は、細胞が新しく、水分を多く含んでいるため柔らかく、乾燥すると収縮が大きいので変形や虫害、腐朽に注意が必要である。野地板、胴縁、貫などの下地材に使用される。木材としては、耐久性・強さ・美しさの点で心材が優れている

$$含水率 = \frac{含有水量}{木材全乾重量} \times 100$$

木材の繊維方向別収縮率

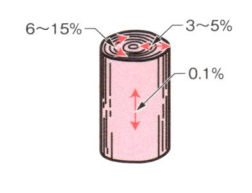

6〜15%　3〜5%　0.1%

木の特性を生かした木取り

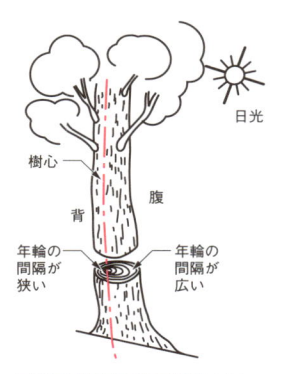

日光
樹心
腹
背
年輪の間隔が狭い
年輪の間隔が広い

木表
木口
木裏
（鴨居）
木表
木裏
（敷居）

板目
髄
心持ち材
柾目
心去り材

反りのある樹木の内側を腹といい、この部分は材質が素直で化粧材として使用される。反りのある外側を背という。この部分は節、あてなどの欠点が多い。梁材は背を上端にし、大引では背を下端になるようにする

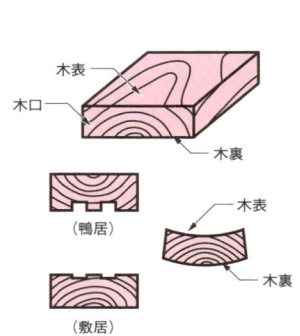

樹皮側の面を木表といい、樹心側の面を木裏という。木表と木裏では、乾燥による反り方が違う。木表は外観が美しく、かんながけがしやすいので仕上面（見え掛かり）に使われる。木裏は逆目が立ちやすいので、見え隠れする部分に使われる

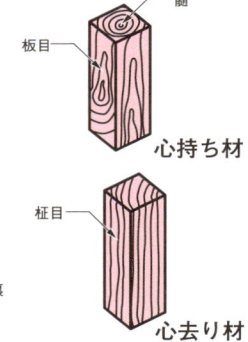

心持ち材とは、髄をもつ木材をいい、心去り材とは、髄をもたない木材をいう。心持ち材は強度があり、構造材に適している

3 構造の安全性を確保する工事

継手と仕口は在来軸組工法の伝統技術

　材料の長さ寸法を増やすために2つの部材を継ぐ場合の端部の加工形状を、「継手」といい、2つ以上の部材をある角度をもって接合する場合の加工形状を「仕口」といいます（図50）。

　木造軸組工法の場合、梁や土台は、継ぐことなく一本物で使ったほうが強度面で有利ですが、通常は、運搬や作業性を考えると長大な材料使うことは難しいため、継手により接合して使用します。

継手・仕口の形状と使用法

　継手・仕口の形状にはさまざまなものがあります。代表的なものとしては突付け、腰掛け、ホゾ、蟻、鎌、相欠きなどで、これらを組み合わせることもあります。

　突付けは2つの材を付き合わせただけの単純なかたちであり、これだけで材同士を接合することができないので、ほかの形状と組み合わせて用いられます。

　腰掛けは、梁や土台などで上木を受けるための補助的な目的で蟻継ぎや鎌継ぎなどと組み合わせて用いられます。

　ホゾは、部材の木端面につくり出した突起のことをいいます。ホゾは差し込まれているだけなので、引き抜きの力には抵抗できません。このため、楔や込み栓で緊結するか、上部からの荷重によって接合部がはずれないようにします。

　蟻は、鳩の尾のようなかたちをした継手です。鎌と同様に在来軸組工法で最もよく用いられます。

　鎌は先端が鎌形をした継手です。これらは、腰掛けなどと組み合わせて使われます。

　相欠きは、接合される2つの材をそれぞれ欠いて重ね合わせる継手・仕口です。このほかにもさまざまな継手の形状がありますが、特徴を十分に理解したうえで適切に使うことが大切です。

> 木材の継手と仕口は、その特徴を十分に知り、適切な場所に適切な方法で使用します

図50 ▶ 継手と仕口（図はプレカット加工の継手と仕口）

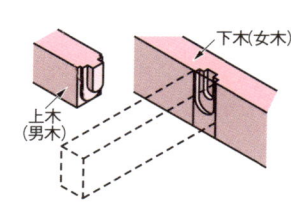

大入蟻仕口（おおいれありぐち）
主に梁と梁、母屋と母屋、土台と土台の仕口など

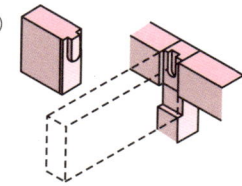

蟻仕口柱持たせ（ありぐちはしらもたせ）
梁と梁＋下柱、母屋と母屋＋小屋束の仕口など

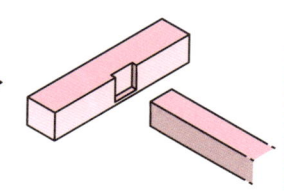

大入仕口（おおいれぐち）
根太、大引の仕口など

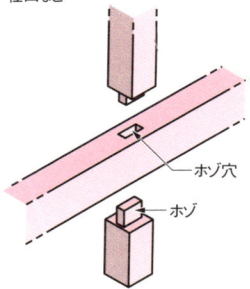

ホゾ差（ほぞざし）
柱と土台や梁、小屋束と梁や母屋の仕口など

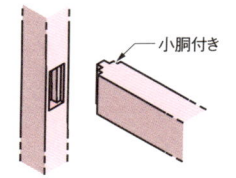

胴差仕口（どうざしぐち）
胴差と通し柱の仕口

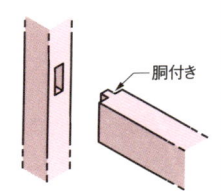

桁差（けたざし）
母屋下がり部の桁と柱、母屋と小屋束の仕口など

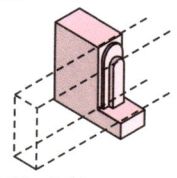

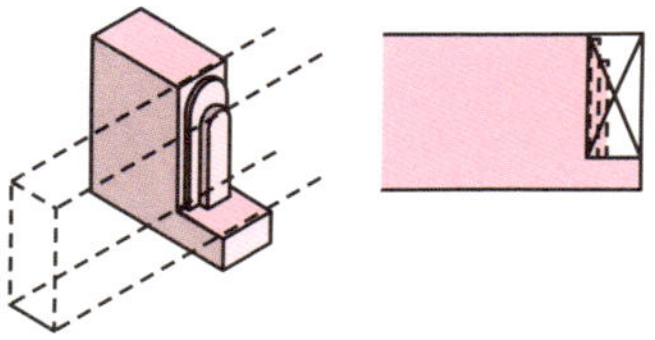

茶臼（ちゃうす）
持出し梁の先端部。乗せ掛ける材と梁下端の梁せいが異なるときに使用

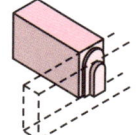

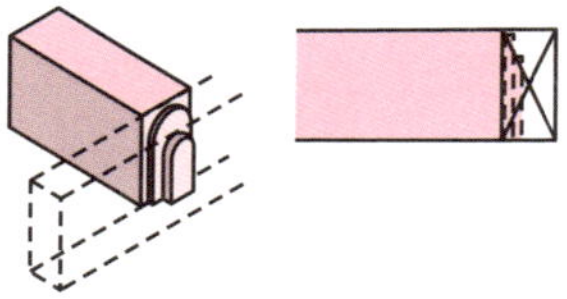

逆蟻（ぎゃくあり）
持出し梁の先端部。乗せ掛ける材と梁下端の梁せいが揃うときに使用

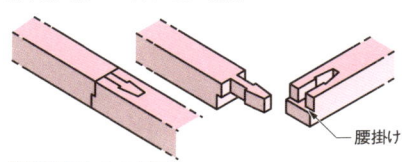

鎌継手（かまつぎて）
梁、母屋、土台の継手など。伝統的には、腰掛鎌継手（こしかけかまつぎて）と呼ぶ形状である。プレカットでは腰掛が付いたものを鎌継手と呼ぶ

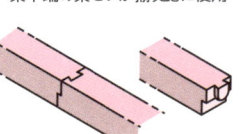

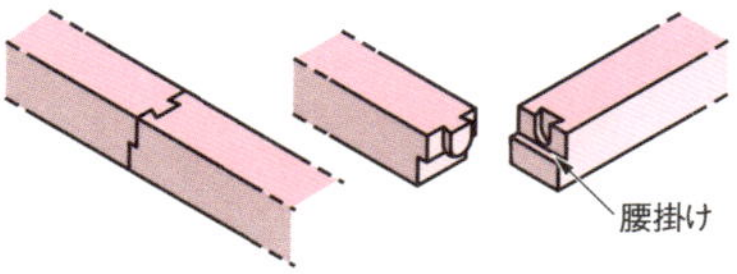

蟻継手（ありつぎて）
母屋、土台の継手など。伝統的には、腰掛蟻継手（こしかけありつぎて）と呼ぶ形状である。プレカットでは腰掛が付いたものを蟻継手と呼ぶ

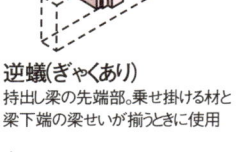

耐久性重視で選ぶ土台の材種

土台の注意点

　土台は、構造材のなかで地盤に最も近く、シロアリや腐朽菌などの被害にあいやすいため、耐久性の強いヒノキ、ヒバなどを使用します。また、耐久性の高い心持ち材を使用して、辺材は用いないようにします。辺材部分を使用する場合は、防腐・防蟻処理を行う必要があります。

　土台の断面寸法は、柱と同じ寸法以上かつ105mm角以上とし、120mm角を標準とします。土台の継手は、柱や床下換気口の位置を避けて、腰掛け蟻継ぎまたは腰掛け鎌継ぎとします。

柱の注意点

　柱は、梁、桁、胴差などを支え、その荷重を土台、基礎に伝えるもので、構造材の中で非常に重要な部材です。

　柱の断面寸法は、105mm角以上とし、120mm角を標準とします。2階建て以上の建物の四隅は通し柱とします。

　通し柱とは、上下階でつながった柱のことです。

　通し柱や隅柱（出隅、入隅）の断面寸法は、胴差が2方向または、3方向から取り付くため、断面欠損が大きくなることが多いので120mm角以上として、接合部を金物で補強します。隅柱とは、出隅や入隅の箇所の柱のことです。

　柱に欠き込みをすると断面欠損により強度が低下して、座屈が生じやすくなるため、できる限り避けるようにします。どうしても欠き込みをする場合には、柱の中央部付近を避け、欠き込みの量も、断面積の3分の1未満とします。

　柱と土台の仕口は、短ホゾ差、もしくは長ホゾ差とし、接合金物で補強します（図51）。土台の隅角部には、火打ち土台という斜め材を入れます。これは、地震などの水平力が加わった際に土台のゆがみを防ぐ役割を果たします。木材の場合、45×90mmが一般的で、鋼製火打ちを使う場合もあります。

土台は防腐・防蟻対策が施されているかをチェックします

図51 ▶ 土台と柱の注意点

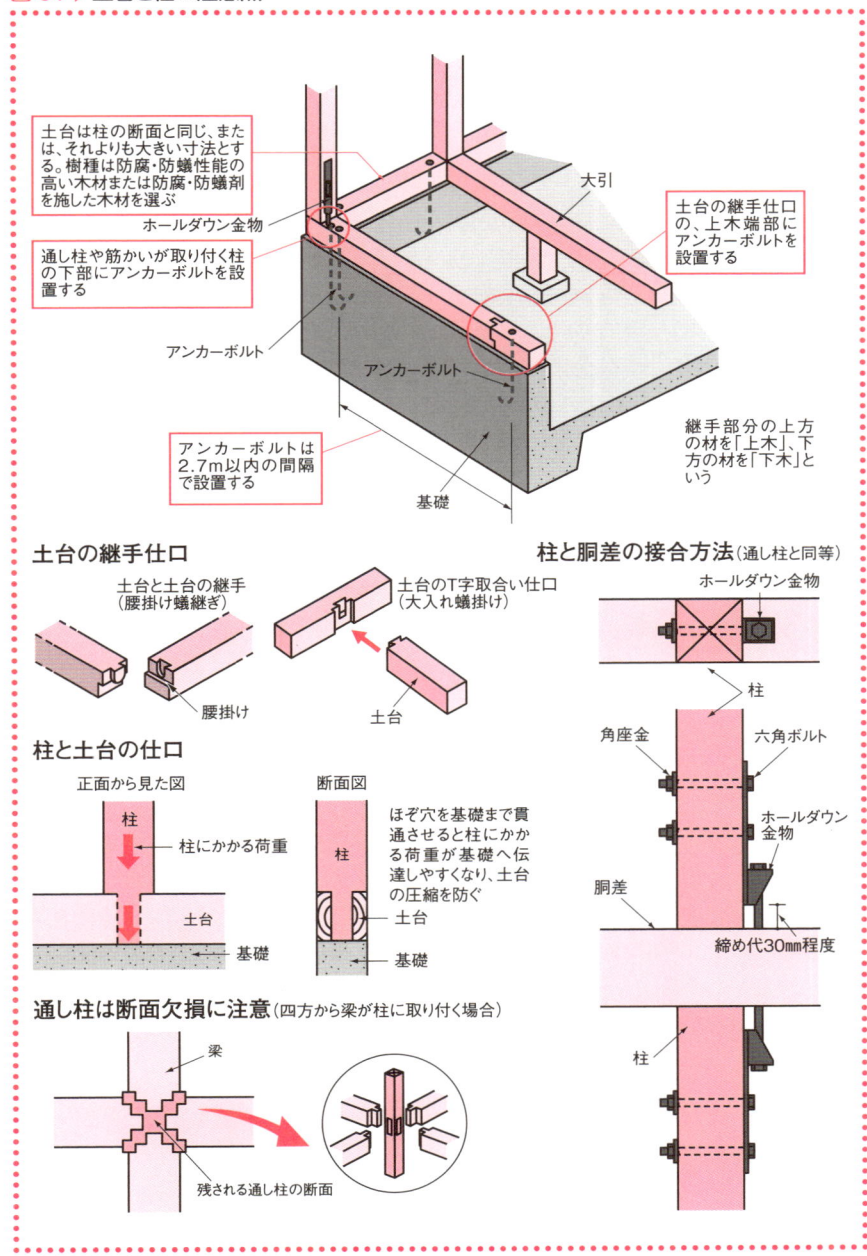

土台は柱の断面と同じ、または、それよりも大きい寸法とする。樹種は防腐・防蟻性能の高い木材または防腐・防蟻剤を施した木材を選ぶ

ホールダウン金物

通し柱や筋かいが取り付く柱の下部にアンカーボルトを設置する

大引

土台の継手仕口の、上木端部にアンカーボルトを設置する

アンカーボルト

アンカーボルト

アンカーボルトは2.7m以内の間隔で設置する

基礎

継手部分の上方の材を「上木」、下方の材を「下木」という

土台の継手仕口

土台と土台の継手（腰掛け蟻継ぎ）

腰掛け

土台のT字取合い仕口（大入れ蟻掛け）

土台

柱と土台の仕口

正面から見た図

柱
柱にかかる荷重
土台
基礎

断面図

柱
土台
基礎

ほぞ穴を基礎まで貫通させると柱にかかる荷重が基礎へ伝達しやすくなり、土台の圧縮を防ぐ

柱と胴差の接合方法（通し柱と同等）

ホールダウン金物
柱
角座金
六角ボルト
ホールダウン金物
胴差
締め代30mm程度
柱

通し柱は断面欠損に注意（四方から梁が柱に取り付く場合）

梁

残される通し柱の断面

スパンと荷重で決まる
梁の断面寸法

　梁は、柱とともに構造上、最も重要な部材です。外側の柱上にあって垂木を受けるものを桁梁、屋根を支えている梁を小屋梁といいます。

　梁に適した材種は、ベイマツ、クロマツ、アカマツ、カラマツなどですが、ほとんどの場合、ベイマツが使われます。

　ベイマツは、入手しやすく、強度が大きいため構造材に適しているからです。また、最近ではベイマツの集成材もよく使われます。

断面寸法

　3階建ての場合、梁の断面寸法は構造計算によって決めて、確認申請書に添付することになっています。2階建ての場合は、計算書を添付することは義務付けられていませんが、適切な構造の検討を行って選定するべきです。

　たとえば、長さ6mの柱間に架ける小屋梁の断面寸法は120×400mm、柱間が5mの場合は、120×340mmとなるのが一般的です。

　ただし、断面寸法は材種、材の長さ、力のかかり具合により異なりますから、その現場ごとに検討します。

仕口

　柱との取合いの仕口は、傾ぎ大入れ短ホゾ差として、羽子板ボルト締め、または、箱金物ボルト締めで補強します。

　T字形の取合いは大入れ蟻掛けとし、羽子板ボルトで補強します。受材が横架材の場合は、渡りあご掛けとします。

　横架材の隅角部には、土台と同様に斜め材である火打ち梁を入れます。地震時に横からの力が加わった際、軸組のゆがみを防ぎます。木材の場合、90mm角以上として、鋼製火打ちを使う場合もあります。火打ちの端部の仕口は、傾ぎ大入れとし、六角ボルトで梁と緊結します。ボルトと梁の中心線までの長さは750mm前後とします（図52）。

梁は、構造計算などによって適切な断面寸法を決めます

図52 ▶梁の継手と仕口

2階床梁の継手

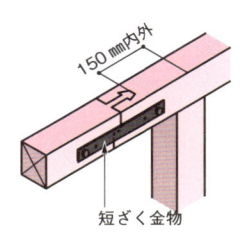

150mm内外
短ざく金物

通し柱と2階梁との取合

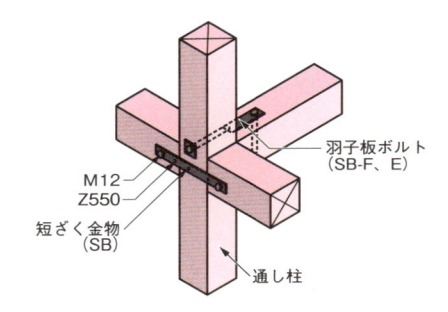

羽子板ボルト（SB-F、E）
M12
Z550
短ざく金物（SB）
通し柱

T字接合

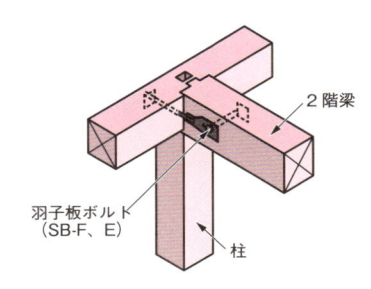

2階梁
羽子板ボルト（SB-F、E）
柱

火打ち梁

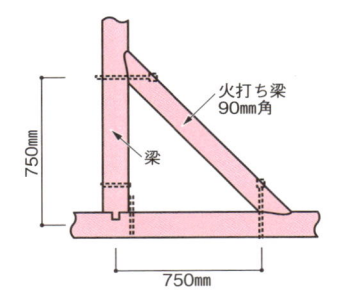

火打ち梁 90mm角
梁
750mm
750mm

梁どうしの継手を掛矢で打ち込んでいくところ。このあと短ざく金物が取り付けられる

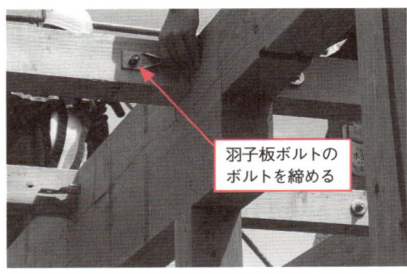

2階の床梁に羽子板ボルトを設置するところ。設置の方向や座彫りの有無などのルールは、作業前に大工などと申し合わせておきたい

羽子板ボルトのボルトを締める

3 構造の安全性を確保する工事

たわみや床鳴りを防ぐ床組（ゆかぐみ）のポイント

階下床と階上床

木造の床組において、材料の選択、施工方法を誤ると、床のたわみ、床鳴りの原因となるのでしっかりチェックします。

床組は土台、大引、根太、根太掛け、床束からなります（図53）。

①土台（66頁参照）

②大引

スギやヒノキの90mm角を標準とします。継手は、床束の芯から150mm程度持ち出して腰掛け蟻継ぎ、もしくは、相欠き継ぎとします。土台との取合いは、大入れ蟻掛けまたは、腰掛けとします。

③根太

ヒノキ、マツの45mm角が標準ですが、荷重や梁の間隔によって45×60mm、60mm角などを使用することもあります。根太の間隔は、畳床の場合は450mmとし、その他の場合は300mmとします。継手は、大引の芯で突き付け継ぎとします。大引との取合いは、乗せ掛け、もしくは、大入れとします。2階床の場合で根太のせいが100mmを超える場合は、渡りあご掛けとします（図54）。

なお、重たいピアノや本棚を置くことが決まっている場合は根太の間隔を狭くするか、根太のせいを大きくします。

④根太掛け

根太の端部を支えるために壁際に根太掛けを設置します。断面寸法は、24×90mm以上とします。

⑤床束

断面寸法は、90mm角を標準とします。上部は、大引に突き付けとし、平金物もしくは、かすがいで大引と留め付けます。下部は、束石に突き付けとし、束石に埋め込まれた羽子板ボルトで固定させます。床束に根がらみを添える場合もあります。根がらみとは、床束を連結させる小幅板です。最近では、既製品の鋼製束やプラスチック製の束（プラ束）がよく使われます。

床組はたわみや床鳴りを防ぐため、材料の選択や施工方法に注意します

図53 ▶階下の床組

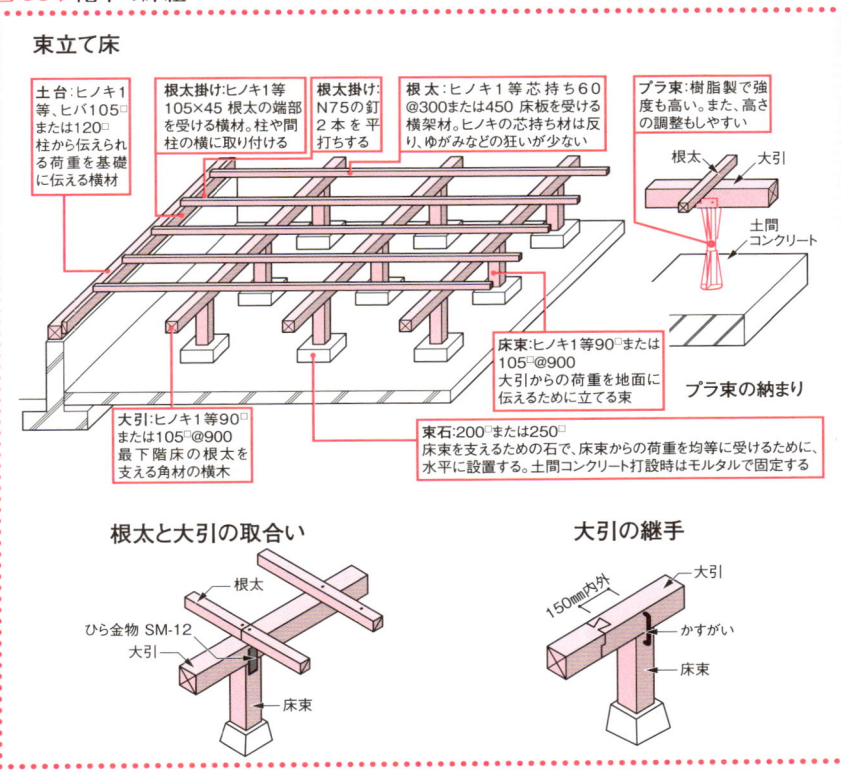

束立て床

- **土台**：ヒノキ1等、ヒバ105□または120□　柱から伝えられる荷重を基礎に伝える横材
- **根太掛け**：ヒノキ1等105×45 根太の端部を受ける横材。柱や間柱の横に取り付ける
- **根太掛け**：N75の釘2本を平打ちする
- **根太**：ヒノキ1等芯持ち60@300または450 床板を受ける横架材。ヒノキの芯持ち材は反り、ゆがみなどの狂いが少ない
- **プラ束**：樹脂製で強度も高い。また、高さの調整もしやすい
- **床束**：ヒノキ1等90□または105□@900 大引からの荷重を地面に伝えるために立てる束
- **大引**：ヒノキ1等90□または105□@900 最下階床の根太を支える角材の横木
- **束石**：200□または250□ 床束を支えるための石で、床束からの荷重を均等に受けるために、水平に設置する。土間コンクリート打設時はモルタルで固定する

プラ束の納まり
- 根太
- 大引
- 土間コンクリート

根太と大引の取合い
- 根太
- ひら金物 SM-12
- 大引
- 床束

大引の継手
- 大引
- 150mm内外
- かすがい
- 床束

図54 ▶階上の床組

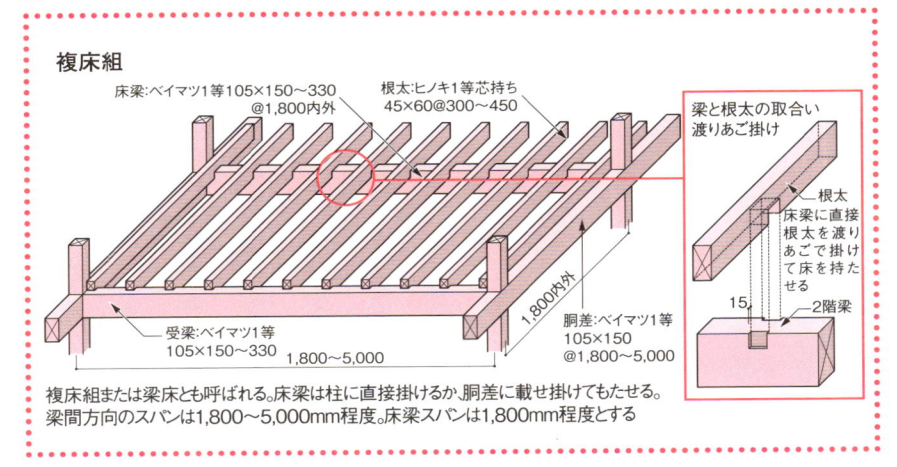

複床組

- **床梁**：ベイマツ1等105×150～330 @1,800内外
- **根太**：ヒノキ1等芯持ち45×60@300～450
- **受梁**：ベイマツ1等105×150～330
- 1,800～5,000
- 1,800内外
- **胴差**：ベイマツ1等105×150 @1,800～5,000

梁と根太の取合い 渡りあご掛け
- 根太
- 床梁に直接根太を渡りあごで掛けて床を持たせる
- 15
- 2階梁

複床組または梁床とも呼ばれる。床梁は柱に直接掛けるか、胴差に載せ掛けてもたせる。梁間方向のスパンは1,800～5,000mm程度。床梁スパンは1,800mm程度とする

3　構造の安全性を確保する工事

屋根を支える小屋組の構造

小屋梁・小屋束

　小屋組は、屋根を支えるための骨組みです。小屋束からの荷重を受ける小屋梁、棟木や母屋などを受ける小屋束、垂木を取り付けるための母屋、野地の下地となる垂木、棟の頂きにある棟木などからなります（図55）。

　小屋梁の断面寸法は、3階建ての場合は構造計算によって決めますが、2階建て以下の場合は、スパンにより決められています。末口135mm以上の丸太の継手は、受材上で台持ち継ぎとし、下木にダボ2本を埋め込み、かすがいの両面打ちか六角ボルト2本締めとします。受材あたりは渡りあごとします。軒桁または敷き桁との仕口は、兜蟻掛けまたは、渡りあごとし、いずれも羽子板ボルトで留めます。小屋束の断面寸法は90mm角とし、900mm間隔で設置します。上部、下部の仕口は、短ホゾ差しとし、かすがいの両面打ちまたは平金物をあてて釘打ちとします。

棟木・母屋・垂木

　棟木の断面寸法は105mm角を標準とし、母屋は90mm角を標準とします。継手は束の位置を避けて、腰掛け鎌継ぎまたは腰掛け蟻継ぎとし、N75釘2本打ちとします。T字部の仕口は大入れ蟻掛けとし、上端よりかすがい打ちとします。

　垂木の断面寸法は、屋根が粘土瓦の場合は、45×60mmとして300mm間隔で取り付けます。スレートや金属板葺きなど軽い屋根の場合は、45mm角を450mm間隔で取り付けます。継手は乱に配置し、母屋上端でそぎ継ぎとし、釘2本打ちとします。軒先以外は、N75釘両面斜め打ちとしますが、垂木のせいが45mm程度ならN100釘を脳天打ちにします。垂木は、強風によるあおり防止のために桁梁にひねり金物で留め付けます（図56）。

　また、小屋組が倒れるのを防ぐために、振れ止めを小屋束に斜めに留めます（図57）。

> 小屋梁の断面寸法は適正か、小屋梁と軒桁・垂木との接合方法は適正かを確認します

図 55 ▶ 小屋組（和小屋）

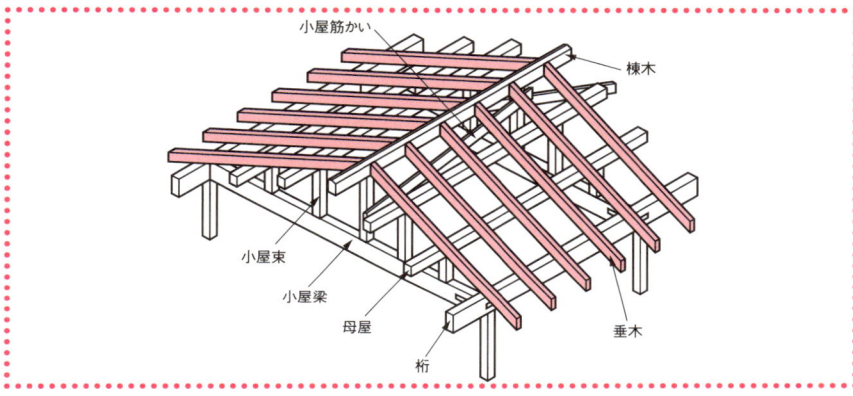

- 小屋筋かい
- 棟木
- 小屋束
- 小屋梁
- 母屋
- 垂木
- 桁

図 56 ▶ 小屋組の接合部

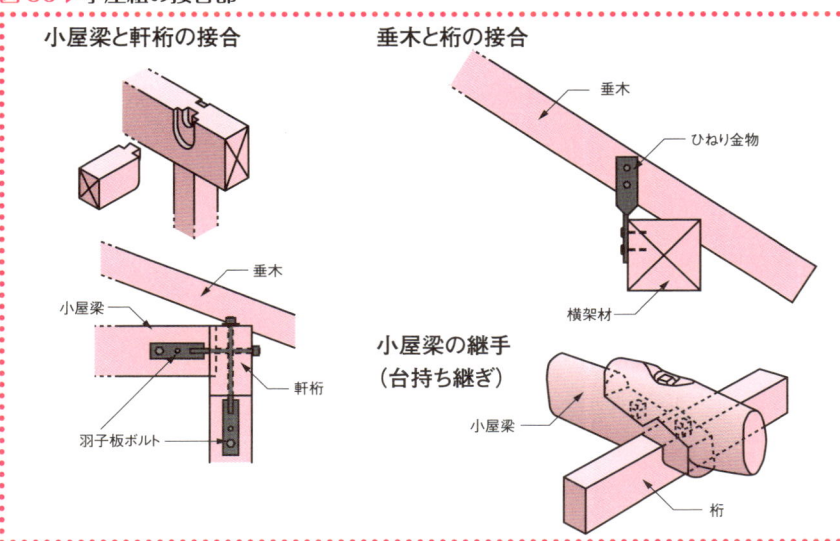

小屋梁と軒桁の接合
- 垂木
- 小屋梁
- 軒桁
- 羽子板ボルト

垂木と桁の接合
- 垂木
- ひねり金物
- 横架材

小屋梁の継手（台持ち継ぎ）
- 小屋梁
- 桁

図 57 ▶ 小屋組施工のポイント

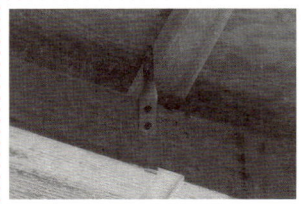

◀ひねり金物は垂木を桁梁に固定させ、強風の際に屋根があおられるのを防止する

振れ止めは貫で小屋束▶と梁を固定させ、小屋組の変形を防止する

3 構造の安全性を確保する工事

品質と生産性を高めた軸組（じくぐみ）プレカット

プレカットのメリット

　プレカットとは、これまで土台や柱などの構造材を大工が手作業にて墨付（すみつ）けし、刻んでいたもの（手刻み）を、事前に工場で機械加工することです。最近では、ほとんど手刻みからプレカットに変わっています。

　プレカットのメリットは、自動で精度の高い部材を加工することができ、品質と生産性が向上することです。機械で加工するので、手間を減らして加工時間も短縮され、コストダウンをすることができます。また、機械が自動で加工を行いますから、安全性も高くなります。

プレカットの工程（こうてい）

　プレカットの工程としては、まず、平面図、断面図、立面図、矩計（かなばかり）図、基礎伏（ふせ）図などの基本図を基にプレカット工場と打ち合わせを行います。プレカット工場のオペレーターが図面データをＣＡＤに入力して、一週間程度でプレカット図が出来上がります。プレカット図と設計図を見比べながら、樹種、品質、柱の本数、位置、梁（はり）の高さ、寸法、継手（つぎて）の位置、アンカーボルトの位置などをチェックします。工場で加工が始まると変更ができませんから、事前に十分なチェックや打ち合わせをする必要があります。

　チェック作業が終わると、この情報はＣＡＤにインプットされ、軸組（じくぐみ）の加工が始まります。

　通常は、建方（たてかた）の2週間前くらいに加工作業に入ります。また、特殊な継手・仕口（しぐち）の加工は機械ではできないことがあるので、そのような継手・仕口は大工の手作業になります。1週間程度で加工が終了し、確認した後、建方の前日か前々日に現場に納入されます（図58）。

　プレカットの導入により、加工日数とそれに伴う人件費が大幅に減少しましたが、昔ながらの人の手による墨付け、刻みができる大工が少なくなっています。

> プレカット図が上がってきたら設計図と見比べて入念にチェックします

図58 ▶ プレカットの流れ

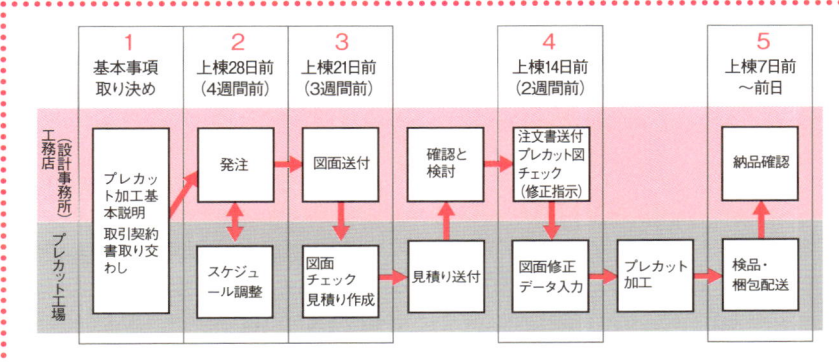

	1 基本事項取り決め	2 上棟28日前(4週間前)	3 上棟21日前(3週間前)		4 上棟14日前(2週間前)		5 上棟7日前〜前日
工務店(設計事務所)	プレカット加工基本説明 取引契約書取り交わし	発注	図面送付	確認と検討	注文書送付 プレカット図チェック(修正指示)		納品確認
プレカット工場		スケジュール調整	図面チェック 見積り作成	見積り送付	図面修正データ入力	プレカット加工	検品・梱包配送

プレカットによる継手・仕口

腰掛け鎌継ぎ

小胴付き胴差継ぎ

茶臼掛け

Check Point プレカット図のチェックポイント

- ☐ 寸法関係（通り芯、高さ、壁位置、基礎位置）は、図面どおりか
- ☐ 屋根勾配、形状は、図面どおりか
- ☐ ケラバ、軒の出寸法は、図面どおりか
- ☐ アンカーボルトの位置と継手は適切か
- ☐ 基礎の位置と高さは、図面どおりか
- ☐ 各構造材（土台、柱、梁、筋かい、火打ち）の寸法・材種・位置・本数は適切か
- ☐ 各種構造材の継手・仕口の方法、位置は適切か
- ☐ 根太、間柱、垂木の寸法・材種・位置・本数・間隔は適切か
- ☐ 窓、まぐさの寸法・材種・位置は適切か
- ☐ ベランダの形状は、図面どおりか
- ☐ ロフト、小屋裏の形状は、図面どおりか
- ☐ 野地板、床板の割付けは適切か

打ち方で変わる釘留めの性能

　木造軸組工法における継手と仕口は、接合金物によって補強しますが、釘で留めるものもあります。また、構造用合板の耐力壁も釘で取り付けます。

　どんなに優れた接合金物を多く付けても、また、耐力壁をうまく配置しても、その釘の種類、本数、使い方が適切でないと、所定の強度が得られません。継手、仕口の接合部、接合金物の取り付け、耐力壁の取り付けは、すべて決められた釘で決められた方法で留めることになっています。釘の仕様や留め方を確認することが、非常に重要です。

釘の種類

　釘の種類は数多くありますが、そのなかでも特に重要なのは、N釘、CN釘、ZN釘です。

　N釘は、鉄丸釘のことであり、木造軸組工法に最もよく使用され、木材の接合や合板の留め付けに使われます。溶融亜鉛めっきが施され、長さは19〜150mmまであります。

　CN釘は、枠組壁工法に使用される釘で、同じ長さのものではN釘よりも太めです。

　ZN釘は、接合金物に使用する釘で、溶融亜鉛めっきが施されています。

　それ以外にもスクリュー釘、内装用釘などがあります。これらは、すべて強度が異なります。

釘の打ち方

　釘を打ち込む方向は、平打ちした場合を1.0とすると、斜め打ちは、その約5/6、小口打ちは約2/3に低下するといわれています。

　また、構造用合板を打ち付ける場合、釘打ち機で釘を打つと、合板を打ち抜くことがありますが、それではまったく意味がありません。釘が合板にめり込むと、固定する強度が低下します。

　厚さ9mm合板に1mmのめり込みで10〜20％、3mmのめり込みで30〜80％程、強度が低下するので、めり込まないように打つことが大切です(図59)。

> 構造用合板に打つ釘は、めり込んだり、打ち抜いたりすると強度が低下します

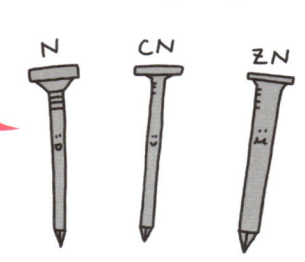

図59 ▶釘の打ち方

釘を打つ方向で強度が変わる

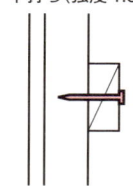

平打ち(強度1.0)
最も強度が出る打ち方

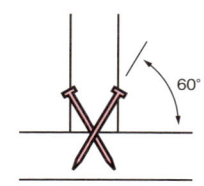

斜め打ち(強度0.83)
60°
斜め打ちは割れやすくなるためやや強度が下がる

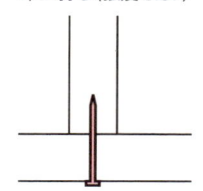

木口打ち(強度0.67)
木口打ちは割れる可能性が大きくかなり強度が下がるので要注意

釘のめり込み方で強度が変わる

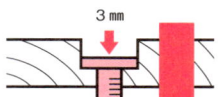

1mmめり込んだ場合
1mm
−10〜20%
1mmめり込んだだけでも10〜20%も強度が落ちてしまう

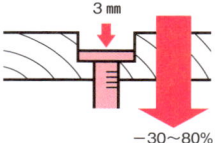

3mmめり込んだ場合
3mm
−30〜80%
3mmめり込んでしまうと30〜80%も強度が低下してしまう。特に自動釘打ち機の場合、こうしたことにならないように圧力を調整する必要がある

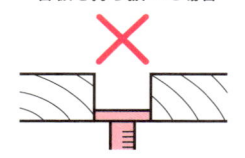

合板を打ち抜いた場合
×
合板を打ち抜いてしまった場合はまったく釘が効かない

釘の種類

一般的な建築用の釘

鉄丸釘(N釘):軸組工法でよく使用される。N50という記号は、鉄丸釘長さ50mmということである

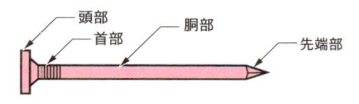

頭部／首部／胴部／先端部

太め鉄丸釘(ZN釘):接合金物に使われる

枠組壁工法用釘(CN釘):ツーバイフォー用の釘

鉄丸釘は主に構造用の合板を留めるのに使われる。自動釘打ち機に対応した製品もある。太め鉄丸釘は金物を留めるのに使われる。溶融亜鉛めっきを施してあり、耐久性が高い。枠組壁工法の釘は長さによって色分けされている

出展:『釘があぶない』(保坂貴司著、エクスナレッジ刊)

3 構造の安全性を確保する工事

地震や風圧力に対抗する耐力壁

耐力壁の量と配置

耐力壁とは筋かいの入った軸組や構造用合板などの面材を張った軸組のことで、風や地震などの水平力に抵抗します。

軸組工法は、柱、梁を太くしてたくさん入れれば、地震に強くなるというわけではありません。地震に強い家にするためには、柱や梁の太さや本数だけではなく、耐力壁の量と配置が重要です。この耐力壁を十分な量にしてバランスよく配置することで、大地震にも強い建物にすることができます（図60）。

耐力壁には、その壁の強さを示す壁倍率という指標があります。地震等の水平力に対して長さが1m当たり1.96kN（200kgf）の力に対応できる耐力壁を壁倍率1として表します（図61）。耐力壁には材料やその使い方、釘の打ち方により、壁倍率0.5から5.0までいろいろな種類があります（図62）。
建築基準法施行令46条では、風や地震などの水平力に抵抗するために必要な耐力壁の量（必要壁量）が定められています。壁量は、「壁倍率×耐力壁の幅」で表され、壁倍率1の耐力壁2枚と、壁倍率2の耐力壁1枚は同じ壁量、つまり同じ強さとして計算されます。

地震力に対しては、各階の床面積1㎡当たりに必要な耐力壁の量が建物の重量により決められています。地震力は建物の重量に比例するので建物の重量が大きくなるほど、耐力壁が多く必要になります。例えば、上階にピアノや重たい書棚を置くと、大きな地震力がかかることになります。そのため、上階に載せる荷重はできるだけ小さくなるようにします。

また、風圧力に対しては、建物の見付け面積1㎡当たりに必要な耐力壁の量が決められています。風圧力が建物の見付け面積に比例するため、見付け面積が大きくなるほど耐力壁が多く必要になります。この地震力と風圧力から求められる必要な耐力壁の量のうち大きいほうの数値が、最低限必要な壁量となります。

地震力、風圧力に対抗するのは柱や梁ではなく、筋かいや構造用合板による耐力壁です

図60 ▶ 木造住宅と耐力壁の関係

床面積・見付け面積が大きく階数が増えれば必要壁量も増える

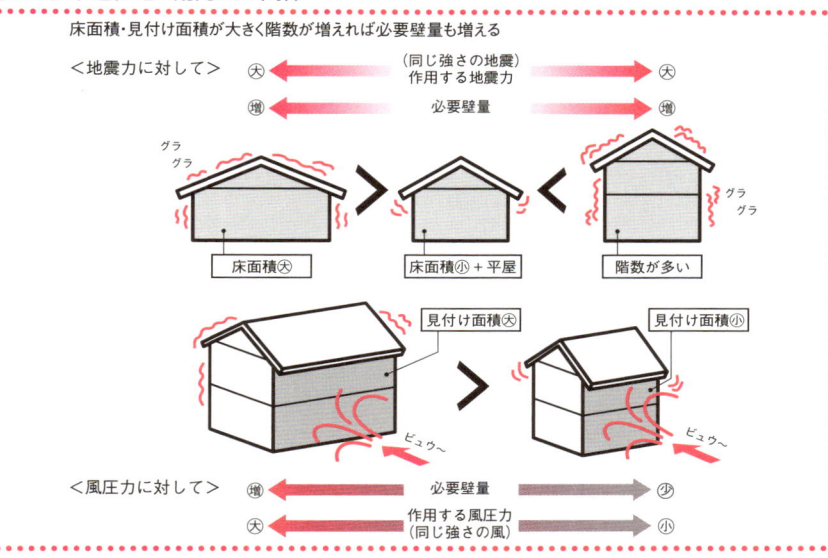

＜地震力に対して＞ 大 ← （同じ強さの地震 作用する地震力） → 大

増 ← 必要壁量 → 増

床面積大 ＞ 床面積小＋平屋 ＜ 階数が多い

見付け面積大 ＞ 見付け面積小

＜風圧力に対して＞ 増 ← 必要壁量 → 少

大 ← 作用する風圧力（同じ強さの風） → 小

図61 ▶ 壁倍率1倍の定義

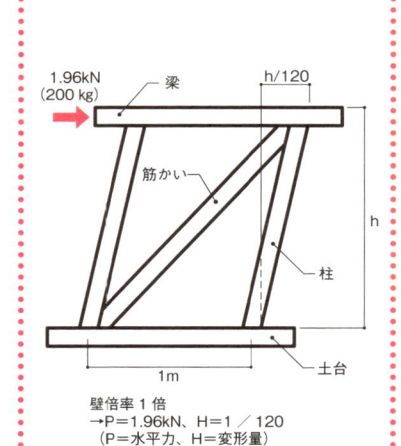

1.96kN（200kg）／梁／h/120／筋かい／柱／土台／1m／h

壁倍率1倍
→P＝1.96kN、H＝1／120
（P＝水平力、H＝変形量）

壁倍率1とは、図のように長さ1mの壁が水平力1.96kNの力を受けたときに、その層間変形角が1／120までの変形で耐える強さをいう。倍率が大きくなるほど、接合部にかかる力が大きくなり、金物も大きなものが必要になる

図62 ▶ 軸組の種類と壁倍率

	軸組の種類	壁倍率
①	土塗壁は木ずりその他これに類するものを柱および間柱の片面に打ち付けた壁を設けた軸組	0.5
②	木ずりその他これに類するものを柱および間柱の両面に打ち付けた壁を設けた軸組 厚さ1.5cmで幅9cmの木材または径9mm以上の鉄筋の筋かいを入れた軸組	1.0
③	厚さ3cmで幅9cmの木材の筋かいを入れた軸組	1.5
④	厚さ4.5cmで幅9cmの木材の筋かいを入れた軸組	2.0
⑤	9cm角以上の木材の筋かいを入れた軸組	3.0
⑥	②から④までに掲げる筋かいをたすき掛けに入れた軸組	②から④までのそれぞれの数値の2倍
⑦	⑤に掲げる筋かいをたすき掛けに入れた軸組	5.0
⑧	その他①から⑦までに掲げる軸組と同等以上の耐力を有する物として国土交通大臣が定めた構造方法を用いるものまたは国土交通大臣の認定を受けたもの	0.5から5.0までの範囲内において国土交通大臣が定める数値
⑨	①または②に掲げる壁と②から⑥までに掲げる筋かいとを併用した軸組	①または②のそれぞれの数値と②から⑥までのそれぞれの数値との和

4分割法で確認する耐力壁の配置

耐力壁の配置

　耐力壁の量が十分でも、その配置の仕方が適切でなければ、建物はねじれを起こし、倒壊しやすくなります。

　設計者によっては、大きく開放的な空間がほしいために、大きい壁倍率の耐力壁を部分的に入れて大きい開口を取ることがあります。しかし、耐力壁の量を少なくすると、一部の壁に大きい力が集中することになり、局部的な破壊が起きやすくなります。したがって、小さい壁倍率の耐力壁をできるだけ、まんべんなく分散して配置する方がバランスが良く、安全になります。

　また、地震力や風圧力は、耐力壁を通って基礎に伝わるため、この力の通り道が1階と2階で異なると横架材に負担がかかり折れやすくなります。上下階の耐力壁の位置はできるかぎり重なるように配置します。やむを得ず上下階が一致しない場合は、上下階の耐力壁の端部が接するように配置します。

　また、建物の外周に耐力壁をできるだけ設け、隅にも必ず耐力壁を配置します。特に耐力壁が交差する部分は力が集中するので、幅90cm以上の耐力壁を設置するようにします（図63）。

4分割法

　建物のねじれを防ぐためには、耐力壁を梁間方向および桁行方向にバランスよく配置しなければなりません。平面における4分の1ずつの両側端部分について、配置された壁量と必要壁量の比からバランスを検討する方法を4分割法といいます。

　4分割法では、各階の桁行方向と梁間方向ごとに、両端からその方向の4分の1の部分に存在している壁量を求め、その存在壁量が地震力や風圧力に対して必要としている壁量以上であるかどうかを確認します。これらがすべて充足していれば、耐力壁がバランスよく配置されていることになります（図64）。

> 耐力壁は、単にたくさん入れたらよいというものではなく、バランスよく配置します

図63 ▶ バランスのよい耐力壁の配置とは

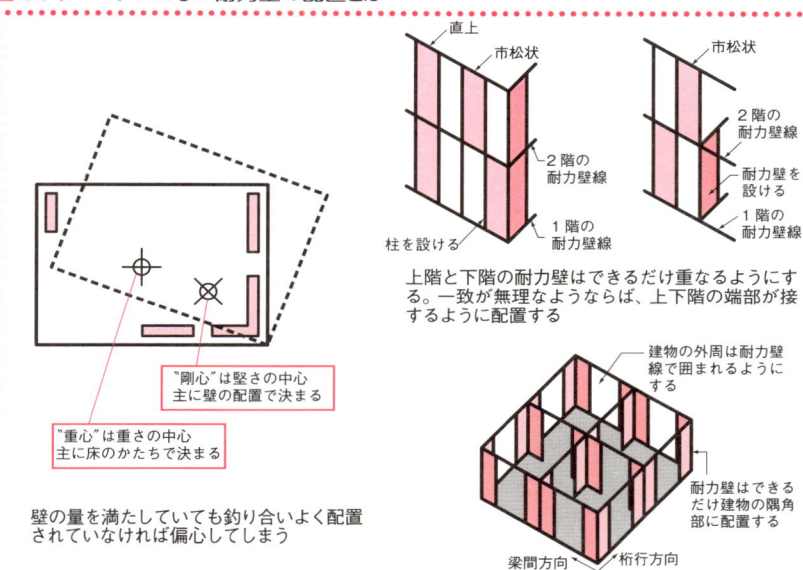

"剛心"は堅さの中心
主に壁の配置で決まる

"重心"は重さの中心
主に床のかたちで決まる

壁の量を満たしていても釣り合いよく配置されていなければ偏心してしまう

直上
市松状
2階の耐力壁線
1階の耐力壁線
柱を設ける

市松状
2階の耐力壁線
耐力壁を設ける
1階の耐力壁線

上階と下階の耐力壁はできるだけ重なるようにする。一致が無理なようならば、上下階の端部が接するように配置する

建物の外周は耐力壁線で囲まれるようにする

耐力壁はできるだけ建物の隅角部に配置する

梁間方向　桁行方向

耐力壁は梁間方向および桁行方向にそれぞれ釣り合いよく配置する

図64 ▶ 4分割法による耐力壁のバランスのチェック

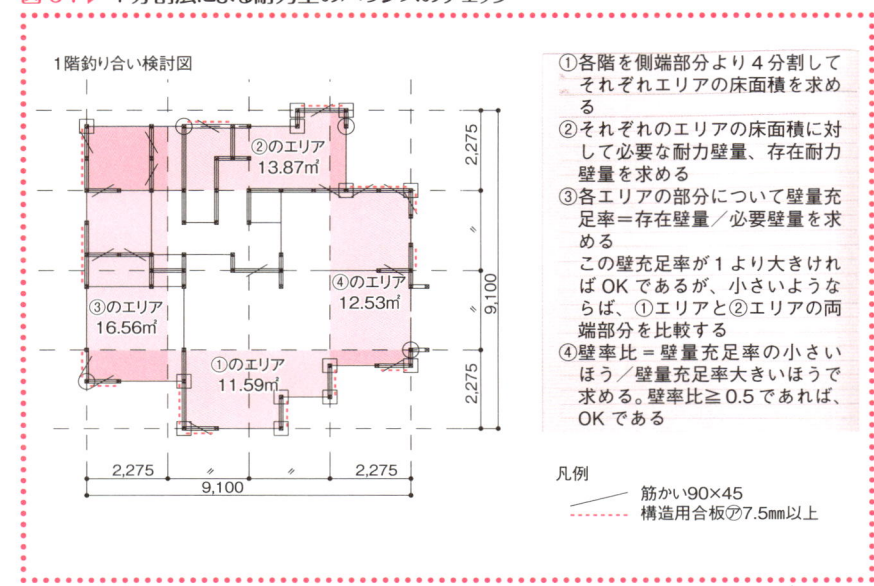

1階釣り合い検討図

②のエリア 13.87㎡
④のエリア 12.53㎡
③のエリア 16.56㎡
①のエリア 11.59㎡

①各階を側端部分より4分割してそれぞれエリアの床面積を求める
②それぞれのエリアの床面積に対して必要な耐力壁量、存在耐力壁量を求める
③各エリアの部分について壁量充足率＝存在壁量／必要壁量を求める
この壁充足率が1より大きければOKであるが、小さいようならば、①エリアと②エリアの両端部分を比較する
④壁率比＝壁量充足率の小さいほう／壁量充足率大きいほうで求める。壁率比≧0.5であれば、OKである

凡例
　　　　筋かい90×45
- - - - 構造用合板⑦7.5mm以上

筋かいの向きによって効果が変わる筋かい耐力壁

筋かいの取り付け方

　筋かいは、柱、桁、土台などで構成される骨組の中に入れ込む斜め材のことで、横からの大きな水平力に抵抗し、建物の変形を抑える働きをします。

　筋かいには、木材と鉄筋のものとがあり、木材の筋かいは断面寸法により壁倍率が異なります。厚さ30mm以上で幅90mm以上の木材を筋かいとして用いた耐力壁の壁倍率は1.5倍です（図65）。

　筋かいには引っ張りと圧縮の力がかかりますが、圧縮に対してより強く抵抗するため、筋かいを取り付ける向きにより抵抗力が異なります。地震や台風などにより水平力のかかり方は一定ではないので、筋かいの向きは交互にバランスよく入れます。

　筋かいの取り付けは、柱と土台、梁に均等に隙間なく取り付け、柱と土台とに均等に力がかかるようにします。端部が柱に偏って留め付けてあると柱のホゾが抜けた場合に、筋かいが外れるおそれがあります。

　また、1枚の筋かい耐力壁の幅と高さの比は、1対3以内になるようにします。それ以上になると、筋かいが立ち過ぎて、抵抗力が発揮できなくなるからです（図66）。

筋かい金物の重要性

　筋かいの接合は筋かい金物などでしっかりと緊結します。阪神・淡路大震災では、筋かいが入っているにもかかわらず、釘の打ち方が悪かったり、錆びたりしていたことが原因で倒壊したケースも多々見られました。

　筋かいが耐力壁として有効に働き、地震に耐えるためには、その端部の接合方法が非常に重要になります。

　このような理由から告示（平12建告1460号）においてその接合方法、柱頭、柱脚の補強方法が明確に定められています。特に筋かい金物とホールダウン金物、アンカーボルト、その他柱頭・柱脚金物は取り付ける場所が近く、干渉しやすいため、注意が必要です。

> 筋かいは交互に異なる向きにバランスよく入れ、幅と高さの比は1：3以内にします

図65 ▶ 筋かいの種類と接合方法

壁倍率	木材の断面	接合方法	平12建告1460号—号
1	厚さ15mm以上、幅90mm以上	釘N65（10本）	ロ
1.5	厚さ30mm以上、幅90mm以上	筋かいプレートBP 太め鉄丸釘 ZN65（10本） ボルト M12（1本）	ハ
2	厚さ45mm以上、幅90mm以上	筋かいプレートBP2 スクリュー釘 ZS50（17本） ボルト M12（1本）	ニ
3	厚さ90mm以上、幅90mm以上	ボルト M12（1本）	ホ

筋かいの仕様や部位によって使用する接合金物が平12建告1460号にて定められている（上表ロ、ハ、ニ、ホ）

図66 ▶ 筋かい施工の注意点

①筋かいは、柱と横架材に均等に接合

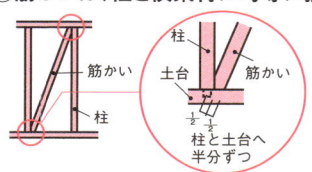

柱と土台へ半分ずつ

②接合部の金物補強

筋かいに引張り力が働く　水平力 → 筋かい部の引き抜け

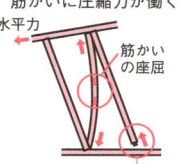

筋かいに圧縮力が働く　水平力 → 筋かいの座屈／柱脚部の引き抜け

接合部に金物補強がなく接合が不十分な場合には、筋かいが引き抜けたり、破断するおそれがあるので注意する

③同一耐力壁線上の筋かいの傾きは対か

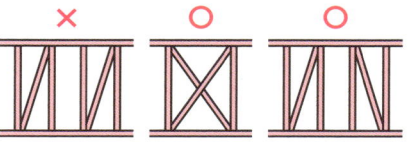

④筋かいの幅と長さの比

筋かいの幅とさの比は、1：3以内とする。910mmであれば、高さは2730mmまでとする

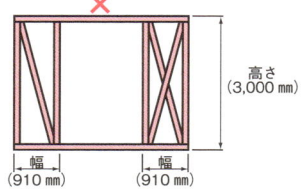

幅（910mm）　幅（910mm）　高さ（3,000mm）

⑤たすき掛け筋かいは欠き込まない

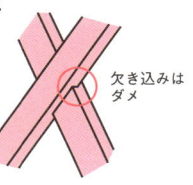

たすき掛け筋かいにする場合は、筋かい欠き込みは行わないこと。その場合は、欠き込みせずに一方向の筋かいを切断し、ボルトと帯状金物で緊結する

欠き込みはダメ

3 構造の安全性を確保する工事

面材によって変わる
釘(くぎ)の種類と打ち方

面材耐力壁(めんざいたいりょくへき)の種類

　面材耐力壁は、筋(すじ)かい耐力壁と同様に大きな水平力に抵抗し、建物の変形を抑える働きをします。面材耐力壁の面材として、構造用合板、パーティクルボード、構造用パネル、ハードボード、硬質木片セメント板、石膏ボードなどが使われます。

　構造用合板は、柱・間柱(まばしら)・土台や桁(けた)などの構造材に直接釘で打ち付けます。たとえば、構造用合板7.5mm厚以上のものを打ち付ける場合は、N50の釘を150mmピッチ以下で打ちます。この釘は、合板にめり込むほど打つと所定の耐力が出ないので注意が必要です。また、釘の種類やピッチは、構造用合板などの種類により異なるため、使い方を誤らないようにします。

面材の張り方

　面材の張り方は、大壁(おおかべ)と真壁(しんかべ)で異なります。また、張り方で壁倍率(かべばいりつ)も違います。大壁の場合は、軸組(じくぐみ)に直接張る方法と胴(どう)縁(ぶち)を介して張る方法がありますが、どちらも柱と梁(はり)、桁、胴縁などの横架材(おうかざい)に対して直接、釘で留めないと所定の耐力を得ることはできません。

　真壁の場合の張り方は、受材方式と貫(ぬき)方式に分けられます。

　受材方式の場合は、軸組全体にわたって面材を隙間なく張らなければなりません。張り残しがあると所定の耐力は得ることができません。また、貫方式の面材は、最上段の貫とその直上の横架材との間、最下段の貫と直下の横架材との間、については面材を張らない部分を設けてもよいとされています。

　現場では、特に釘の種類、打ち方、ピッチ、接合金物の種類、留め方などをしっかりとチェックしなければなりません。耐力壁が張られている柱頭(ちゅうとう)、柱脚(ちゅうきゃく)が、接合金物でしっかりと留められているかどうかも確認します(図67)。

> 構造用合板は、柱、土台、桁に対して適切な釘を用いて適切な間隔で打ち付けます

図67 ▶ 主な壁倍率の種類と張り方

大壁仕様の面材耐力壁の種類

倍率	面材の種類	面材の材料			釘	
		品質	種類	厚さ	種類	間隔
2.5	構造用合板	JAS	特類	7.5mm以上	N50	150mm以下
	構造用パネル※	JAS	構造用パネルに適合するもの			
	パーティクルボード	JIS A5908	パーティクルボード	12mm以上		
2	ハードボード	JIS A5905	35タイプまたは45タイプ	5mm以上		
	硬質木片セメント板	JIS A5404	硬質木片セメント板	12mm以上		
1	石膏ボード	JIS A6901	石膏ボード製品	12mm以上	GNF40またはGNC40	
	シージングボード	JIS A5905	シージングインシュレーションボード	12mm以上	SN40	外周100mm以下、そのほか200mm以下
	ラスシート	JIS A5524	LS4	0.6mm以上	N38	150mm以下

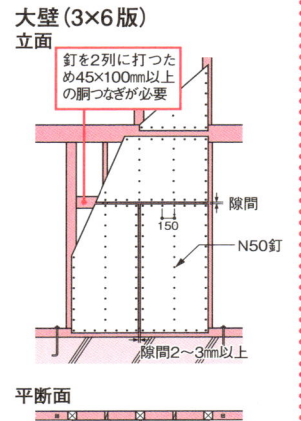

※ OSBなどのこと

真壁仕様の面材耐力壁の種類（受け材タイプ）

倍率	面材の種類	面材の材料			釘	
		品質	種類	厚さ	種類	間隔
2.5	構造用合板	JAS	特類	7.5mm以上	N50	150mm以下
	構造用パネル	JAS	構造用パネルに適合するもの			
	パーティクルボード	JIS A5908	パーティクルボード	12mm以上		
1.5	石膏ラスボード	JIS A6901	石膏ボード製品	9mm以上	GNF32またはGNC33	
	石膏ラスボード	JIS A6904	石膏プラスター	15mm以上		
1	石膏ボード	JIS A6901	石膏ボード製品	12mm以上	GNF40またはGNC40	

GNF：石膏ボード用釘、GNC：石膏ボード用釘でステンレス製

大壁（3×6版）

立面

釘を2列に打つため45×100mm以上の胴つなぎが必要

N50釘
隙間
隙間2～3mm以上

平断面

真壁（受け材タイプ）

立面

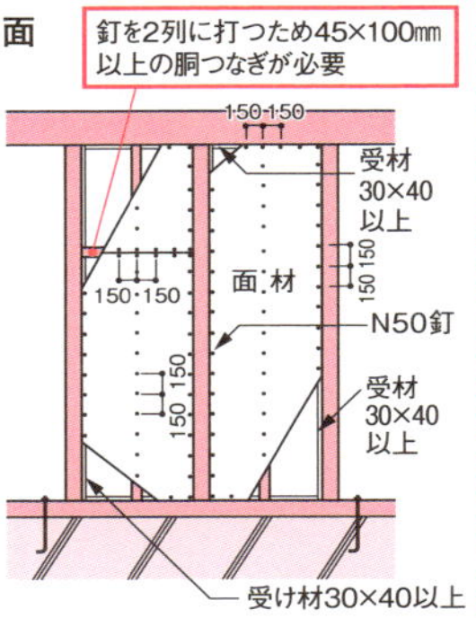

釘を2列に打つため45×100mm以上の胴つなぎが必要

受材30×40以上
面材
N50釘
受材30×40以上
受け材30×40以上

平断面

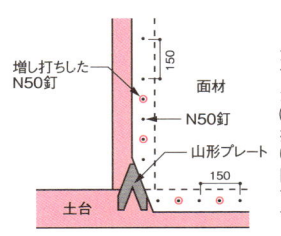

増し打ちしたN50釘
面材
N50釘
山形プレート
土台

大壁造の面材耐力壁で、面材の四隅を切り欠いて山形プレート（VP）を柱と横架材に直接釘打ちする場合、切り欠いた部分によって隅部の釘1本を釘打ちできない。そこで増し打ちする必要がある

受材の取り付け方

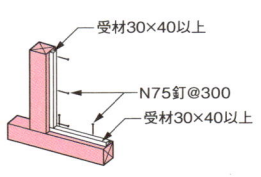

受材30×40以上
N75釘@300
受材30×40以上

3 構造の安全性を確保する工事

N値で決まる接合金物の種類

3つの選択方法

　阪神・淡路大震災の教訓を受け、平12建告1460号によって、筋かいの端部や柱頭、柱脚の接合方法が規定されました。耐力壁に接する柱の柱頭、柱脚は告示に従って規定の接合金物を選択し、取り付けなければなりません。

　接合金物の選択方法には、下記の3つの方法があります。
① 平12建告1460号の表1～3から選択する
② 平12建告1460号のただし書きによってN値を計算して選択する（N値法）
③ 建築基準法施行令第82条に定める許容応力度計算等によって選択する

　このなかで最も簡単にできるのは、①の方法ですが、簡単にするために安全側に設定されており、他の方法に比べて接合金物の数が多くなったり、より強固な金物を使用することになります。

　②のN値法は、応力の伝達を簡単な計算で求めることができ、金物の数も少なくなるため、広く用いられています。

　③の方法は、最も正確な選択方法です。延べ床面積が500㎡以上か3階建ての場合には構造計算を行い、それによって柱頭、柱脚の接合金物の種類を決めます。

N値法による計算

　N値法は、柱に隣接する両側の耐力壁の壁倍率の差で接合金物を決めます。筋かいの場合は圧縮力と引張り力が相殺するため、筋かいの向きによって柱にかかる引抜き力が異なります。そのため、筋かいの向きによる補正値を壁倍率の差に加えます。この補正した壁倍率の差に対して、周辺の部材による押さえ効果を表す係数を乗じ、鉛直荷重による押さえの効果を表す係数を引きます。2階建ての場合は、1階に2階の柱の分も加えます。この計算によってN値を算出して接合金物を選択します。

　現場では、選択された接合金物が正しく施工されていることを、図面と照らし合わせながら確認します（図68・69）。

> 柱頭・柱脚の接合金物はN値法によって選択して応力を合理的に処理します

図68 ▶ N値計算の算定式と補正値

N値計算による接合金物を選択するための算定式

平屋の柱、または2階建ての2階の柱のとき

N≧A1×B1－L

N
接合部倍率（その柱に生じる引抜き力を倍率で表したもの）の数値

A1
当該柱の両側における軸組の壁倍率の差。ただし筋かいの場合、補正表1～3の補正値を加える

B1
周辺の部材による押さえ（曲げ戻し）の効果を表す係数。出隅の場合0.8、その他の場合0.5

L
鉛直荷重による押さえの効果を表す係数。出隅の場合0.4、その他の場合0.6

2階建ての1階の柱のとき

N≧A1×B1＋A2×B2－L

N、A1、B1
上に同じ

A2
当該柱の上の2階柱両側の軸組の壁倍率の差。ただし筋かいの場合、補正表1～3の補正値を加える

B2
2階の周辺部材による押さえ（曲げ戻し）の効果を示す係数。出隅の場合0.8、その他の場合0.5

L
鉛直荷重による押さえの効果を表す係数。出隅の場合1.0、その他の場合1.6

補正表1 筋かいが片側のみ取り付く場合

筋かいの取り付く位置 / 筋かいの種類	柱頭部 	柱脚部 	柱頭・柱脚部 
15×90mm、直径9mmの鉄筋	0	0	0
30×90mm	0.5	－0.5	
45×90mm	0.5	－0.5	
90×90mm	2	－2	

補正表2 筋かいが両側から取り付く場合①

他方が片筋かい \ 一方が片筋かい	15×90mm、直径9mmの鉄筋	30×90mm	45×90mm	90×90mm
15×90mm、直径9mmの鉄筋	0	0.5	0.5	2
30×90mm	0.5	1	1	2.5
45×90mm	0.5	1	1	2.5
90×90mm	2	2.5	2.5	4

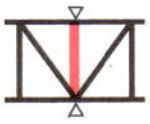

補正表3 筋かいが両側から取り付く場合②

他方がたすき掛け片筋かい \ 一方が片筋かい	15×90mm、直径9mmの鉄筋	30×90mm	45×90mm	90×90mm
15×90mm、直径9mmの鉄筋×2	0	0.5	0.5	0
30×90mm×2	0	0.5	0.5	2
45×90mm×2	0	0.5	0.5	2
90×90mm×2	0	0.5	0.5	4

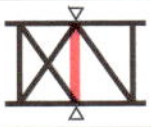

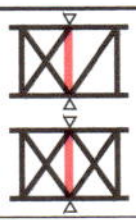

図69 ▶ N値の接合部の仕様（平12建告1460号表3より）

告示表3との対応	N値	必要耐力(kN)	接合方法	
（い）	0以下	0	短ホゾ差し	かすがいC打ち
（ろ）	0.65以下	3.4	長ホゾ差し込み栓（15～18mm角、堅木）打ち	CP・Lかど金物＋ZN65×10本
（は）	1以下	5.1	CP・Lかど金物＋ZN65×10本	VP山形プレート金物＋ZN90×8本
（に）	1.4以下	7.5	羽子板ボルト＋ボルトM-12	短冊金物＋ボルトM-12
（ほ）	1.6以下	8.5	羽子板ボルト＋ボルトM-12＋ZS50×1本	短冊金物＋ボルトM-12＋ZS50×1本
（へ）	1.8以下	10	ホールダウン金物S-HD10＋座金付きアンカーボルトM-16	
（と）	2.8以下	15	ホールダウン金物S-HD15＋アンカーボルトM-16	
（ち）	3.7以下	20	ホールダウン金物S-HD20＋アンカーボルトM-16	
（り）	4.7以下	25	ホールダウン金物S-HD25＋アンカーボルトM-16	
（ぬ）	5.6以下	30	ホールダウン金物S-HD15×2＋アンカーボルトM-16	
－	5.6超（7.5以下）	N×5.3（40）	ホールダウン金物S-HD20×2＋アンカーボルトM-16	

金物同士の干渉に注意が必要な接合金物の施工

表示金物

接合金物には、㈶日本住宅・木材技術センターが定めるZマーク表示金物、Sマーク表示金物、Cマーク表示金物、Mマーク表示金物があります。これらの表示金物か、もしくは、同等以上の品質と性能を有するものを使用しなければなりません。

接合金物は、同じ接合個所であっても使用状況により、さらにいろいろな種類に分けられます。たとえば、引き寄せ金物（ホールダウン金物）は、耐力壁の壁倍率の違いにより、10kN用、15kN用、20kN用、25kN用の4種類があり、さらに大壁用と真壁用があります。これらはそれぞれ、HD-B10（大壁10kN用）、S-HD10（真壁10kN用）のように表示されます。かど金物は、L型とT型があり、それぞれCP・L、CP・Tと表示されます（図70）。

接合金物の取り付け

接合金物の取り付け方は、『木造住宅用接合金物の使い方』（㈶日本住宅・木材技術センター）に具体的に明記されています。接合金物メーカーの仕様書にも従います。

①**ホールダウン金物**

ホールダウン金物には、柱に貫通してボルトで留めるものと、ビスで留めるものの2種類がありますが、最近ではビス留めタイプが使われることが多いようです。筋かいプレートと干渉する場合は長めのアンカーボルトを使用します（図71）。

②**山形プレート**

山形の頂点を柱側にして指定の取付け線を土台天端に合わせて、N90の釘で取り付けます。背割りがある柱は、プレートを上下逆にして、土台に山形の頂点を取り付けます。

③**羽子板ボルト**

羽子板ボルトは、座金が横架材に当たる場合や交差する場合があるので、ボルトの高さをずらしたE型とずらしていないF型とを使い分けます。

接合金物同士が干渉するところは、特に注意して施工します

図70 ▶ 主な接合金物

羽子板ボルト（記号：SB） 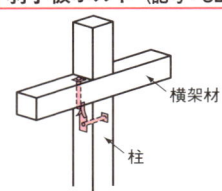
小屋梁と軒桁、軒桁と柱、胴差と床梁および通し柱と胴差の接合に使用する

短ざく金物（記号：S） 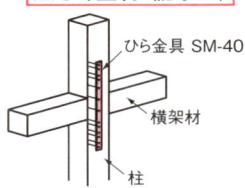
上下階の管柱の連結、胴差相互の連結および梁の継手の補強に使用する

平金物（記号：SM） 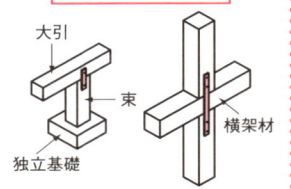
大引と束、土台と柱、管柱と胴差、小屋梁と小屋束、母家相互の連結および筋かい端部の補強に使用する

筋かいプレート（記号：BP） 
筋かいを柱と横架材に同時に接合するときに使用する

かね折り金物（記号：SA） 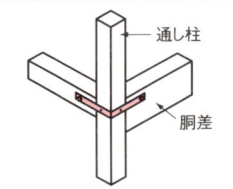
出隅の通し柱と2方向の胴差の取合いに使用する

引き寄せ（ホールダウン）金物（記号：HD） 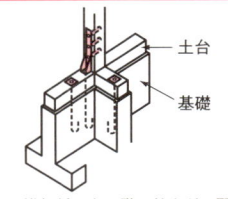
柱と横架材、上下階の柱などの緊結に使用する

ひねり金物（記号：ST） 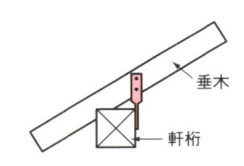
垂木と母家の接合、垂木と軒桁の接合および垂木と棟木の接合に使用する

山形プレート（記号：VP） 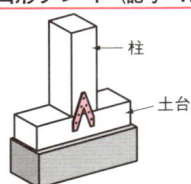
柱と横架材、隅柱と横架材、通し柱と横架材の接合に使用する

かど金物（記号：CP・L、CP・T） 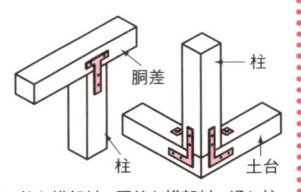
柱と横架材、隅柱と横架材、通し柱と横架材の接合に使用する

図71 ▶ 筋かい金物と柱頭・柱脚金物の干渉への対処

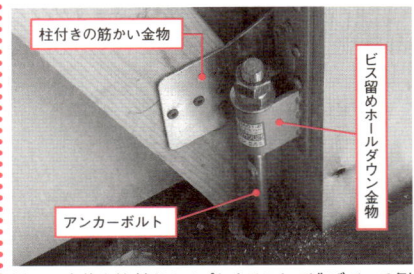

筋かい金物を柱付きタイプとすることで逃げている例

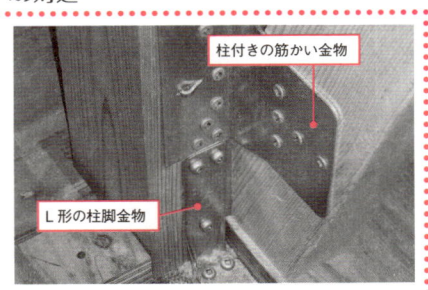

ホールダウン金物を使うと筋かい金物と干渉するため、同等の構造耐力を有するL形の柱脚金物を使うことで逃げている例

耐力壁への力の伝達に必要な水平構面の強さ

床面

　地震や台風に対して強い家にするためには、耐力壁を適切に設置する必要がありますが、それだけでは十分でありません。耐力壁が有効に力を伝えるには床や屋根などの水平構面に十分な強さがなければなりません。そのために床面と屋根面をしっかりと固めます。

　具体的には、床組の隅角部には火打ち材を入れて全体がゆがまないようにします。また、床面は床梁や胴差と根太の上端を揃えて、構造用合板を床梁、胴差に、直に釘打ちする剛床にします。剛床にすると、火打ちを省略することもできます。

　根太の上に構造用合板を張る場合は、合板の厚みは12mm以上のものを使いますが、根太と床梁、胴差の上端高さが異なる場合と同じ場合とで工法が変わります。

　上端高さが異なる場合は、根太を梁に渡りあご掛けとし、四周を床梁、胴差の受材に固定させます。構造用合板をN50釘を150mmピッチで打って取り付けます。

　上端高さが同じ場合は、根太を梁に大入れ落とし込みとして、構造用合板を根太、床梁、胴差にN50釘を150mmピッチで打ちます（図72）。

　根太を使わずに、直接、構造用合板を床梁、胴差に留め付ける場合は、24mm厚以上の構造用合板を用い、N75の釘を150mmピッチで直打ちするのが一般的です（図73）。

　なお、床面に吹抜けを設ける場合は、火打ちを設けるなど構造上の工夫が必要です。

屋根面

　屋根面は、小屋組の隅角部に火打ち材を入れ、小屋組には振れ止めを設けて全体がゆがまないようにします。さらに、屋根下地板として構造用合板を張る際は、垂木にN50の釘を150mmピッチで平打ちします。小屋梁の水平面に構造用合板を張るのも効果的です。

> 地震に強い家にするために、水平構面を強くします

図72 ▶ 剛床の仕様例（根太あり）

半欠き根太方式 鉄丸釘（N50）打ち仕様（床倍率1.60）

合板⑦12釘 CN50または N50@150
間柱／柱／柱／柱
150／150／150／150／910
梁／胴差／間柱／柱

- 床材
- 床下地合板⑦12
- 根太 45×105 @340以下
- 受け材（根太同寸以上）
- 床材
- 床下地合板⑦12
- 根太 h ／ $\frac{1}{2}$h 以上
- 根太 渡りあごかけ

落とし込み根太方式 12mm合板直張り仕様（床倍率1.40）

≤500／根太／間柱／胴差／柱／梁／910

- 構造用合板⑦12
- 釘N50@150

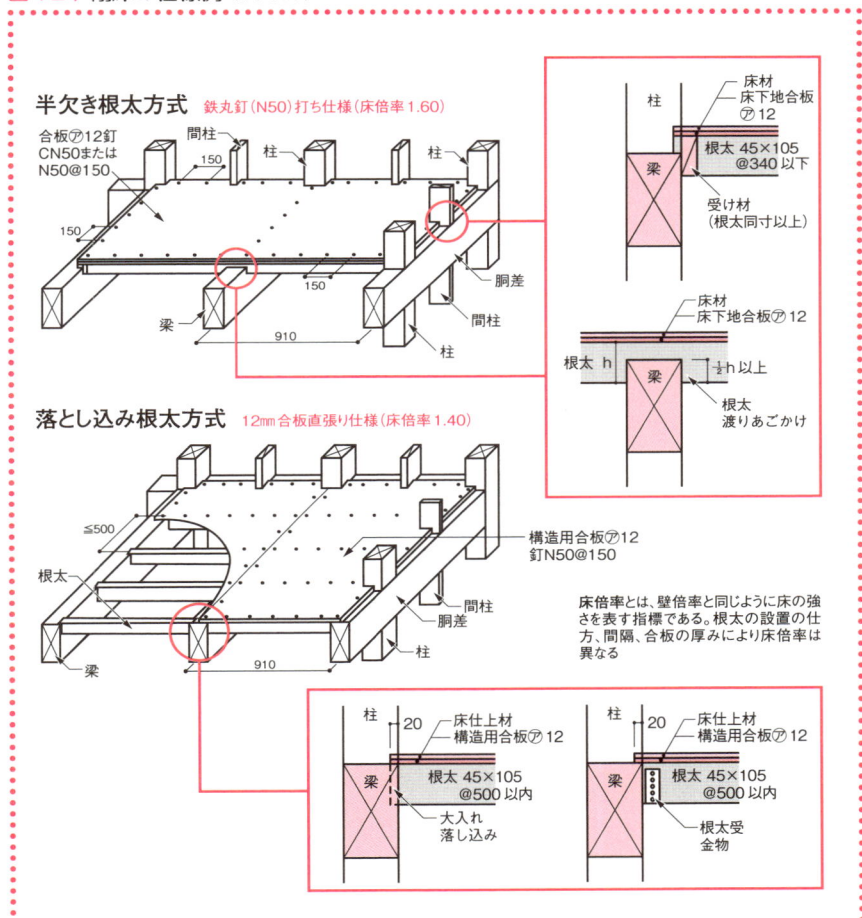

床倍率とは、壁倍率と同じように床の強さを表す指標である。根太の設置の仕方、間隔、合板の厚みにより床倍率は異なる

柱／20／床仕上材／構造用合板⑦12／根太 45×105 @500以内／梁／大入れ落し込み

柱／20／床仕上材／構造用合板⑦12／根太 45×105 @500以内／梁／根太受金物

図73 ▶ 剛床の仕様例（根太なし）

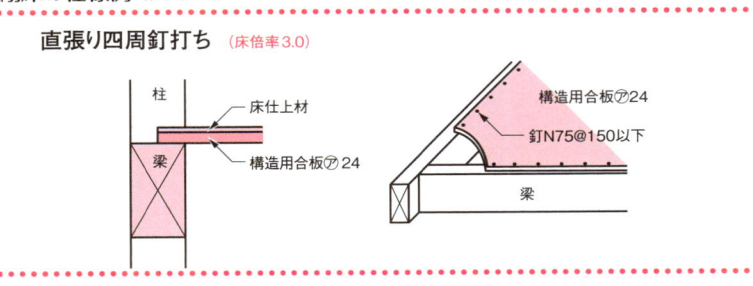

直張り四周釘打ち （床倍率3.0）

柱／床仕上材／梁／構造用合板⑦24

構造用合板⑦24／釘N75@150以下／梁

3 構造の安全性を確保する工事

中間検査のチェックポイント

軸組の検査とは

　仕上げ工事に入る前に、仕上材で隠れてしまう部分の軸組の検査（中間検査）が行われます。この検査は、建物の安全に関わる最も重要なもので、第三者検査機関によって、建築基準法をはじめ、住宅金融支援機構、品確法、住宅瑕疵担保責任保険などの基準に適合しているかどうかがチェックされます。

　現場では、この検査の前に事前チェックを行い、必要があれば是正しておきます。事前チェックについては、ただ見て回るのではなくチェックリストを作成して確認をしていくことが大切です（図74）。

事前チェックのポイント

　検査前の事前チェックでは、構造材の種類、本数、寸法、位置、構造用合板の厚み、釘の打ち方、筋かいの厚み、補強金物の取り付け方、位置などが図面どおりかを入念にチェックします。

　特に重要なのは、接合金物の位置や留め方です。接合金物は指定のものを使用しているか、使用しているビスや釘が所定の仕様、本数できちんと留められているか、ボルトはしっかりと締まっているかなどです。

　これらは、目視もしくは計測にて確認します。ボルトは、数カ所抽出して締まり具合をチェックします。

　軸組部分は仕上がるとほとんど見えなくなるので、しっかりと写真を撮っておく必要があります。材料の仕様、寸法、間隔、どのような金物がどのように入っているかなどが明確に分かるように撮ることが大切です。

　木材が乾燥すると収縮してボルトがゆるむことがあります。下地の石膏ボードを張る前に、再度、締め直すことが大切です。なお、中間検査に合格すると中間検査合格証が出されるので大切に保管しておきます。

中間検査の事前チェックでは軸組の材料、取り付け方法、接合金物の種類を確認します

図 74 ▶ 軸組のチェックリスト

Check Point

- □ 筋かいまたは構造用合板を設けた耐力壁の両端にある柱の下部にそれぞれ近接した位置にアンカーボルトが設置しているか
- □ アンカーボルトは、土台切れの個所、土台継手および仕口個所の上木端部に設置しているか
- □ アンカーボルトの締まり具合は適切か
  - ナットは確実に締め付けられているか
  - ナットよりもボルト頭が3山程度出ているか（ただし、埋込み座金兼用ナットの場合は対象外）
- □ アンカーボルトには適切な金物が使用されているか（Zマーク表示金物または同等品以上）
- □ アンカーボルトの座堀りは深すぎないか（50mm以内の深さであること）
- □ 大引、床束、束石の寸法、種類、間隔、取り付け方法は適切か
- □ 大引、床束、束石に浮きはないか
- □ 基礎と土台は一致しており、基礎長さに不足はないか
- □ 土台の断面寸法は柱と同寸以上であるか

- □ 土台継手位置は適切か。柱の下部に近接した位置に設けていないか。基礎欠き込みの上部に設けていないか
- □ 火打ち土台の取り付け方は適切か
- □ 火打ち土台の位置は図面どおりか
- □ 根太の断面寸法、間隔、釘の留め方は適切か
- □ 床板の張り方（釘の種類、間隔、打ち方）は適切か
- □ 柱の断面寸法は図面どおりか
- □ 通柱、管柱の位置、本数は図面どおりか
- □ 基礎欠き込みは柱位置を逃げているか
- □ 耐力壁の位置、仕様は設計図書どおりか
- □ 耐力壁の面材の張り方（釘の種類、間隔、打ち方）は適切か
- □ 梁の断面寸法、位置は図面どおりか
- □ 梁の継手位置、取り付け方は適切か

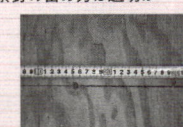

面材の釘間隔の確認

Check Point

- □ 柱と土台や胴差などの集成材との接合部に隙間はないか
- □ 筋かいと柱・土台・胴差などの接合部に隙間はないか
- □ 上下階の柱に芯ずれはないか
- □ 柱は垂直に立っているか
- □ 梁は水平か
- □ 接合部の補強金物は適切に取り付けられているか
  - 土台と通し柱
  - 土台・横架材と柱
  - 上下階の柱
  - 筋かいと柱・横架材
  - 小屋梁・母屋と小屋束
  - 垂木と桁・母屋　など
- □ 接合部の補強金物は適切な金物が使用されているか（Zマーク表示金物または同等品以上）
- □ 梁せい300mm以上の梁は羽子板ボルトを2本使用しているか
- □ 接合部の補強金物はしっかり締っているか

- □ 火打ち梁の取り付け方は適切か
- □ 小屋束は桁行筋かい、振れ止めで固定しているか
- □ 垂木の断面寸法、間隔、釘の留め方は適切か
- □ 梁、柱などに著しい割れ、捻れ、反りはないか
- □ 構造材は乾燥材、もしくは集成材を使用しているか
  - 乾燥材を使用している場合は含水率を計測する
  - 集成材は材料確認のみとする
- □ 次の個所に防腐防蟻処理はされているか
  - 外周部・間柱・筋かいなどの図面指示の高さ範囲
  - 土台、大引、床束など

材料の確認

3 構造の安全性を確保する工事

コラム
強さや含水率を規定する木材の等級

　木材は、木取りにもとづいて製材されますが、日本農林規格（JAS）により規格等級化され、材質、強度や見た目によって木材のグレードが決められています。これが価格設定の根拠になります。木材は、針葉樹と広葉樹に分けられますが、広葉樹はほとんど流通していません。
　「針葉樹の構造用製材の日本農林規格」において針葉樹の構造用製材の等級、寸法、含水率が定められています。等級は目視と機械による方法に大別され、目視では甲種（曲げ性能を重視する用途）と乙種（圧縮性能を重視する用途）ともに3段階に、機械では6段階に等級区分されています。目視による判定は節、丸身、年輪幅、割れなどによって区分され、機械による判定は曲げヤング率、丸身、割れなどによって区分されています。
　製材の寸法は、129種類が規格化されており、それ以外は規格外となっています。

JASによる木材の規格・等級

区分・用途			等級	寸法形状	含水率
針葉樹	構造用	目視等級区分 甲種	1級・2級・3級	規定寸法 129種類（甲種はⅠとⅡに区分）	15％以下（D15） 20％以下（D20） 25％以下（D25）
		目視等級区分 乙種			
		機械等級区分	E50、E70、E90、E110、E130、E150		
	造作用（造作類、壁板類）		無節・上小節・小節 など	板類・角類	造作類：18％以下 壁板類：20％以下
	下地用		1級・2級	板類・角類	25％以下
広葉樹			特等・1等・2等	板類・角類	13％以下

目視等級区分：節や丸身など材の欠点について、目視にて測定し、等級区分をつけた木材製品のこと
機械等級区分：機械により、強度の指標となる弾性係数（ヤング係数）を測定して、等級区分がつけられた製品。E50は、ヤング係数40から60未満を示す
甲種構造材：梁や母屋、根太など横方向に使われる、つまり曲げ性能を必要とする部位に使用されるもの。このなかで寸法の小さい根太、垂木などに使われるものを「構造用Ⅰ」、寸法の大きい梁、母屋などに使われるものを「構造用Ⅱ」と呼ぶ
乙種構造材：柱や小屋梁など縦方向に使われる、つまり圧縮性能を必要とする部位に使用されるもの
含水率：乾燥材については、含水率を25％、20％、15％の3水準に規定して、D25、D20、D15と表示する
無等級材：JASの目視等級材およびJASの機械等級材以外の製品。基準強度は樹種ごとに定められている

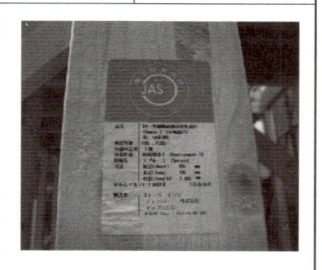

第 4 章

屋根・外壁・断熱の工事と省エネ性能

アスファルトルーフィングで守る屋根の防水

屋根は、かたち、デザインにより使用する材料や屋根勾配、施工方法などが決まります。あまりに複雑な形状にすると雨漏りがしやすくなります。

また、屋根に使用する材料の重量により軸組の構造が変わります。屋根材は主に、瓦、スレート、金属などがありますが、それぞれ特徴があり、施工方法も違います。

アスファルトルーフィング

屋根は、下地だけで雨を防げるようにしなければならないため、下地の施工が特に重要です。下地のうち防水性能を担う下葺き材はアスファルトルーフィング940以上のものを使用します。

アスファルトルーフィングは、野地板の上に軒先と平行に敷き込み、重ね代を上下で100㎜以上、左右で200㎜以上とりながら、16㎜以上の長さのタッカー釘にて、300㎜程度のピッチで、しわやゆるみがないように留めていきます。平棟や隅棟では、棟芯をまたいで各々100㎜以上重ねて張ります。

壁面との取り合い

壁面との取合い部、谷部、トップライト、煙突、屋根窓廻りは、特に雨漏りしやすいので、このような取合い部は2重に捨て張りを行います。谷部は、幅1,000㎜のルーフィングを全長にわたって捨て張りし、谷芯からルーフィングの上辺を各々100㎜以上突き出して2重にします。

壁の取合い部は、1,000×500㎜程度の大きさで捨て張りを行い、壁面に沿って250㎜以上立ち上げます。なお、下葺き材の納め方は仕上材が変わっても基本的に同じです(図75)。

トップライト廻りはルーフィングをトップライト枠の内側まで立ち上げます。

屋根からの雨漏りを防ぐために、壁の取合い、谷、棟部の防水処理をしっかりと行います

図75 ▶ 下葺き材の施工ポイント

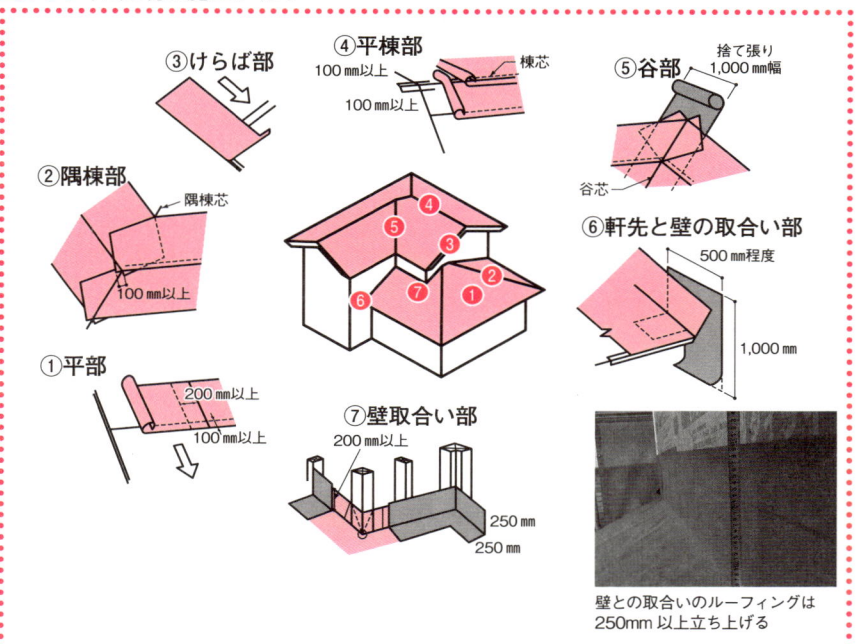

③ けらば部
④ 平棟部　100mm以上　棟芯　100mm以上
⑤ 谷部　捨て張り 1,000mm幅　谷芯
② 隅棟部　隅棟芯　100mm以上
⑥ 軒先と壁の取合い部　500mm程度　1,000mm
① 平部　200mm以上　100mm以上
⑦ 壁取合い部　200mm以上　250mm　250mm

壁との取合いのルーフィングは250mm以上立ち上げる

Check Point 下地のチェックポイント

- □ 材料は、指定のものを使用しているか
- □ ルーフィングの重ね代は上下で100mm以上、左右で200mm以上あるか
- □ タッカー釘の留め付けは、ルーフィングの重ね合わせ部にて間隔300mmあるか
- □ 壁面との取合い部は、壁面に沿って250mm以上立ち上げているか
- □ 谷部は幅1,000mm程捨て張りをしているか
- □ 棟部は棟芯をまたいで100mm以上の重ねがあり、2重張りにしているか
- □ ルーフィングにしわやゆるみがないか
- □ タッカー釘は16mm以上の長さのものを使用しているか
- □ トップライト・煙突・ドーマー廻りは捨て張りをしているか

ルーフィングの種類

アスファルトルーフィング
有機天然繊維を主原料とした原紙にアスファルトを含浸、被覆し、表裏面に鉱物質粉末を付着したものである。種類としてアスファルトルーフィング1,500（一巻35kg相当）と940（一巻22kg相当）がある

改良アスファルトルーフィング
合成樹脂を混合してアスファルトの低温性状や高温性状を改良した改質アスファルトを使用したルーフィングである。一般ルーフィングタイプ、複層基材タイプおよび粘着層付きタイプがある

合成高分子系ルーフィング
合成ゴムや合成樹脂を主原料とした成型シート、あるいはこれに異種材料を塗布または積層したもの。長さや幅は、アスファルトルーフィングに似たものが多い

4　屋根・外壁・断熱の工事と省エネ性能

美しさと重厚感が人気の瓦屋根

瓦の特徴と種類

　阪神・淡路大震災では瓦の重量が原因で建物が倒壊したというケースもありました。重い瓦は、台風や強風でも飛ばされにくいというメリットがありますが、重量を考慮して、軸組材の断面を大きくするなど、構造上の処置が必要となります。

　屋根は軽い方が、地震に対して有利なため、最近では瓦より軽いスレート、金属が多く使用されるようになってきました。しかし、瓦の美しさや、重厚感には根強い人気があるため、瓦のなかにも軽量化を図ったものが販売されています。

　瓦の種類には和瓦、洋瓦があります。和瓦には本瓦と桟瓦があり、洋瓦にはフランス瓦、スペイン瓦、S瓦などがあります。

　屋根勾配は、基本的に 3.5/10 ～ 4.5/10 が適当で、緩すぎても急過ぎてもいけません。

瓦の施工方法

　瓦を留めるには銅やステンレス、真ちゅうなどの釘、銅やステンレスの緊結線を使用します。まず、瓦の割付け（地割）に応じて桟木を取り付けます。

　桟木の間隔は桟瓦の働き寸法で決め、下から棟に向かって順次打ち付けていきます。ここでは桟木が瓦の割付けどおりの間隔で固定されているか、N釘長さ50mmのもので垂木にしっかりと取り付けてあるかなどを確認します。また、桟木の継手の隙間をあけて、雨水が桟木に溜まらないようにします。

　棟積みは、熨斗瓦を互いに緊結し、冠瓦または丸瓦を1枚ごとに地棟に緊結線2本で留めるか、または熨斗瓦、冠瓦を一緒に棟木に鉢巻状に緊結します。

　壁際と屋根との取合い部は、雨漏りの原因となる場合が多いので十分な立上りが必要です（図76）。

> 瓦屋根とする場合は構造体を強くし、屋根勾配を3.5～4.5寸にします

図76 ▶ 瓦の基本納まり（例）

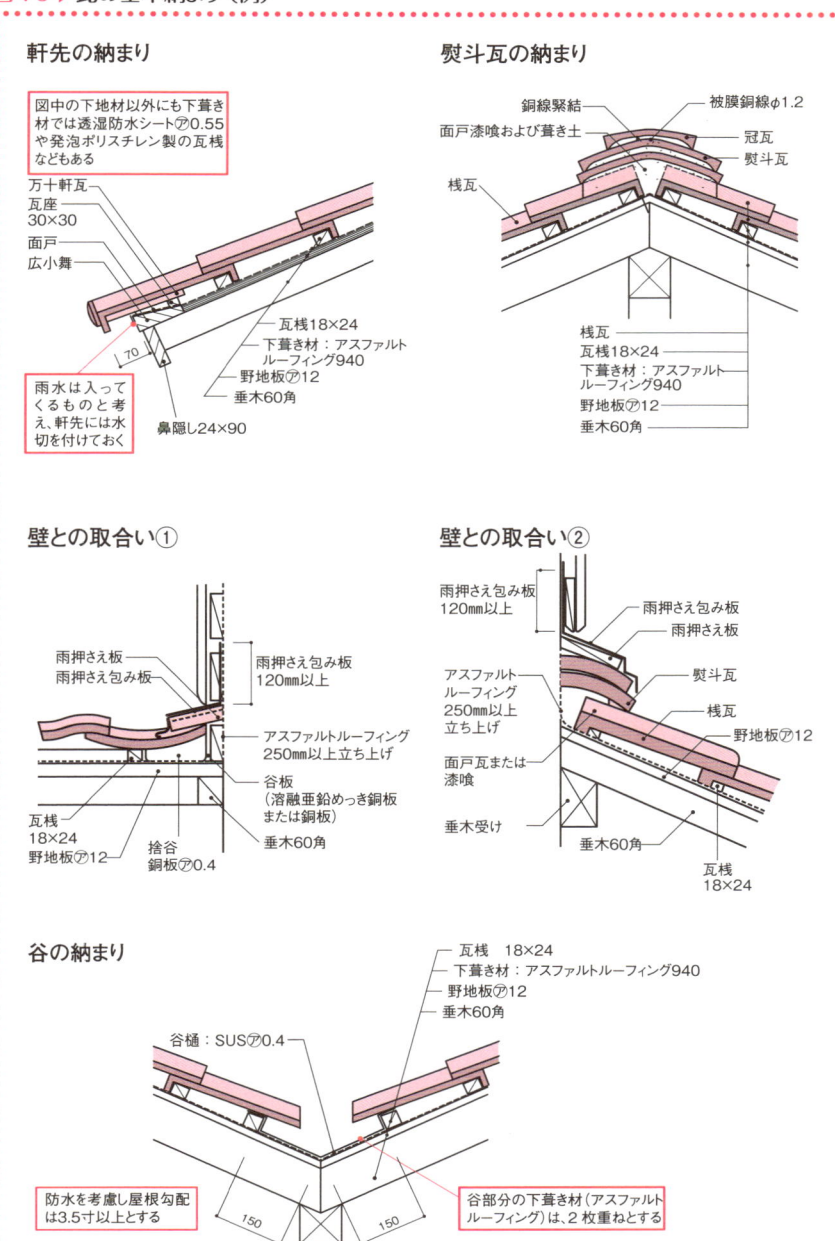

軒先の納まり

図中の下地材以外にも下葺き材では透湿防水シート⑦0.55や発泡ポリスチレン製の瓦桟などもある

- 万十軒瓦
- 瓦座 30×30
- 面戸
- 広小舞
- 70
- 雨水は入ってくるものと考え、軒先には水切を付けておく
- 瓦桟18×24
- 下葺き材：アスファルトルーフィング940
- 野地板⑦12
- 垂木60角
- 鼻隠し24×90

熨斗瓦の納まり

- 銅線緊結
- 被膜銅線φ1.2
- 面戸漆喰および葺き土
- 冠瓦
- 熨斗瓦
- 桟瓦
- 瓦桟18×24
- 下葺き材：アスファルトルーフィング940
- 野地板⑦12
- 垂木60角

壁との取合い①

- 雨押さえ板
- 雨押さえ包み板
- 雨押さえ包み板 120mm以上
- アスファルトルーフィング 250mm以上立ち上げ
- 谷板（溶融亜鉛めっき銅板または銅板）
- 瓦桟 18×24
- 野地板⑦12
- 捨谷 銅板⑦0.4
- 垂木60角

壁との取合い②

- 雨押さえ包み板 120mm以上
- 雨押さえ板
- アスファルトルーフィング 250mm以上立ち上げ
- 面戸瓦または漆喰
- 垂木受け
- 熨斗瓦
- 桟瓦
- 野地板⑦12
- 垂木60角
- 瓦桟 18×24

谷の納まり

- 瓦桟 18×24
- 下葺き材：アスファルトルーフィング940
- 野地板⑦12
- 垂木60角
- 谷樋：SUS⑦0.4
- 防水を考慮し屋根勾配は3.5寸以上とする
- 150
- 150
- 谷部分の下葺き材（アスファルトルーフィング）は、2枚重ねとする

4 屋根・外壁・断熱の工事と省エネ性能

地震に有利で加工もしやすいスレート屋根

スレートの種類

スレートは屋根に用いられる薄板の総称で、石質の天然物と人工物の化粧スレートがあります。化粧スレートは軽量であるため地震に有利で、加工しやすく、安価であることから、最もよく使われています。化粧スレートにはさまざまな種類があり、メーカーや種類により施工方法、納め方が異なるので、仕様書に従い適切に施工します。

下葺き材として一般的にアスファルトルーフィングを張りますが、施工が適切でないと雨漏りの原因となるので、葺く前に施工方法を十分に確認します。

また、勾配、流れ長さの規定もメーカーや種類により異なりますから、仕様書でしっかり確認します。勾配が基準以下であったり、流れ長さが基準以上であったりすると、軒先部で雨水量が増大して、スレート材の裏面に廻る水が増え、雨漏りの原因となります。

スレート施工のポイント

スレートは、長さが35〜40mmのステンレス釘またはビスにより十分な重ね代をとって留めていきます。本数や留め方、納め方は、スレートの種類、建設場所の条件などにより異なります。

強風地域、積雪地域であれば、軒先、けらば、棟廻りを釘だけでなく、耐風クリップといわれる金物と接着剤とを用いて強固に固定します。規定の葺き足を伸ばしたり、釘の本数が少なかったりすると、雨漏り、飛散の原因となります。

壁際、トップライト、煙突、屋根窓廻りは、最も雨漏りがしやすいところなので、特に注意が必要です。これらを設置する位置は、壁や棟、谷からの距離を十分にとります。棟や谷からは900mm以上、壁際からは300mm以上、けらばからは450mm以上離します。また、取合い部分は雨仕舞が十分に行われているかどうかをしっかり確認します(図77)。

> 強風地域では、スレート屋根の取り付けを補強します

図77 ▶ スレートの葺き方

葺き方

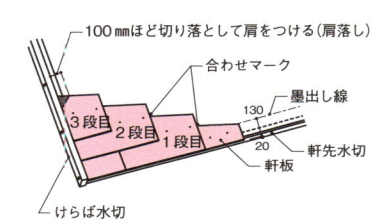

- 100mmほど切り落として肩をつける（肩落し）
- 合わせマーク
- 墨出し線
- 3段目／2段目／1段目
- 130
- 20
- 軒先水切
- 軒板
- けらば水切

軒先の納まり

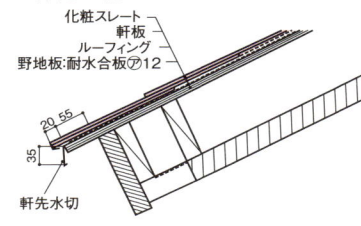

- 化粧スレート
- 軒板
- ルーフィング
- 野地板：耐水合板⑦12
- 20, 55
- 35
- 軒先水切

外壁との取合い

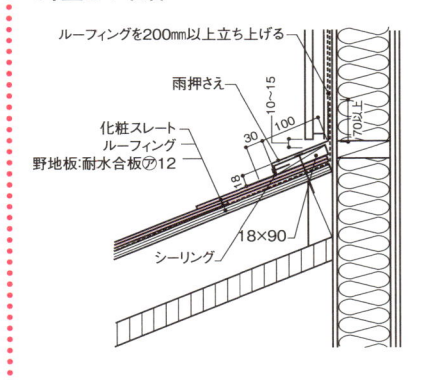

- ルーフィングを200mm以上立ち上げる
- 雨押さえ
- 化粧スレート
- ルーフィング
- 野地板：耐水合板⑦12
- 10～15
- 30
- 100
- 18
- 18×90
- シーリング

谷部の納まり

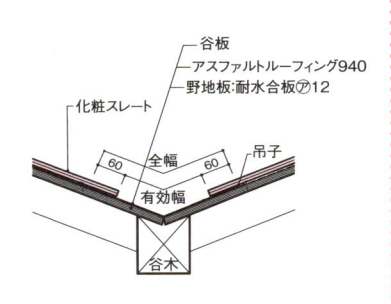

- 化粧スレート
- 谷板
- アスファルトルーフィング940
- 野地板：耐水合板⑦12
- 60　全幅　60
- 有効幅
- 吊子
- 谷木

棟の納まり

- 棟包み
- アスファルトルーフィング940
- 18×90
- 30, 104
- 垂木
- 棟木
- 屋根スレート
- アスファルトルーフィング940
- 野地板：耐水合板⑦12

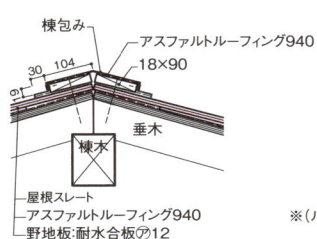

隅棟部（棟包み）の納まり

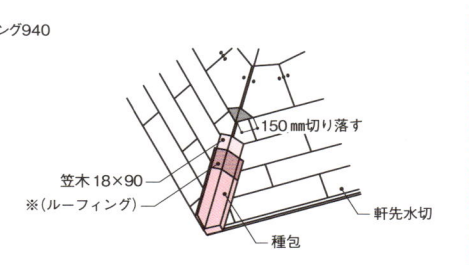

- 150mm切り落す
- 笠木18×90
- ※（ルーフィング）
- 種包
- 軒先水切

4 屋根・外壁・断熱の工事と省エネ性能

軽くて耐候性も優れている金属屋根

金属屋根の特性と工法

金属屋根は、軽量で、雨仕舞や耐候性の点で優れていますが、断熱性、遮音性を高めるために屋根下地あるいは小屋裏に断熱材や遮音材を入れて施工する必要があります。

材料としてはさまざまなものがありますが、銅板、ステンレス鋼板、カラー鉄板、ガルバリウム鋼板などがよく使われます。

材料の厚みは、通常、0.35mm以上のものを使用しますが、できれば耐久性のよい0.4mmを使用します。

金属板を留めるための吊子は、幅30mm、長さ70〜80mmとし、45mm以上の釘で留めます。金属板接合のはぜは、上はぜ15mm、下はぜ12mm程度とします。はぜとは、2枚の金属板の端を折り曲げ、引っ掛け合わせて継ぐ場合の折り曲げた部分の名称です。

葺き方

金属屋根の葺き方には、瓦棒葺き、一文字葺きなどさまざまな方法があります。

瓦棒葺きには、心木ありと心木なしがあります。長尺の材料を使って継目をつくらないので雨漏りのおそれが少なく、緩い勾配の屋根でも葺くことができます。瓦棒の間隔は350〜450mmとします。

一文字葺きは、金属板を長方形に板取りして、横の継手が一の字につながるように軒先から棟に向かって左右いずれの一方から葺く工法です。

葺き板の寸法は、銅板の場合は、182.5×606mm、それ以外の場合は224×914mmとします。下はぜは18mm、上はぜは15mm程度とします(図78)。

壁際と屋根との取合い部は、雨漏りの原因となりやすいので、120mm以上の立上りが必要です。谷部は、葺き板と同種の板を使用して全長通し葺きとし、底を谷形に折り曲げ両耳2段はぜとし、野地板に吊子留めとします。軒先とけらばには、水の浸入を防ぐため唐草といわれる金物を取り付けます(図79)。

> 金属屋根では、遮音性、断熱性を高める対策を取ります

図78 ▶ 金属屋根の種類

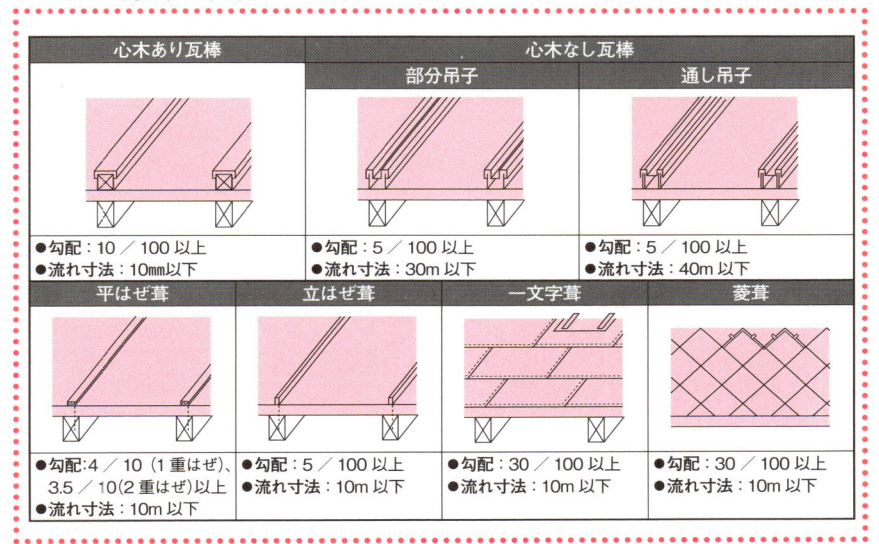

心木あり瓦棒	心木なし瓦棒	
	部分吊子	通し吊子
●勾配：10／100 以上 ●流れ寸法：10mm以下	●勾配：5／100 以上 ●流れ寸法：30m 以下	●勾配：5／100 以上 ●流れ寸法：40m 以下
平はぜ葺	立はぜ葺	一文字葺	菱葺
●勾配：4／10（1重はぜ）、3.5／10（2重はぜ）以上 ●流れ寸法：10m 以下	●勾配：5／100 以上 ●流れ寸法：10m 以下	●勾配：30／100 以上 ●流れ寸法：10m 以下	●勾配：30／100 以上 ●流れ寸法：10m 以下

図79 ▶ 金属屋根の納まり例

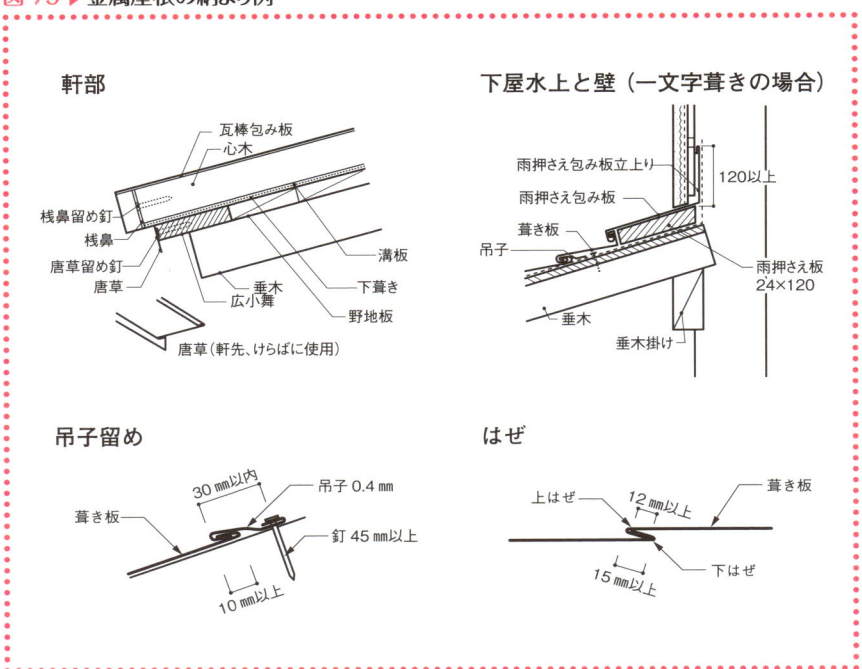

軒部

瓦棒包み板、心木、桟鼻留め釘、桟鼻、唐草留め釘、唐草、溝板、垂木、広小舞、下葺き、野地板、唐草（軒先、けらばに使用）

下屋水上と壁（一文字葺きの場合）

雨押さえ包み板立上り、雨押さえ包み板、葺き板、吊子、雨押さえ板 24×120、垂木、垂木掛け、120以上

吊子留め

葺き板、吊子 0.4 mm、釘 45 mm以上、30 mm以内、10 mm以上

はぜ

上はぜ、下はぜ、葺き板、12 mm以上、15 mm以上

屋根面積に応じて選ぶ
雨樋(あまどい)の大きさ

　雨樋、谷樋、捨て谷、水切など、金属の薄板を使用して行う工事を鈑(がざり)工事といいます。金属薄板の材料は、銅板、ステンレス板、ガルバリウム鋼板がよく使われますが、谷樋や捨て谷、水切などは取り替えにくい部分なので、耐久性のある材料とします。厚みは0.35mm以上とし、できれば0.4mmを使います。

雨樋の施工(せこう)

　雨樋には、軒樋(のきどい)、呼び樋(はびとい)、這い樋、竪(たて)樋があります。材質は、塩化ビニル製と金属製があります。塩化ビニル製の雨樋は耐久性があり、施工しやすく安価です。一方、金属製の中でも銅板の樋は高価です。

　軒樋は、竪樋に向い水勾配(みずこうばい)を1/80〜1/200程度にします。形状は、半円形または角型で、径は105〜120mm、丸樋の場合は、深さは直径の1/2とします。軒樋受金物は、600mm以内の間隔で取り付けます。竪樋は軒樋から呼び樋を通って雨水が誘導されるので、軒樋より若干細くします。直径75mmがよく使われます。竪樋受金物は60mm以上壁に埋め込み、900mm以内の間隔で取り付けます。屋根の面積により樋の径は異なります(図80・81)。

施工の注意点

　デザイン上、軒樋を内樋(うちどい)にして竪樋を壁内に通す場合がありますが、万が一、竪樋の脚元で詰まった場合、竪樋のジョイントから水漏れを起こしたり、内樋自体から水漏れを起こしたりする場合があるので、内樋の施工は特に注意が必要です。後になって、取り換えもしにくいので、できれば内樋は避けるべきでしょう。

　谷樋となる部分は、野地板(のじいた)の上に36mm角の下地を取り付け、これに沿わすようにすべて1枚もので葺きます。谷樋と軒樋の接合部には、谷樋の水がオーバーフローしないようにびょうぶ板といわれる水返しを取り付けます。

> 軒樋と竪樋の径は屋根面積に対してふさわしいかを確認します

図80 ▶ 屋根面積と樋径

屋根水平面積	軒樋	縦樋
25㎡	径 90mm	径 50mm
40㎡	径 105mm	径 60mm
60㎡	径 120mm	径 75mm

図81 ▶ 樋の部位ごとの施工ポイント

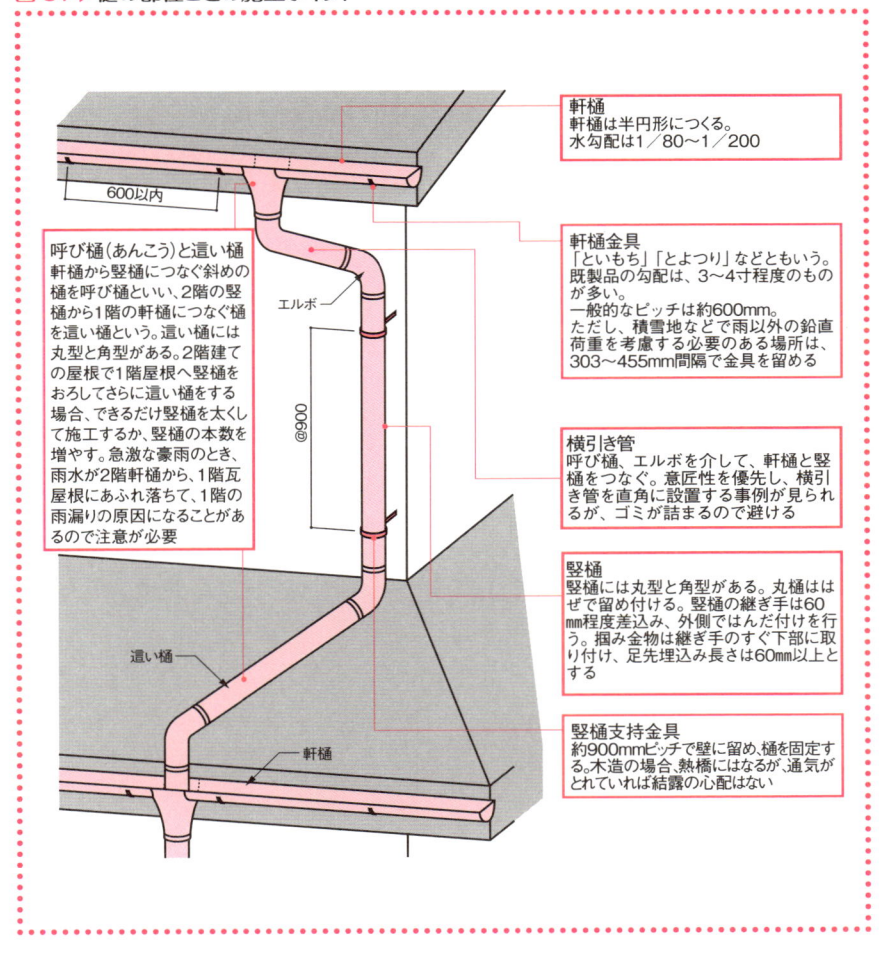

軒樋
軒樋は半円形につくる。
水勾配は1／80～1／200

軒樋金具
「といもち」「とよつり」などともいう。既製品の勾配は、3～4寸程度のものが多い。
一般的なピッチは約600mm。
ただし、積雪地などで雨以外の鉛直荷重を考慮する必要のある場所は、303～455mm間隔で金具を留める

横引き管
呼び樋、エルボを介して、軒樋と竪樋をつなぐ。意匠性を優先し、横引き管を直角に設置する事例が見られるが、ゴミが詰まるので避ける

竪樋
竪樋には丸型と角型がある。丸樋ははぜで留め付ける。竪樋の継ぎ手は60mm程度差込み、外側ではんだ付けを行う。掴み金物は継ぎ手のすぐ下部に取り付け、足先埋込み長さは60mm以上とする

竪樋支持金具
約900mmピッチで壁に留め、樋を固定する。木造の場合、熱橋にはなるが、通気がとれていれば結露の心配はない

呼び樋（あんこう）と這い樋
軒樋から竪樋につなぐ斜めの樋を呼び樋といい、2階の竪樋から1階の軒樋につなぐ樋を這い樋という。這い樋には丸型と角型がある。2階建ての屋根で1階屋根へ竪樋をおろしてさらに這い樋をする場合、できるだけ竪樋を太くして施工するか、竪樋の本数を増やす。急激な豪雨のとき、雨水が2階軒樋から、1階瓦屋根にあふれ落ちて、1階の雨漏りの原因になることがあるので注意が必要

600以内
エルボ
@900
這い樋
軒樋

下地の取り合い部分の防水処理が大切なサッシの施工

サッシの種類

サッシには、大きく分けるとアルミ製と木製、プラスチック製とこれらの複合材料製がありますが、気密性や耐久性、防犯性に優れ、雨仕舞がよく、安価なアルミ製を使うのが一般的です。

サッシの取り付け形式は、木造では主に枠の一部が取り付け開口内にかかる半外付け納まりと、枠の大部分が取り付け開口の外に持ち出しとなる外付け納まりの2種類が使われます。外付け納まりは、主に和室に使われます(図82)。

ガラスの種類によって、複層ガラス用サッシと単板ガラス用サッシがあるので注意します。

サッシ取り付けのポイント

窓台は特に水が廻りやすいところなので、防水シートを折り込み、角部には防水テープを張ります。さらに透湿防水シートを防水シートの下に差し込みます。防水シートとの重ね代は、横90mm以上、縦150mm以上とします。

サッシの取り付けでは、取り付け位置の水平・垂直、前後の傾きを水平器、下げ振りなどを使って確認します。また、複層ガラスを使用する場合は、単板ガラスの2倍の重さになるため、間柱、窓台、まぐさの見付けを通常より大きくし、45mm以上にします。間柱は500mm以下の間隔にします。

サッシ枠を取り付けた後、サッシ枠と外壁下地の取合いに防水テープを隙間なくしっかり張ります。防水テープの張り方には、枠の下、枠の左右、枠の上という順序があるので注意します。そして、防水テープの上から透湿防水シートを張ります。

この作業が終了した段階でサッシに散水して、漏水検査を行います。漏水がないことを確認してから外壁材を取り付けます(図83)。

> 雨漏りを防ぐために、サッシと下地の取合い部分の防水処理をしっかりと行います

図82 ▶ サッシの納まり

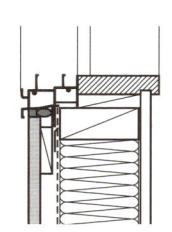

半外付け納まり　　**外付け納まり**

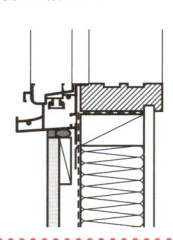

図83 ▶ サッシの取り付け方（通気工法、サイディング張りの場合）

1》 窓台に防水シートを張り、窓台端部に防水処理を施す

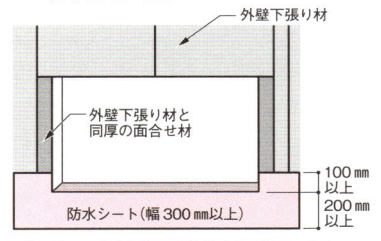

- 外壁下張り材
- 外壁下張り材と同厚の面合せ材
- 防水シート（幅300mm以上）
- 100mm以上
- 200mm以上

- 柱に沿って窓台見込み寸法分を切り込み、窓台に向けて折り込む
- 角部は防水テープでコーナー張りとする

2》 サッシ枠を取り付け、サッシ枠廻り4辺に防水テープ（両面タイプ）を張る

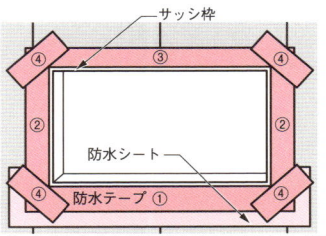

- サッシ枠
- 防水シート
- 防水テープ①

- サッシ枠は左右のクリアランスを均等にとり、枠のねじれ、水平、垂直を確認
- サッシ枠4辺に防水テープ幅75mm以上を施工する。テープはサッシ枠の釘打ちフィンを覆うように張る
- サッシ枠4隅にも防水テープを施工する
- 重なり部分は剥離紙を剥がして張る
- ①〜④はテープを貼る順序

3》 透湿防水シートを施工する

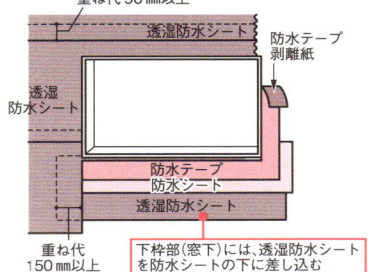

- 重ね代90mm以上
- 透湿防水シート
- 防水テープ剥離紙
- 透湿防水シート
- 防水テープ
- 防水シート
- 透湿防水シート
- 重ね代150mm以上

下枠部（窓下）には、透湿防水シートを防水シートの下に差し込む

- 防水テープの剥離紙をはがしてその上から透湿防水シートを張る
- シート重ね代は縦90mm以上、横150mm以上を目安とする

4》 通気胴縁を取付け、外壁材の施工をする（横張りサイディングの例）

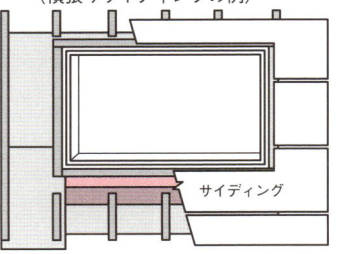

- サイディング

- サッシ枠とサイディング端部とのクリアランスは10mm程度を目安とする
- 柱・間柱のピッチで通気胴縁を窓上、窓下の気流を妨げないように施工する
- サッシ枠周囲4方に胴縁を付ける（胴縁は上は横通し、下は縦通し）
- 胴縁で透湿防水シートと防水テープを押さえるように取り付ける
- 外壁材小口の防水処理と開口部周辺のシーリング施工をする

4　屋根・外壁・断熱の工事と省エネ性能

省エネルギーに適した複層ガラス

多様な種類

　窓などの開口部にガラスを使用することで、家の中に光を採り込み、また、外の風景を楽しむことができます。ガラスによって住宅を開放感にあふれた健康的なものにすることができますが、ガラスは熱や音をよく伝えるために断熱性や遮音性に欠け、衝撃に弱く、防犯性、防火性に劣るという欠点があります。

　これらの欠点を補うために、近年、普通単板ガラスのほかに複層ガラス、強化ガラス、網入りガラスなどいろいろな種類のガラスが開発されています。これらを、用途、使用部位、予算に合わせて選択します（図84）。

選択のポイント

　ガラスは面積が大きくなると受ける風圧が大きくなり、割れやすくなります。そのため、開口部面積が大きい場合は、厚いガラスを使用します。ただし、ガラスの面積が大きくなり厚みも増すと重量が増え、窓台への負担が大きくなり、サッシの開閉も重たくなるので、普通ガラスと比べて薄い強化ガラスを使用します（図85）。

　省エネルギーの点からは、断熱性の高い複層ガラスを使用することが望まれます。断熱性が高いと結露防止の効果もあります。

　窓ガラスは、空き巣の主要な侵入経路となっています。空き巣の半分以上が窓ガラスを破って入るという統計があります。普通ガラスに特殊な膜を挟み込んだ、合わせガラスを使用することで窓ガラスの防犯性を高めることができます。ガラスを破る時間が5分以上かかると、空き巣は侵入をあきらめるといわれています。

　防火性の点では火災によってガラスが飛散しないように、普通ガラスに金属の網や線を入れた網入りガラスがあります。

　そのほか、すりガラスや型板ガラスは光線は通しますが視線を遮るので、浴室やトイレなど目隠しが必要なところに使用します。型板ガラスとは、模様の入ったガラスです。

環境、設計条件に応じたふさわしい性能のガラスを選択しているかチェックします

図84 ▶住宅に使用されるガラスの種類と特徴

フロート板ガラス（単板ガラス） 略式記号：FL○	もっとも一般的な平板ガラスのこと。平面が平滑で歪みがなく、透視性や採光性に優れている。窓や建具、鏡などに使用される
すり板ガラス 略式記号：SG○	透明ガラスの片面にケイ砂などで摺り加工をした不透明なガラスのこと。普通透明ガラスに比べて、強度は3分の2程度になる。光線は通すが、視線を遮る。外部から見られたくないトイレ、洗面所、浴室などに使用する
型板ガラス 略式記号：F○	ガラスの片面に型模様をつけた不透明のもの。梨地、石目などの模様がある。光線は通すが、視線を遮る。外部から見られたくないトイレ、洗面所、浴室などに使用する。装飾目的でも使用される
網入板ガラス 略式記号:FW○（網入り型板）、PW○（網入り磨き）	破損しても破片が飛び散らないように、金属網を封入したもの。磨きガラスと型板ガラスがある。防火・安全性が高いガラス。法律上、防火地域で指定されている防火戸として使用される
複層ガラス 略式記号:FL○＋A○＋FL○（FLはフロートガラス、型板ガラスならばF、Aは空気層の厚さ）	2枚または3枚の板ガラスの間に乾燥した空気を封入することで断熱性を高めたガラス。結露を防ぐ。外部に面する窓に使用される。フロートガラス、型板ガラス、網入りガラスなど、目的に合わせていろいろなガラスと組み合わせて使われることも多い
強化ガラス	衝撃強度、曲げ強度を高めたガラス。熱にも強く、割れると破片は顆粒状になるため安全。板ガラスを高熱処理したもの。浴室などのガラスドアなど割れたら危険と思われる箇所に使用される
合わせガラス 略式記号：FL○＋FL○（FLはフロートガラス、型板ガラスならばFと表示する）	2枚以上のガラスの間に、フィルムの中間膜をはさんで加熱・圧着させたガラス。風圧に強く、割れても飛び散ることがほとんどない。突き破るのに時間がかかり防犯性に優れる。面格子のない外部に面する窓に使用される

※略式記号の後の○は、厚みを示す

図85 ▶ガラスの厚さと面積の関係

ガラスには規格サイズがあり、厚さに対する最大寸法が決められている。開口部の大きさに最適な厚みのガラスを取り付ける

一般名（品種・構成）		厚さ（mm）	最大寸法（mm）
フロート板ガラス		2	1,219×610
			914×813
		3	2,438×1,829
		5	3,658×2,438
		6	4,267×2,921
		8	
		10	7,620×2,921
		12	
		15	10,160×2,921
		19	
すり板ガラス		2	1,219×610
			914×813
		3	1,829×1,219
		5	1,829×1,219
			2,134×914
型板ガラス		2	1,219×610
			914×813
		4	1,829×1,219
		6	2,438×1,829
線入板ガラス	線入型	6.8	2,438×1,829
	線入磨		3,658×2,438
		10	4,470×2,438
網入板ガラス	網入型	6.8	2,438×1,829
	網入磨		3,658×2,438
		10	4,470×2,438

Check Point サッシ、ガラス工事のチェックポイント

- □ まぐさ、窓台の寸法、間柱の間隔は適切か
- □ 窓台と縦枠の取合い部分の水仕舞は適切か
- □ サッシの種類、仕様は設計図書どおりか
- □ サッシのレベルと水平・垂直、歪みは大丈夫か
- □ 外壁下地とサッシとの取合い部は隙間なく防水テープが張られているか
- □ 窓台において防水テープと防水シートの取合い部は適切か
- □ サッシと外壁材の取合いのクリアランスは適切か
- □ サッシ廻りのシーリングは適切か
- □ ガラスの種類、厚みは設計図書どおりか
- □ ガラス廻りのシーリングは適切か

4 屋根・外壁・断熱の工事と省エネ性能

施工性に優れる乾式外壁と味わいがある湿式外壁

　外壁仕上材は、雨水を通さない、風により変形しない、飛ばされない、温度変化に強い、太陽光により劣化しないなど、外部の厳しい環境に対抗できるものでなければなりません。

　外壁に使用する仕上材によりその家の性能、イメージは大きく変わります。外壁仕上材は、直接、目に触れるため住まいの印象を左右し、周辺の街並みにも影響を与えるので、デザイン、色、テクスチュアなどにも十分な配慮が必要です。これらは、施工性やコストなどに加えて仕上材を選定するための重要な要素です（図86）。

乾式工法と湿式工法

　外壁仕上げの工法としては、乾式工法と湿式工法があります。乾式工法は、あらかじめ工場で生産されたセメント系（窯業系）、金属系のパネルなどを釘やネジ、ボルトなどで取り付けるもので、サイディング、ALC板などがあります。サイディングは、セメントなどを主原料とし、繊維質の木片や無機物などを混ぜて、プレス成形で板状としたものです。色もデザインもさまざまで、レンガタイル風、自然石風など多くのデザインがあります。防火性、断熱性、加工性、耐久性に優れ、また、デザイン、色などが豊富です。施工性もよく、工期も短縮され、工場で大量生産が可能なので、安価であるというメリットがあります。

　湿式工法は、左官職人により土、漆喰、モルタルなどで仕上げる昔からの方法です。モルタル塗りの場合は、その上に塗装の吹き付けや塗り仕上げなどを行います。防火性、断熱性、加工性、耐久性に優れていますが、水分の乾燥に時間がかかります。また、乾燥するとひび割れが起きやすいという欠点もあります。

　作業に手間ひまをかけるので乾式に比べて高価ですが、見た目に落ち着きや味わいがあり、根強い人気があります。

外壁材で建物のイメージが変わります

図86 ▶外壁材の種類

乾式系

窯業系サイディング	セメントなどを主原料とし、繊維質の木片や無機物などを混ぜ、強化してプレス成形などで板状としたもの。色もデザインもさまざまで、レンガタイル風、自然石風など多くのデザインがある。比較的低価格であるうえ、雨水で汚れが落ちたり、長く再塗装をしなくて済む。メンテナンスは比較的楽であるが、ジョイントのシーリングは、10〜15年程度で打ち替える必要がある
金属系サイディング	成形したスチールの板などを表面材とし、断熱材を裏打ちしたもの。軽量で施工性もよく、バリエーションも豊富。断熱材を包んで、金属のもつ熱しやすく冷めやすい特徴を克服しているものが多い。デザインがモダンであり、最近、よく普及している
木板	スギやヒノキなどの耐久性のある木材を挽き割り、本実もしくは相決り加工したもの。建築基準法や消防法の関係で都市部には使用できないなど制限がある。不燃加工したものもある。なお、木材保護塗料を塗って仕上げる場合が多い
ALC板（パネル）	ALCはAutoclaved Lightweight Concreteの略。石灰質材料とケイ酸質材料を微粉末にして水と混ぜ、ガス発生剤を添加して気泡をつくり、固まった後に高温高圧で養成して硬化させたものである。気泡などの空隙部分が全容積の80%を占め比重0.5と軽量である。耐火性能が高く、加工が簡単である。この上に吹き付けをしたり、タイルを張って仕上げることもできる

湿式系

モルタル塗り	モルタルは比較的安価であるうえ強度が高く、耐火性もある。また、アルカリ性であるために下地のラスに対して防錆効果がある。したがって、防火構造材として使用され、モルタルを下地として吹き付けをしたり、珪藻土を塗ったりして仕上げる。ただし、乾燥収縮により、ひび割れが入りやすい欠点がある
漆喰	漆喰は、左官用消石灰にスサ、糊などを練り混ぜてつくる。防火性が高いので、財産を守るために古くから土蔵や町家、城郭に使用されてきた。また、調湿機能も持ち、季節の変化に耐え、カビがつきにくいという性質ももつ。このため、内部の押入れの壁などに使われることもある。乾燥に時間がかかり、乾燥後の収縮率が高いためひびが入りやすいのが欠点である
珪藻土	植物性プランクトンの遺骸が蓄積されてできた土。調湿・保湿性がある。有害物質の吸着・脱臭も期待でき、土に還る素材でもある。自然素材であるため、人体への影響がなく、最近、急速に広まっている
土壁	土壁は、古くからの壁下地から小舞壁とも呼ばれている。壁下地には小舞下地のほかに木摺下地、ラス網下地などがある。工程として、下塗り(荒り)→中塗り→上塗り(色土塗り)の順序で行われる。色土には、産地と色によりさまざまな種類がある。最近では、工程が複雑で時間がかかる、重たいという理由であまり使われない
タイル	粘土を主原料に各種の鉱物を混ぜて板状に成形し、焼成した素材。外壁だけではなく、床や内装にも用いられる。焼き方や吸水率の違いなどで、磁器質、せっ器質、陶器質に分けられる。なかでも、水分を吸収しにくい磁器質やせっ器質は、耐候性、耐久性、耐火性にも富む。木造の外壁では、引っ掛け方式の乾式工法で使用される場合が多い。汚れがつきにくく、メンテナンスは不要である
吹き付け、仕上げ塗り材	従来からは、吹き付けと称して、モルタル塗り下地やALC板にエアーガンで吹き付けをしているが、飛散防止や養生の経済性からローラー塗り、鏝塗りが多くなってきた。これらを総じて仕上げ塗り材という。薄付け仕上げ、厚付け仕上げ、複層仕上げの3種類に分けられ、豊富なパターンとテクスチュアがあり、広く使用されている

湿式工法に代わって乾式工法のサイディングがよく普及している。サイディングは、色、テクスチュアが豊富である

モルタル塗りの上に薄塗り材で仕上げたもの。鏝によりさりげないテクスチュアがつけられ、外壁に表情をつけている

建物の湿気を外部に逃がす外壁通気構法

通気構法の構成

　サイディングなどの乾式工法では、外壁下地を通気構法とします。通気構法は、構造用合板や間柱、柱の上に透湿防水シートを張り、その上に取り付ける胴縁で通気層を確保し、土台水切部から軒裏、小屋裏に通気ができるようにした構法です。

　透湿防水シートは、サイディングのシーリングが切れてサイディングの裏面側に水が回ってもそれ以上の壁内への浸入を防ぐために設けられています。

　また、透湿防水シートは水を通すことなく水蒸気を通す機能を持っています。このため、外部からの雨水を防ぐ役目を果たしつつ室内に生じた湿気を外部に排出し、壁体内での結露を防ぐことができます。

　透湿防水シートは、土台水切の上にかぶせて、たるみがないようにして下から張り上げます。

　シートの上下の重なりは90mm以上、左右の重なりは150mm以上とします。左右の重なりは間柱に留め、出隅、入隅の部分は柱分だけ2重に重ねて張ります（図87）。

胴縁の取り付け

　透湿防水シートの上に胴縁を取り付けます。胴縁の厚みは15〜18mm以上とし、胴縁の幅はサイディングのジョイント部で90mm、そのほかは45mm以上とします。ジョイント部では両側のサイディングを胴縁に固定する必要があるからです。

　胴縁の間隔は455mm以下とし、横張りサイディングの場合は縦方向に、縦張りサイディングの場合は横方向に取り付けます。釘は長さ65mm以上のステンレス釘か鉄釘を用いて500mm以内で不陸がないように取り付けます。

　横胴縁とする場合は、1820mm以下の間隔で30mm以上の通気用の隙間をあけて取り付けます。

　開口部廻り、出隅、入隅部分は胴縁を入れて、サイディングを確実に取り付けられるようにします。開口部廻りの通気を確保するために、胴縁は30mm程度隙間を空けて取り付けます（図88）。

> 通気構法は、胴縁の空間で湿気を軒裏へ逃がします

図87 ▶ 外壁通気構法（サイディング横張りの場合）

［図中ラベル］
- 防水シート（透湿防水シート）
- 断熱材
- 間柱
- 柱
- 土台
- 基礎
- 通気土台水切
- 縦胴縁 455mm以下
- 455mm以下
- 入隅
- 出隅
- サイディング

横胴縁で施工するタイプ、専用の金物で留め付けるタイプもある

透湿防水シート施工の注意点

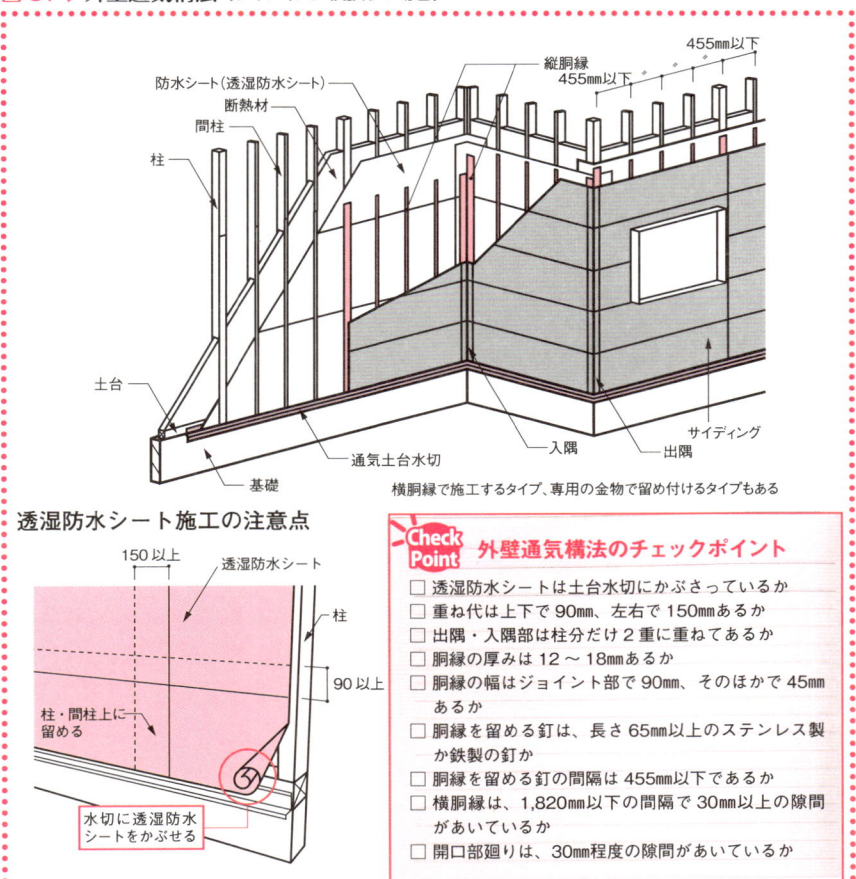

［図中ラベル］
- 150以上
- 透湿防水シート
- 柱
- 90以上
- 柱・間柱上に留める
- 水切に透湿防水シートをかぶせる

Check Point 外壁通気構法のチェックポイント

- □ 透湿防水シートは土台水切にかぶさっているか
- □ 重ね代は上下で90mm、左右で150mmあるか
- □ 出隅・入隅部は柱分だけ2重に重ねてあるか
- □ 胴縁の厚みは12～18mmあるか
- □ 胴縁の幅はジョイント部で90mm、そのほかで45mmあるか
- □ 胴縁を留める釘は、長さ65mm以上のステンレス製か鉄製の釘か
- □ 胴縁を留める釘の間隔は455mm以下であるか
- □ 横胴縁は、1,820mm以下の間隔で30mm以上の隙間があいているか
- □ 開口部廻りは、30mm程度の隙間があいているか

図88 ▶ 開口部廻りの通気胴縁の取り付け

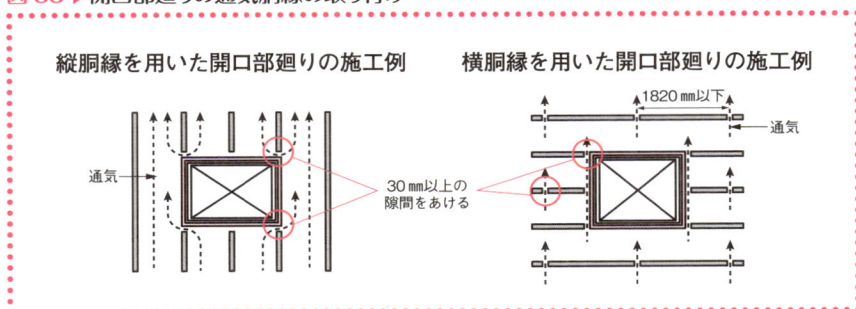

縦胴縁を用いた開口部廻りの施工例

通気／30mm以上の隙間をあける

横胴縁を用いた開口部廻りの施工例

1820mm以下／通気／30mm以上の隙間をあける

4 屋根・外壁・断熱の工事と省エネ性能

取合いをシーリングで納める
窯業系サイディング外壁

施工要領書の確認

サイディングの施工方法は、各メーカーが発行している施工要領書に従って施工しますが、基本的に通気構法とします。

サイディングを釘で留める場合は、メーカー指定の釘を使用します。幅455mmのサイディングの場合、両端と中央に3本ずつ留めることを標準とし、端から20mm以上、離したところに留め付けます。釘打ち機を使用する場合は、打ち込み過ぎに注意します。

サイディングの下端は、通気層に空気を取り込むため、また結露水を排出するために土台水切とサイディングとの間を10〜15mm開けて取り付けます。

横張りの場合の接合部は、幅90mmの胴縁に目地ジョイナーと呼ばれる金物を取り付けたうえ、その上にサイディングを重ねて端から20mmのところに釘で留め付けます。継目は10mm程度のクリアランスを設け、シーリングを打ちます。

縦張りの接合部も、横張りと同じように幅90mmの胴縁に取り付けます。10mm程度の隙間を開け、中間水切を取り付け、水が接合部から浸入しないようにします。出隅や入隅部の下地は、縦胴縁とし、メーカー指定の役物を取り付けます(図89)。

サッシや換気口との取合い

サッシ廻りの取合いは10mm程度の隙間を開けて、シーリング工事を行います。サッシ上部には、1m以内ごとに結露水を排出するための排水口を設けます。

換気口などのパイプは、外部に水勾配をとり、パイプ廻りは、防水シートを張って、防水テープにて完全に止水します。取合いは10mm程度の隙間を開けてシーリング工事を行います。

バルコニーとの取合い部は、捨て水切、防水テープ、シーリング工事で雨仕舞を行います。

> サイディングの取り付けは、継目、出隅・入隅部分の納め方に注意します

図89 ▶ サイディングの張り方

横張りサイディング
- 胴縁
- 20以上
- 20以上
- 働き幅 455
- 中間水切
- サイディング
- 目地ジョイナー

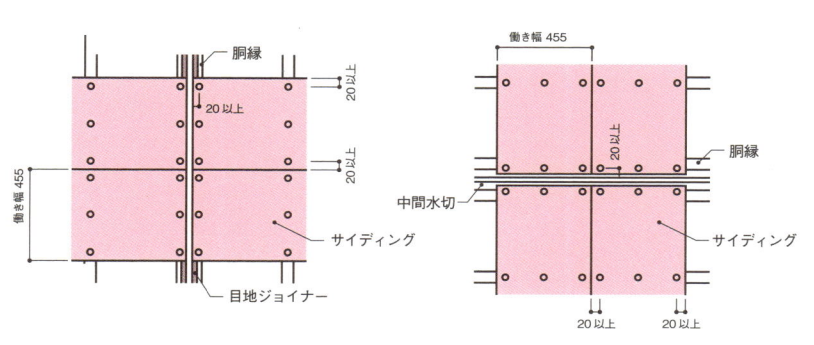

縦張りサイディング
- 働き幅 455
- 胴縁
- 中間水切
- サイディング
- 20以上

接合部（横張り）
- 目地ジョイナー
- 90以上
- 縦胴縁
- 透湿防水シート
- サイディング
- シーリング材
- 10
- 20以上

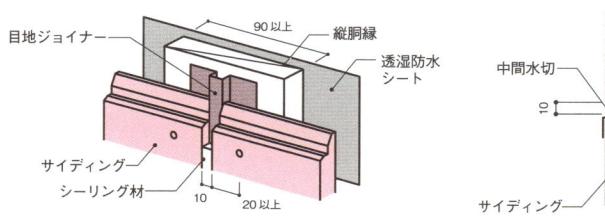

接合部（縦張り）
- 透湿防水シート
- 中間水切
- 10
- 90以上
- サイディング
- 横胴縁

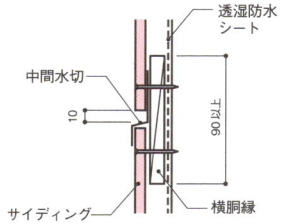

出隅部
- 透湿防水シート
- 縦胴縁
- 目地ジョイナー
- シーリング材
- 出隅役物
- サイディング

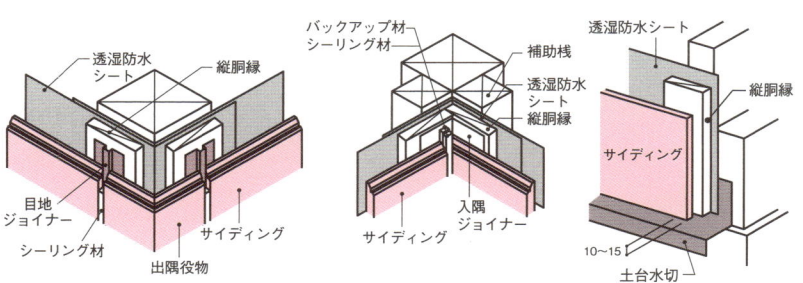

入隅部
- バックアップ材
- シーリング材
- 補助桟
- 透湿防水シート
- 縦胴縁
- サイディング
- 入隅ジョイナー

土台との取り合い
- 透湿防水シート
- 縦胴縁
- サイディング
- 10～15
- 土台水切

4 屋根・外壁・断熱の工事と省エネ性能

ラスの張り方で防ぐ
モルタル外壁のひび割れ

モルタル外壁の下地の構成

外壁をモルタル仕上げとする場合は、下地に防水シートを張り、その上にラスを張ります。防水シートはアスファルトフェルト430以上とし、透湿防水シートは使いません。ラスは下から張り上げ、継目を縦、横とも90mm以上重ね合わせます。留め付けはタッカー釘にて行い、たるみ、しわがないように張ります。軒裏の場合は防水シートを省略する場合もあります。

ラスの張り方

ラスには、メタルラス、ワイヤラスおよびラスシートなどが使われ、それぞれ施工ポイントが異なります。

メタルラスは、縦張りを原則として、千鳥に配置します。継目は縦、横とも30mm以上重ね、釘やタッカー釘にて留めます。ラスにたるみ、浮き上がりがないように千鳥で打ち付けるのが重要です。モルタル仕上げのひび割れをできるだけ少なくするために、出隅や入隅などの継目は突き付けとし、200mm幅のラスを90度に折り曲げて重ね張りをします。開口部廻りは、200×100mmのラスを斜めに2重張りにして補強します。継目、開口部、出隅、入隅は力骨で押さえ込み、また継目周囲は200mmピッチ、その他は300mmピッチで釘で留め付けます。力骨の重ねは100mm以下とします。

ワイヤラスの場合は、上から仮留めし、上下の継目はワイヤで編み込み、左右の継目は1山以上重ねて横網張りとします。コーナーは縦網張りとして角を出し、縦網と横網の継目は1山以上重ねて継ぎます。釘の場合は300mmピッチ、タッカー釘の場合は100mmピッチで千鳥に打ち付けます。

ラスシートの場合は、継目は1山重ねとし、間柱、もしくは胴縁にN38の釘を200mmピッチで打ちます。受材を間柱とする場合は横張り、胴縁とする場合は、縦張りとなります(図90)。

> モルタル下地のラスは重ねを十分にとります

図90 ▶ラス張りの手順

木摺下地の場合、スギ板75×12mmにN50釘を2本平打ちにする。この上にアスファルトフェルトを張る

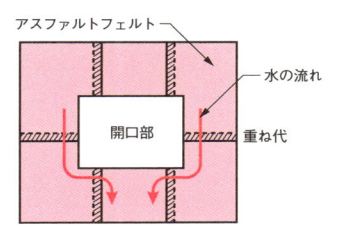

アスファルトフェルトは水が浸入しないように上から下へ、外側から内側へ約100mm程度重ね張りとする

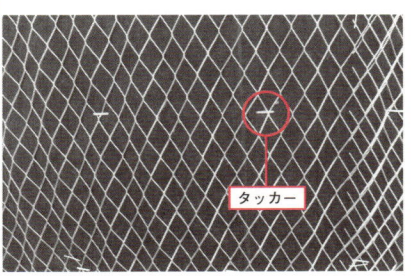

ラスを留め付ける。タッカー釘は300mm以内に千鳥状に打ち付ける

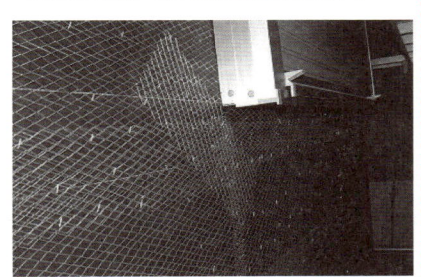

開口部廻りは200×100mmのラスで斜めに重ね張る

Check Point

防水シート張りのチェックポイント
- [ ] 防水シートは所定の品質ものか
- [ ] 防水シートの重ね代は縦、横90mm以上あるか
- [ ] 防水シートにたるみ、しわなどないか
- [ ] 防水シートの継目部分のタッカー釘は300mm程度か

メタルラス張りのチェックポイント
- [ ] メタルラスの継目は、縦、横共30mm以上重ねているか
- [ ] メタルラスの留め付けは釘の場合は200mm、タッカー釘の場合は70mm以下となっているか
- [ ] メタルラスに浮き上がり、たるみはなく千鳥に張られているか
- [ ] 出隅・入隅部分の継目は突き付けで、200m幅のラスを折って重ね張りをしているか
- [ ] 開口部廻りは、200×100mm幅のラスを各コーナーにできるかぎり近づけて斜めに2重張りとして補強をしているか

ワイヤラス張りのチェックポイント
- [ ] ワイヤラスの上下の継目はワイヤで編み込み、左右の継目は1山以上重ね、横網張りとしているか
- [ ] コーナーは縦網張りとして角を出し、縦網と横網の継目は1山以上重ね継いでいるか
- [ ] 留め付けは、釘の場合は300mm内外、タッカー釘の場合は100mm内外で千鳥に留めているか

ラスシート張りのチェックポイント
- [ ] 継目は1山重ね、N38の釘を200mm以内で打っているか
- [ ] 胴縁下地の場合は縦張り、間柱の場合は横張りとしているか

下塗り・中塗り・上塗りの3回で施工（せこう）するモルタル外壁

モルタル塗りの欠点

　最近では、外壁として乾式工法のサイディング張りが主流ですが、モルタル塗りも根強い人気があります。モルタルは防火性に優れ、アルカリ性なので下地のラスの防錆（さび）効果があります。また、15mm以上の塗り厚で防火構造材として使用されます。しかし、ひび割れ（クラック）が発生しやすいという大きな欠点があります。ひび割れを起こす原因は、下地木材の乾燥収縮やラス張りの施工不良、モルタルの調合不良、塗り厚不足、その反対の過大な塗り厚、モルタルの養生（ようじょう）不足などです（図91）。

モルタル塗りのポイント

　モルタルは作業性がよく、平滑（へいかつ）に塗られて収縮が少ないものはひび割れを起こしにくいものです。砂などの骨材の割合を増し、セメントの割合を小さくした貧配合（ひんはいごう）にすると収縮は小さくなりますが、作業性が悪くなるので、現場では、セメントを多くした富配合（ふはいごう）のモルタルを使用する場合が多くなります。したがって、ひび割れにくさと作業性を両立させるためには骨材を多く配合した上で、作業性をよくするための混和剤（こんわざい）を適度に配合します。砂は、原則として、不純物の少ない川砂（かわすな）を使用しますが、最近では採取できにくい状況です。山砂（やますな）や海砂（うみすな）を使用する場合は、有害な泥土（でいど）や塩分、有機物を取り除く必要があります。

　施工時に大切なことは、下塗り、中塗り、上塗りの工程（こうてい）を守ることと適切な塗り厚さとすることです。これを省略して1度に厚いモルタル付けをするとひび割れが生じやすくなります。また、下塗りは2週間以上できるだけ長時間乾燥させ、上塗りは、ムラや不陸（ふりく）のないように仕上げます（図92）。

　モルタルは、付着して硬化すると取り除くことが困難です。作業後は、しっかりと周囲を清掃します。モルタルがアルミサッシに付着すると、セメントのアルカリ成分によりアルミが腐食するので、特に入念な清掃が必要です（図93）。

> ひび割れ防止のために、下地や調合、塗り厚に注意します

図91 ▶ モルタル塗りのポイント

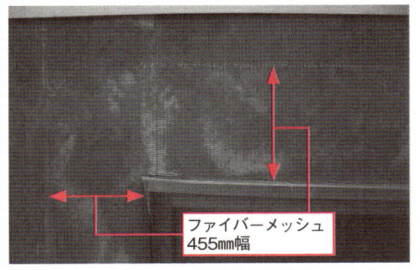

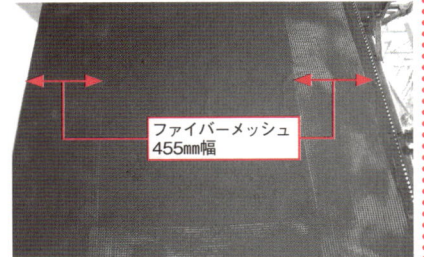

（左写真）ファイバーメッシュ 455mm幅
（右写真）ファイバーメッシュ 455mm幅

クラックを防止するため、下塗りの段階でファイバーメッシュを伏せ込む。出隅・入隅や開口部廻りなどクラックが起こりやすい個所に伏せ込んでおく

図92 ▶ モルタルの調合と塗り厚

外壁のモルタルの調合目安

下地	下塗り・ラス擦り	ムラ直し・中塗り	上塗り
ワイヤラス、メタルラス、ラスシート	セメント：砂＝1：3	セメント：砂＝1：3	セメント：砂＝1：3（適度に混和材を入れる）

注：混和材は消石灰、ドロマイトプラスター、ポゾラン、合成樹脂などを使う。ラス擦りには必要であればスサを混ぜる

外壁のモルタルの塗り厚目安

下地	下塗り・ラス擦り（mm）	ムラ直し（mm）	中塗り（mm）	上塗り（mm）
ワイヤラス、メタルラス、ラスシート	ラスの表面より1mm程厚くする	0〜9	0〜9	6

図93 ▶ 硬化後の養生方法

① モルタルは、各種材料に付着して取り除くことが困難なため、作業後は、しっかりと清掃する。モルタルがアルミサッシに付着した場合は、セメントのアルカリ成分によりアルミが腐食するので、特に入念な清掃が必要である

② 夏期の気温の高い時期、風のきついときに作業する場合は、急激な乾燥に注意する。硬化に必要な水分が失われて、水和せず、所定の強度が得られなくなる。また、ひび割れの原因となる

③ 寒冷期の気温の低い時期に作業する場合は、硬化時期が長くなり、凍害を受けるおそれがある。そのために以下の点に注意する
イ）気温が特に低い日は、作業をしない。できる限り早い時間に切り上げる
ロ）最低気温が2℃以下になる場合は、シートなどで覆い、温風ヒーターを用いて保温する
ハ）硬化が確認できるまで、養生を継続する

下地の良否で決まる吹付け塗装の仕上げ

3つの仕上材

　吹付け塗装は、エアーガンを使用して行う塗装仕上げです。最近では、塗料の飛散防止の点からローラー塗りが多く、刷毛塗り、鏝塗りの塗装も行われます。
吹付け塗装の種類は、薄付け仕上げ、厚付け仕上げ、複層仕上げの3種類に分けられます（図94）。

　薄付け仕上材は、リシン吹付けと呼ばれ、仕上げ厚さ3mm程度で、単層または2層で仕上げます。パターンとして砂壁、ゆず肌などがあり、最も普及している塗装仕上げです。

　厚付け仕上材は、吹付けスタッコとも呼ばれます。吹付け材のなかでは、最も厚く、スタッコ模様の山の部分で5〜10mm程度の厚さとなります。仕上面の模様には、吹き付けたままのもの、ローラーあるいは鏝で押さえたもの、山の部分だけを鏝やローラーで押さえたものなどがあります。凹凸模様が大きいため、汚れやすく、擦れるとけがをする場合もあります。

　複層仕上材は、吹付けタイルとも呼ばれます。下塗り、中吹き（主材）、仕上げの3工程で吹き重ねます。下塗りは、シーラーと呼ばれる接着材を塗り、主材との付着性を高めます。中吹きは、塗膜に厚みをもたせるもので、各種の凹凸模様やテクスチュアの基盤となります。仕上材は、トップコートと呼ばれ、耐候性、防水性、着色といった重要な役割を果たします。

下地の確認

　吹付け塗装の前には、下地が十分に乾燥しているか、不陸はないか、ひび割れや亀裂などがないかをしっかりと確認します。もし、不具合がある場合は、補修して平滑にしたうえで施工します。サイディング下地に吹付け塗装を行う場合は、ジョイント部分からひび割れを起こす場合が多いので、ジョイントの処理が特に重要です。ジョイントのシーリングが正しく施工されていることを確認した上で、塗装を行います（図95）。

> 吹付け塗装は下地の良否が仕上げにそのまま現れます

図94 ▶ 吹付け材のテクスチュアの種類

薄付け仕上げ

吹放し模様（リシン） 　　ゆず肌模様 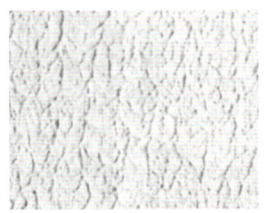　　ステップル仕上げ

厚付け仕上げ

吹放し模様（スタッコ） 　　吹付け凸部処理加工 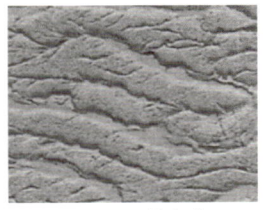　　パターンローラー仕上げ

複層仕上げ

吹放し凸凹模様　　ゆず肌模様 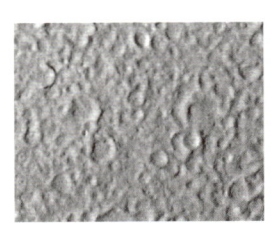　　クレーター模様

図95 ▶ 大壁用サイディング下地のつくり方

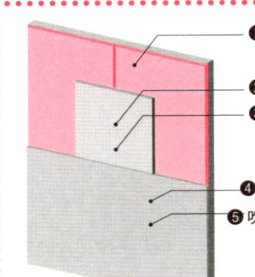

❶ 大壁用サイディング
❷ 弾性目地処理材
❸ ソフトクロス
❹ シーラー
❺ 吹付け塗装（仕上げ塗材）

大壁専用のサイディングに弾性の目地処理材と外壁材の動きに追従できるためのソフトクロスを張る

サイディング下地に吹付け塗装を行なう場合はジョイント部からひび割れを起こす場合が多いので特に注意する

雨水が浸入しやすい屋根や外壁の取合い部分

防水の重要性

　木造住宅において、防水は構造と同様に非常に重要です。水はあらゆるところから浸入する可能性があります。雨漏りを起こすと湿気でシロアリが繁殖しやすくなりますし、木材が腐食し建物の耐久性にも大きく影響します。さらに、木材が腐食すると地震時に建物の倒壊にもつながります。どこから雨漏りしやすいかは、設計・施工段階で予想できるので、その部分を重点的に防水し、しっかりと確認を行います。

　屋根に関して雨漏りしやすい部分は、屋根と壁との取合い部分、トップライト、煙突廻り、棟換気廻りです。また、アール屋根や三角屋根、陸屋根などが複雑に組み合わさっている場合には、樋が内樋になっていると危険です。また、軒が浅い屋根も危険です。

　外壁に関しては、幕板が付いていたり、パラペットが立ち上っていたり、凹凸があるような形状が危険です。サッシ廻り、壁を貫通する換気パイプ廻りなどからもよく雨漏りします。窓上に庇がないのも要注意です（図96）。

雨漏り防止対策

　雨漏りを防ぐために一番大切なのは、屋根のかたちをできるだけ単純にして、形状、材料に応じて適切な勾配をとることです。さらに、軒の出を深くし、外壁も凹凸をなくして水が直ぐに流れるようにします。

　複雑な取合い部分には、ルーフィングで十分な立上りをつくり、銅板などの捨て板を入れます。ルーフィングや防水テープは2重張りにして、仕上げでシーリングを施すなど、多重構造にします。シーリングは手軽にできますが、1次的なものですから、シーリングに頼ってはいけません。必ず、下地で完全な防水を行うようにします。

> 雨漏りの危険箇所を事前にチェックして、その部分を特に注意して確認します

図96 ▶雨水が浸入しやすい個所

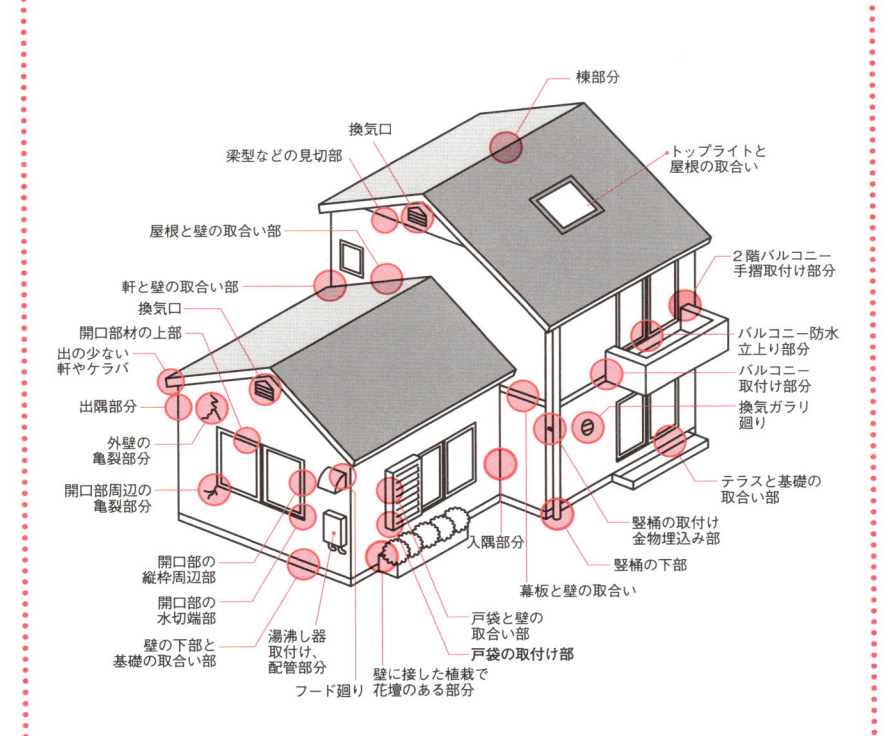

- 棟部分
- 換気口
- 梁型などの見切部
- トップライトと屋根の取合い
- 屋根と壁の取合い部
- 2階バルコニー手摺取付け部分
- 軒と壁の取合い部
- 開口部材の上部
- 換気口
- バルコニー防水立上り部分
- 出の少ない軒やケラバ
- バルコニー取付け部分
- 出隅部分
- 換気ガラリ廻り
- 外壁の亀裂部分
- 開口部周辺の亀裂部分
- テラスと基礎の取合い部
- 入隅部分
- 竪樋の取付け金物埋込み部
- 開口部の縦枠周辺部
- 幕板と壁の取合い
- 竪樋の下部
- 開口部の水切端部
- 戸袋と壁の取合い部
- 壁の下部と基礎の取合い部
- 湯沸し器取付け、配管部分
- 戸袋の取付け部
- フード廻り
- 壁に接した植栽で花壇のある部分

室内

- 天井
- 下り壁
- 廻り縁
- 額縁上
- 額縁上部コーナー（まぐさ）
- サッシ枠止めネジ部
- 額縁下部コーナー
- 額縁下
- 幅木
- 額縁中央
- 床

屋外（2階ベランダ（FRP防水））

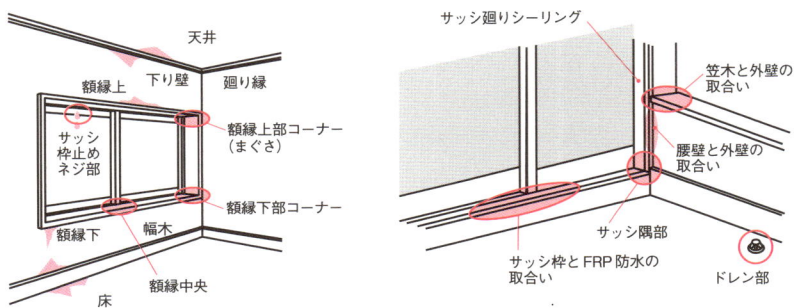

- サッシ廻りシーリング
- 笠木と外壁の取合い
- 腰壁と外壁の取合い
- サッシ隅部
- サッシ枠とFRP防水の取合い
- ドレン部

4 屋根・外壁・断熱の工事と省エネ性能

2面接着で防ぐ シーリングの破断

シーリング材の種類と選択

シーリング材は、サッシ廻りやサイディングのジョイント部分、バルコニーとの取合い、屋根との取合い部分から雨水が入り込まないようにそれらの隙間に充填するものです。施工時には柔軟性があり、時間が経つと硬化する防水材です。

シーリング材は、1次的な防水材料であり、一般的に10〜15年くらいで自然に劣化し、硬化してひび割れや破断が起こり、その部分から水が浸入します。そのため、基本的には下地の防水工事をしっかりとしなければなりませんし、15年程度経過後にはシーリングの再施工が必要です。

シーリング材は、形態により1成分形と多成分形に分類されます。1成分形はカートリッジ式が一般的で、そのままの状態で使用でき、練り混ぜの必要がないため施工が容易で住宅用に適しています。しかし、硬化が多成分形に比べてやや遅くなります。多成分形は、基材、硬化剤、着色剤などを一定の割合で練り混ぜて使用します。シーリング材の選択にあたっては、特徴を十分に知った上で、適材適所で使用します。

木造住宅の現場では、一般的には1成分形の変成シリコーン系、ポリウレタン系またはポリサルファイド系のシーリング材が使用されています（図97）。

シーリング材の施工

シーリング材の施工に際して、シーリング材の接着をよくするためには、接着面を十分に乾燥させ、清掃したうえで、プライマーを塗り残しや塗りむらのないようにしっかりと塗り込みます。プライマーは、対象物とシーリング材の接着性を強化するためのものです。

シーリング材を充填する目地には、ボンドブレーカーやバックアップ材を入れて目地底と縁を切り、両側面だけを接着させる2面接着にします。目地底まで接着する3面接着にすると、外力が働いたときにシーリング材の伸びが妨げられ、破断しやすくなるので注意が必要です（図98）。

シーリングは破断を防ぐために、2面接着にします

図97 ▶ シーリング材の分類

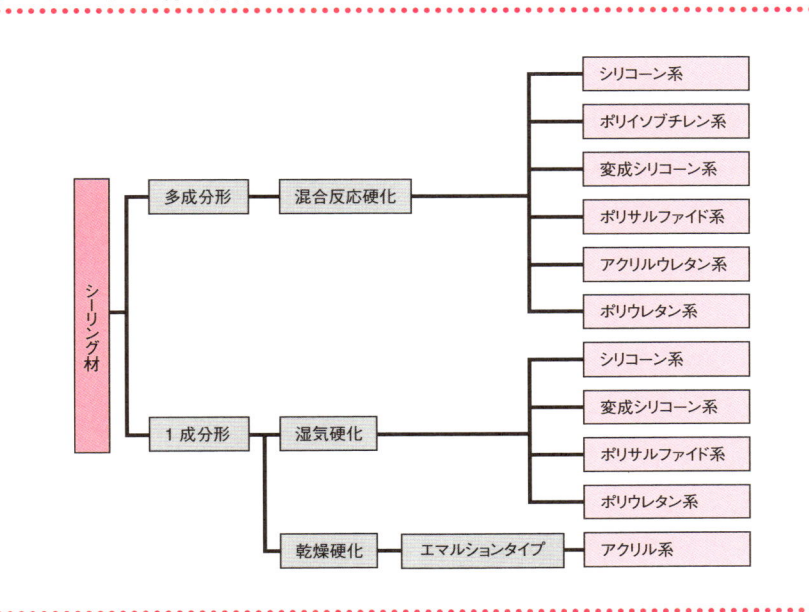

```
シーリング材
├─ 多成分形 ─ 混合反応硬化 ─┬─ シリコーン系
│                          ├─ ポリイソブチレン系
│                          ├─ 変成シリコーン系
│                          ├─ ポリサルファイド系
│                          ├─ アクリルウレタン系
│                          └─ ポリウレタン系
└─ 1成分形 ─┬─ 湿気硬化 ─┬─ シリコーン系
            │            ├─ 変成シリコーン系
            │            ├─ ポリサルファイド系
            │            └─ ポリウレタン系
            └─ 乾燥硬化 ─ エマルションタイプ ─ アクリル系
```

図98 ▶ シーリングは2面接着とする

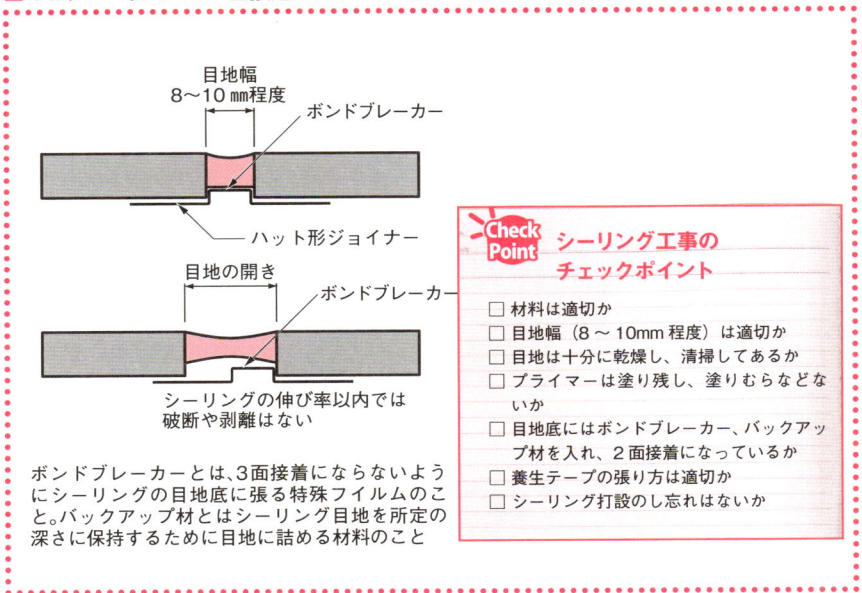

目地幅 8〜10mm程度
ボンドブレーカー
ハット形ジョイナー

目地の開き
ボンドブレーカー
シーリングの伸び率以内では破断や剥離はない

ボンドブレーカーとは、3面接着にならないようにシーリングの目地底に張る特殊フイルムのこと。バックアップ材とはシーリング目地を所定の深さに保持するために目地に詰める材料のこと

Check Point シーリング工事のチェックポイント

- □ 材料は適切か
- □ 目地幅（8〜10mm程度）は適切か
- □ 目地は十分に乾燥し、清掃してあるか
- □ プライマーは塗り残し、塗りむらなどないか
- □ 目地底にはボンドブレーカー、バックアップ材を入れ、2面接着になっているか
- □ 養生テープの張り方は適切か
- □ シーリング打設のし忘れはないか

水勾配と防水立ち上げで防ぐバルコニーの雨漏り

FRP防水

木造住宅のバルコニーの防水は、最近では、FRP防水が多くなっています。FRPは繊維強化プラスチック（Fiberglass Reinforced Plastics）の略称で、ガラス繊維の強化材で補強したプラスチックです。FRP防水は、施工時の下地への追従性と施工後の強度の強さ、そして軽量であるという特性を生かした塗膜防水です。出来上がった防水層は継目がなく、外観的にもきれいな仕上がりとなります。耐久性・耐熱性・耐候性などにも優れています。

下地のバルコニー床は1/50以上の水勾配をとり、面積は原則として10㎡以内とします。根太は300mm間隔以下とし、耐水合板12mm厚を2重張りのうえ、ケイ酸カルシウム板などの防火板を張ります。また、下地には目違いや釘頭などの突起物がないことを確認します。

FRP防水の工程は、基本的にメーカーの仕様に従います。工法により若干異なりますが、通常10工程くらいからなりますので、これもメーカーの仕様書で確認をしておきます。

雨漏り防止のポイント

床と壁面との取合い、サッシとの取合い部分は雨漏りしやすいので、特に注意が必要です。サッシの下端で120mm以上、それ以外の部分で250mm以上の高さまでFRP防水を立ち上げます。排水のための側溝はルーフドレンへ向けて1/100～1/200程度の勾配が確保できていることを確認します。

また、万が一ルーフドレンが詰まったときのことを考えてオーバーフロー管を設けます。オーバーフロー管は、直径13mmの塩ビのパイプをサッシの下端より低い位置に取り付けます。ドレンが詰まって、バルコニーに溜まった水がサッシから室内に浸入することを防ぐためです。パイプは外側に向けて勾配をとります。手摺壁は、防水シートを下端から張り上げ、手摺壁の天端で重ね合わせ、防水テープを用いて防水シートの端部を密着させます（図99）。

> バルコニーの防水は、1/50以上の水勾配をとり、サッシとの取合いに注意します

図99 ▶ バルコニーの防水

図中ラベル:
- 外装仕上材
- 透湿防水シート
- 構造用合板㋐12
- 透湿防水シート
- 構造用合板㋐12
- 水切加工
- 通気部材
- シーリング
- オーバーフロー管
- シーリング
- FRP防水層
- ドレン
- 水勾配1/50
- 耐水合板㋐12 2重張り（勾配をとる）
- 繊維混入ケイ酸カルシウム板㋐10
- 竪樋
- 一般部防水立上り 250mm以上
- 下地に水が溜まってしまわないように、最低でも1/50以上の水勾配をとる必要がある。同様の理由で、床面に凸凹がないかについても確認する
- サッシ取合い防水立上り 120mm以上

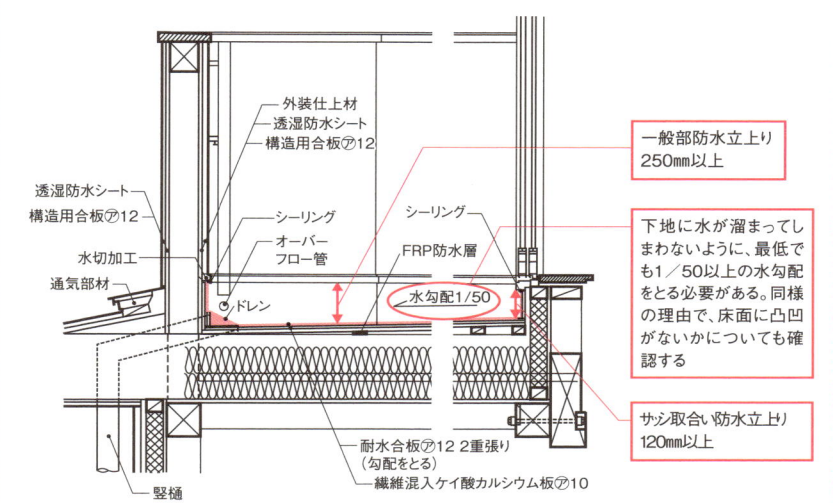

防水下地の確認。1/50の水勾配がついているか、目違いがないかチェックする

サッシと防水の取合い部の確認。最も雨漏りしやすい部分なのでしっかりチェックする

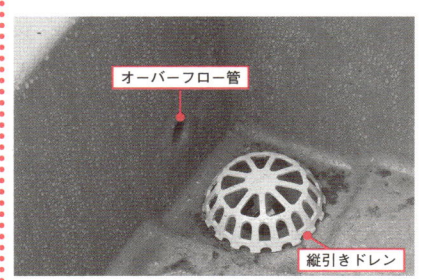

オーバーフロー管
縦引きドレン

ドレンが詰まったときにバルコニー内の水が外部に放出されるように、オーバーフロー管をドレンの近くに設置する。オーバーフロー管はサッシ下の防水層上端よりも下に設置されていなくてはならない

Check Point 防水工事のチェックポイント

- □ 下地は耐水合板2重張り＋ケイ酸カルシウム板張りになっているか
- □ 下地に不陸、凹凸などないか
- □ 下地に1/50以上の水勾配がついているか
- □ ルーフドレンは、適切に設置してあるか
- □ 側溝は、ルーフドレンへ適切な勾配（1/100〜1/200程度）がとってあるか
- □ 一般部の防水立上りは、250mm以上あるか
- □ 掃き出しサッシ立上りは、120mm以上あるか
- □ オーバーフロー管をルーフドレン上部につけ、管の勾配を外側にとっているか
- □ サッシ、水切との取合い部はシーリングを打っているか

セットで考える
断熱・気密と計画換気

断熱性と気密性

　快適な住宅にするためには、建物の内と外での熱の出入りをなくすことが重要です。断熱性を高めて天井・壁・床・窓から逃げる熱を抑え、気密性を高めて隙間から逃げる熱を抑えることで、少しのエネルギーで建物全体が保温されるようになります。また、部屋の上下での温度差もなくなります。

　そのために、厚い断熱材を壁・床・天井（屋根）全体にしっかりと入れ、防湿材で壁・床・天井（屋根）全体をすっぽりと覆います。また、窓には断熱性と気密性の高いサッシや複層ガラスなどを使用します。こうすることで、計画的な空調が必要になってきます。

　断熱性・気密性の低い住宅で暖房をすると、部屋の上下での温度差が大きくなったり、結露も発生しやすくなって、建物の耐久性にも影響が出ます（図100）。

結露とは

　結露とは、空気中に含まれている水蒸気が、冷たいものに触れてその表面に水滴（結露水）が発生する現象です。結露には表面結露と内部結露があります。表面結露は、内装表面に発生する結露のことであり、内部結露は、壁の内部や天井裏、床下など見えない部分で起こる結露のことです。特に壁の内部で発生する結露を壁体内結露といいます。

　表面結露を防ぐには、外壁に面する壁の室内表面温度が露点温度以下にならないように断熱工事をしっかりと行います。また、室内の湿度が上がらないように計画的に換気するなどの対策をとります。

　内部結露を防ぐには、断熱材よりも室内側に気密シートを張って、水蒸気が壁の内に入らないようにするとともに、壁の中に入った水蒸気を外部に透過させるようにします（図101）。

> 快適な家にするために、断熱材ですっぽりと覆います

図100 ▶断熱と気密が不十分だとどうなるか

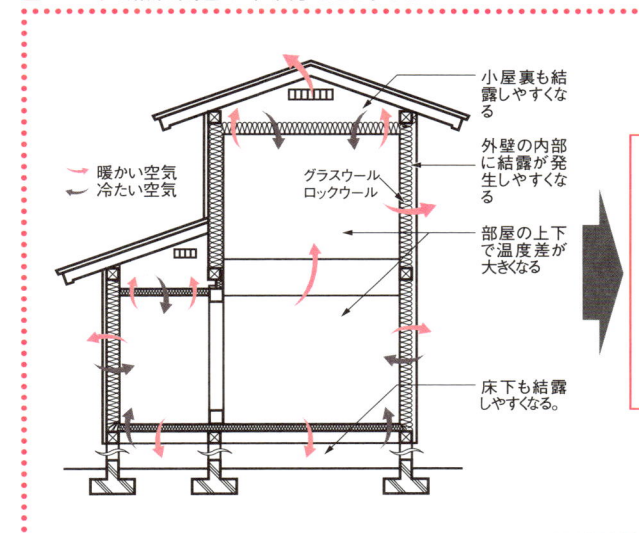

- 暖かい空気
- 冷たい空気
- グラスウール ロックウール
- 小屋裏も結露しやすくなる
- 外壁の内部に結露が発生しやすくなる
- 部屋の上下で温度差が大きくなる
- 床下も結露しやすくなる。

高気密・高断熱住宅にする

高断熱・高気密住宅にするには、建物を断熱材と防湿材ですっぽりと包むことである。外気に接している天井(または屋根)、壁、床に断熱材を施工する。窓には、断熱性・気密性の高いサッシ、複層ガラスを使用する

図101 ▶結露のメカニズム

プロセス

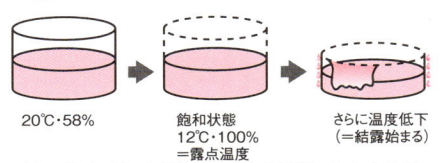

20℃・58% → 飽和状態 12℃・100% =露点温度 → さらに温度低下（=結露始まる）

空気は温度が高いほど多くの水蒸気を保持しておくことができる。空気中の水蒸気量をそのままにしておき、温度が下がっていくと水蒸気の容量が小さくなり、容量がいっぱいになるとあふれ出し、結露が始まる。このときの温度を露点という

略式空気線図

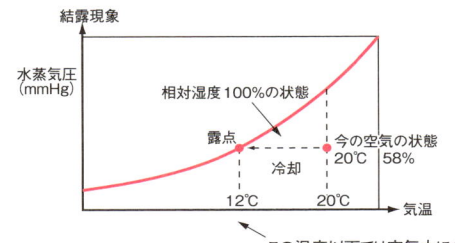

- 縦軸：水蒸気圧(mmHg)、結露現象
- 横軸：気温
- 相対湿度100％の状態
- 露点 12℃
- 今の空気の状態 20℃ 58%
- 冷却
- この温度以下では空気中に含みきれない水蒸気が水滴としてはき出される(露点温度)

表面結露と内部結露

屋外 / 室内
- 内部結露
- 表面結露
- 外装材
- 内装下地材
- 防湿シート
- 断熱材

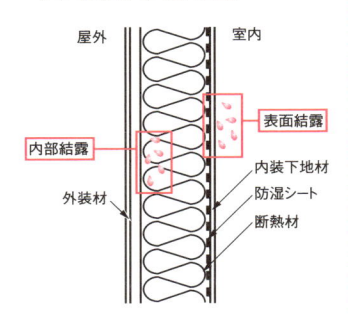

表面結露は、室内の暖かく湿った空気が冷たい壁などに触れたときに起こる現象。内部結露は、壁などの中を通過する水蒸気が低温部分で水滴となる現象

4 屋根・外壁・断熱の工事と省エネ性能

129

断熱材の性能を表す熱伝導率(ねつでんどうりつ)

各断熱材施工(せこう)のポイント

　断熱材の主な種類は無機質系断熱材、発泡プラスチック系断熱材、木質繊維系断熱材の3種類で、そのなかでもさまざまな断熱材があります。

　無機質系断熱材の代表的なものは、グラスウール、ロックウールなどです。ガラス原料や鉱石を溶かして繊維状にしたもので、不燃性が高く透湿性があります。

　発泡プラスチック系断熱材の代表的なものは、押出し法発泡ポリスチレンフォームや硬質ウレタンフォームなどです。プラスチックを発泡させたもので、板状製品と現場発泡品があります。断熱性には優れていますが、吸水性が小さく、不燃性はそれほど高くありません。

　木質繊維系断熱材の代表的なものは、インシュレーションボードです。木質繊維を用いた繊維板のうち、軽量のもので軟質繊維板とも呼ばれます。ほかの断熱材と併用して利用されることが多く、内装下地材としても用いられます。そのほかに、羊毛ウールや炭化コルクなどの断熱材もあります。

断熱性能の等級

　断熱性能は、断熱材の種類、厚さにより決まりますが、地域の気象条件により必要な性能が異なります。そこで全国を気象条件に応じて6つの地域に分け、それぞれの地域で求められる断熱性能を満たすための断熱材の種類や厚さなどが決められています(図102・103)。

　また、断熱材の性能を表すものに熱伝導率があります。単位はW/m・Kで、この数値が小さいほど熱を伝えにくくなります。断熱材の厚さを熱伝導率で除した値を熱抵抗(ねつていこう)といい、単位は㎡・K/Wで、値が大きいほど熱を伝えにくくなります。品確法(ひんかくほう)の住宅性能表示制度では住宅の断熱性能について4等級の基準を設け、それによって、その住宅の省エネルギー性能を評価しています(図104)。

> 断熱材は、要求する断熱性能に適合した材種、厚みを適切に選択します

図102 ▶ 断熱性能の地域区分（住宅に係るエネルギーの使用の合理化に関する建築主の判断の基準）

地域の気象条件により6つの地域に区分される

地域の区分	都道府県名
Ⅰ	北海道
Ⅱ	青森県　岩手県　秋田県
Ⅲ	宮城県　山形県　福島県　栃木県　新潟県　長野県
Ⅳ	茨城県　群馬県　埼玉県　千葉県　東京都　神奈川県　富山県　石川県　福井県　山梨県　岐阜県 静岡県　愛知県　三重県　滋賀県　京都府　大阪府　兵庫県　奈良県　和歌山県　鳥取県　島根県 岡山県　広島県　山口県　徳島県　香川県　愛媛県　高知県　福岡県　佐賀県　熊本県　大分県
Ⅴ	宮崎県　鹿児島県
Ⅵ	沖縄県

※同一県内であっても市町村で地域区分が分類されているので注意する

図103 ▶ 地域Ⅱ〜Ⅳの断熱材の必要厚さ（充填断熱工法・省エネ等級4）

地域により断熱材の種類・厚さが変わってくる

部位	断熱材の厚さ	必要な熱抵抗値	断熱材の種類・厚さ（単位：mm）					
			A-1	A-2	B	C	D	E	F
屋根または天井	屋根	4.6	240	230	210	185	160	130	105
	天井	4.0	210	200	180	160	140	115	90
壁		2.2	115	110	100	90	75	65	50
床	外気に接する部分	3.3	175	165	150	135	115	95	75
	その他の部分	2.2	115	110	100	90	75	65	50
土間床等の外周部	外気に接する部分	1.7	90	85	80	70	60	50	40
	その他の部分	0.5	30	25	25	20	20	15	15

図104 ▶ 断熱材の種類と規格

断熱材は、下表に掲げる種類の断熱材または下表の熱伝導率を有する断熱材とする
記号別の断熱材の種類と規格（λ：熱伝導率（W/m・K））

記号	断熱材の種類
A-1 $\lambda = 0.052 \sim 0.051$	吹込み用グラスウール GW-1 および GW-2／吹込み用ロックウール 35K 相当／シージングボード
A-2 $\lambda = 0.050 \sim 0.046$	住宅用グラスウール 10K 相当／吹込み用ロックウール 25K 相当／A級インシュレーションボード
B $\lambda = 0.045 \sim 0.041$	住宅用グラスウール 16K 相当／A種ビーズ法ポリスチレンフォーム保温板 4 号／A種ポリエチレンフォーム保温板 1 種 1 号、2 号／タタミボード
C $\lambda = 0.040 \sim 0.035$	住宅用グラスウール 24K 相当、32K 相当／高性能グラスウール 16K 相当、24K 相当／吹込み用グラスウール 30K 相当、35K 相当／住宅用ロックウール断熱材／住宅用ロックウールフェルト／住宅用ロックウール保温板／A種ビーズ法ポリスチレンフォーム保温板 1 号、2 号、3 号／A種押出法ポリスチレンフォーム保温板 1 種／A種ポリエチレンフォーム保温板 2 種／吹込み用セルローズファイバー 25K 相当、45K 相当、55K 相当／A種フェノールフォーム保温板 2 種 1 号、3 種 1 号、3 種 2 号／建築物断熱用吹付け硬質ウレタンフォーム A 種 3
D $\lambda = 0.034 \sim 0.029$	A種ビーズ法ポリスチレンフォーム保温板特号／A種押出法ポリスチレンフォーム保温板 2 種／A種フェノールフォーム保温板 2 種 2 号／A種硬質ウレタンフォーム保温板 1 種／A種ポリエチレンフォーム保温板 3 種／建築物断熱用吹付け硬質ウレタンフォーム A 種 1、A 種 2
E $\lambda = 0.028 \sim 0.023$	A種押出法ポリスチレンフォーム保温板 3 種／A種硬質ウレタンフォーム保温板 2 種 1 号, 2 号, 3 号、4 号／B種硬質ウレタンフォーム保温板 1 種 1 号、2 号および 2 種 1 号、2 号／建築物断熱用吹付け硬質ウレタンフォーム B 種 1、B 種 2／A種フェノールフォーム保温板 2 種 3 号
F $\lambda = 0.022$ 以下	A種フェノールフォーム保温板 1 種 1 号、2 号

充填断熱工法と外張り断熱工法

　木造住宅の断熱工法には、充填断熱工法と外張り断熱工法があります。充填断熱工法は、柱などの構造部材間の空間に断熱材を詰め込む工法で、外張り断熱工法は、柱などの構造部材の外側に断熱材を張り付ける工法です。これらは性能に差があるわけではなく、施工さえ正しく行えば、ほぼ同じ性能を実現することができます。

充填断熱工法

　断熱は、建物全体を断熱材で隙間なくすっぽりと覆うことで100％の性能を発揮します。充填断熱工法は柱・梁などで断熱材が分断されてしまうことが指摘されますが、その部分の面積は全体の15％程度であり、木造の柱や梁は、鉄骨やコンクリートに比べて断熱性が高いので大きな問題ではありません。断熱材は、グラスウール、ロックウールなどの無機質系断熱材が多く用いられます。

　壁の施工では、間柱、柱、土台、胴差の間に断熱材をしっかりと充填し、防湿シートを内側に張り、ジョイント部は気密テープでふさいで隙間をできるだけなくすことがポイントです。このとき、断熱材をむりやり押し込まないようにします。また、内部結露を防ぐために、外壁に通気層を設ける必要があります。充填断熱工法は、施工が簡単で、比較的安価に断熱性能を向上できます（図105）。

外張り断熱工法

　外張り断熱工法は、連続的に施工ができるため、充填断熱工法と比べて断熱材の隙間ができにくい工法です。また、硬質ウレタンフォームやポリスチレンフォームなどの発泡プラスチック系を使用するので、湿気を通しにくく、さらに、躯体の外側から施工するのでコンセントや配管などの障害物がなく施工が容易です。

　しかし、壁が外側に余計に出てしまうので、狭小地などではそれがデメリットとなります。また、充填断熱工法に比べ、施工コストは高くなります（図106）。

> 充填断熱工法と外張り断熱工法は、その特徴と施工方法を十分に知ったうえで使い分けます

図105 ▶ 充填断熱工法

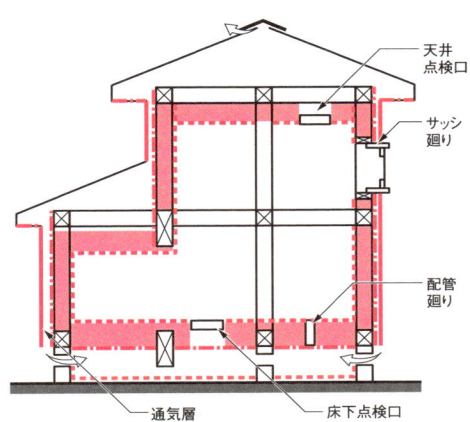

柱、間柱の間に隙間なく断熱材を充填する。このとき、断熱材をむりやり押し込んではいけない。そして、防湿気密シートを壁全面に張るか、写真のように断熱材の袋の耳を柱、間柱に留めるなどして気密を図る

断熱材を柱、土台、桁などの構造材間の隙間に入れるので、断熱材が分断される。そのときできるだけ隙間をなくす

凡例
- - - - 防湿気密シート
　　　　断熱材
- ・- ・ 防風材

図106 ▶ 外張り断熱工法

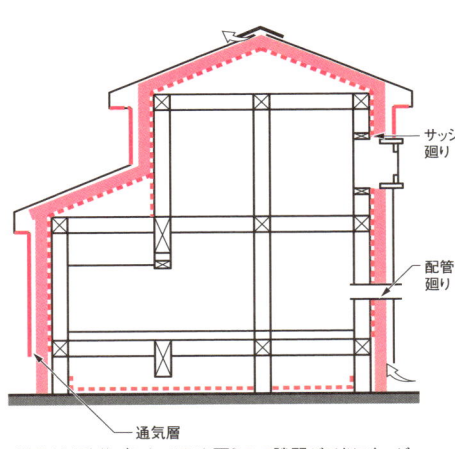

軸組の外側に構造用合板を張り、その上に断熱材を張る。断熱材は、表裏に特殊アルミが張られた押出し法ポリスチレンフォーム30mm厚などを使用

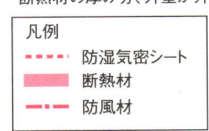

断熱材を建物ごとすっぽりと覆うので隙間ができにくいが、断熱材の厚み分、外壁が外側に出てしまう

断熱材の上に胴縁を打ち付け、その上に外壁材を張る。ここが通気層となる

凡例
- - - - 防湿気密シート
　　　　断熱材
- ・- ・ 防風材

4 屋根・外壁・断熱の工事と省エネ性能

床下を居住空間と考える基礎断熱工法

基礎断熱工法のポイント

　基礎断熱工法とは、床に断熱材を使用せずに基礎の外側、または内側に断熱材を施工し、床下換気口を設けない工法のことです。外側に断熱材を設ける場合は、断熱材が外気に接しないよう外装仕上げを行います(図107)。

　基礎断熱工法は、床下空間を居住空間と考え、床上の室内空間との間に空気の出入口を設けるのが一般的です。こうすることで高湿になりがちな床下の乾燥状態を保ち、床組の耐久性を向上させます。

　ただし、床下換気口を設けないので、床下の防湿措置を入念にしなければなりません。居住空間が高湿度の場合は、床下空間も同じように高湿度となるので、床下に換気扇を取り付け、居室の空気を床下経由で外部に排出するなどの除湿対策を施すことも有効です。また、床下空気中に防腐・防蟻薬剤が放散しないように注意します。基礎断熱材は吸水性の小さい発泡プラスチック系の断熱材で、立ち上がり部に沿って基礎底盤の上から基礎天端まで打ち込み工法により施工します。断熱材の厚みは地域区分により定められています。

床の断熱材と施工の注意点

　基礎断熱をしない場合には、床断熱を行います。床断熱は、最下階の床および外気に接する床に対して行います。床の断熱材としては、グラスウールなどの無機質系断熱材やポリスチレンフォームなどのボード状断熱材がよく使用されます。

　施工の注意点としては、まず防湿層を室内側に向けることです。グラスウールはたるみやずれ、室内側の材料との間に隙間が生じないように受材を入れて施工します。

　床材と断熱材との間、根太と断熱材との間に隙間ができないように施工し、もし隙間が生じるようであれば端材を詰めて隙間をふさぎます。隙間があると床下から冷気が入り、断熱性の低下や結露の発生につながります(図108)。

> 基礎断熱は、水蒸気、結露などが発生しないように床下の防湿措置を入念に行います

図107 ▶ 基礎断熱の納まり（例）

基礎外断熱

- 外装材
- 通気胴縁
- 外張り断熱：押出し法ポリスチレンフォーム⑦50
- 土台
- 気密パッキンにより土台と基礎天端の気密化を図る
- ファイバーラス張り接着モルタル⑦5
- 基礎外断熱：押出し法ポリスチレンフォーム⑦50
- 補助断熱：押出し法ポリスチレンフォーム⑦25
- ▼GL
- 捨てコン⑦50

基礎内断熱

- 外装材
- 通気胴縁
- 外張り断熱：押出し法ポリスチレンフォーム⑦50
- 土台
- 気密パッキンにより土台と基礎天端の気密化を図る
- モルタル⑦5
- 基礎内断熱：押出し法ポリスチレンフォーム⑦50
- 補助断熱：押出し法ポリスチレンフォーム⑦25
- ▼GL
- 捨てコン⑦50

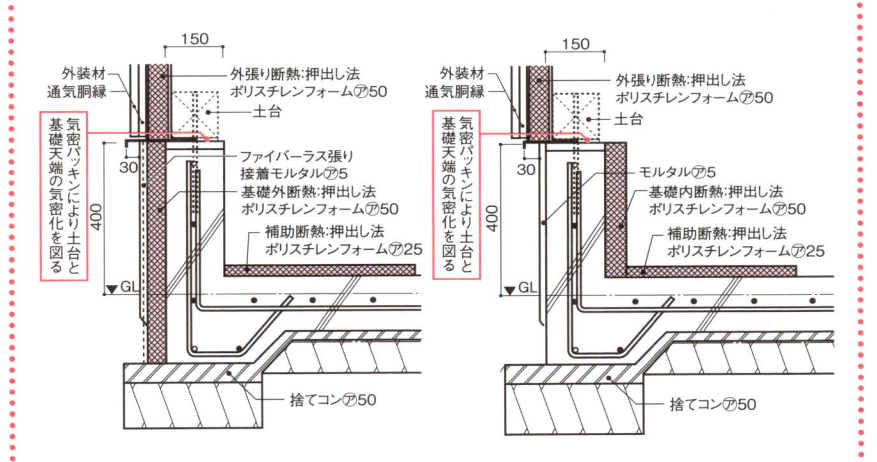

図108 ▶ 床断熱の納まり（例）

根太を設けない場合

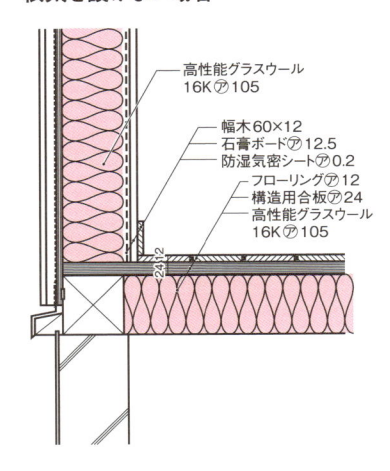

- 高性能グラスウール16K⑦105
- 幅木60×12
- 石膏ボード⑦12.5
- 防湿気密シート⑦0.2
- フローリング⑦12
- 構造用合板⑦24
- 高性能グラスウール16K⑦105

根太を設ける場合（土台と根太が平行）

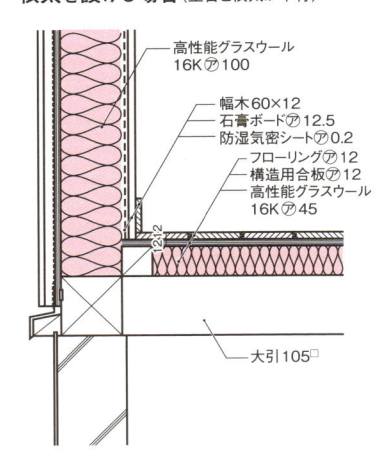

- 高性能グラスウール16K⑦100
- 幅木60×12
- 石膏ボード⑦12.5
- 防湿気密シート⑦0.2
- フローリング⑦12
- 構造用合板⑦12
- 高性能グラスウール16K⑦45
- 大引105□

4　屋根・外壁・断熱の工事と省エネ性能

壁と天井の通気止めで防ぐ冷気の流入

壁の断熱

　壁の断熱には、グラスウール、ロックウールなどの無機繊維系断熱材がよく使用されます。断熱材は、土台から桁、柱、間柱間に隙間なく詰め込みます。

　一般的に使われる耳付き断熱材では、防湿層が片面の表面に付いているので、その防湿層の耳を部屋側に向けて、柱、間柱、胴差にタッカーで取り付けます。挿入した断熱材がよれていると柱、間柱とに隙間ができて結露の発生につながるため、よれないように注意します。

　コーナー部においては、受材部分の防湿層をはがして切り込みを入れ、断熱材を取り付けた後に防湿層を受け材にかぶせてタッカー釘で留めます。

　筋かいや配管、スイッチやコンセントボックス、スリーブ廻りに隙間があると、その部分から結露が発生するので、特に気をつけます。筋かい部分では、筋かいに合わせてカッターナイフで切り込みを入れて、その後ろにも断熱材を詰めます（図109）。

通気止め

　外壁や間仕切壁と床との取合い部では、外気などの冷たい空気が壁内を通って室内に流入しないよう取合い部に通気止めの断熱材をつめ込みます。断熱材の代わりに木材や1階床を床勝ちの剛床として構造用合板を張るのも良い方法です。

天井の断熱

　天井の断熱は、壁と同様にグラスウール、ロックウールなどの無機繊維系断熱材がよく使用されます。断熱材の施工方法としては、野縁と野縁との間、または野縁をまたいで天井全面に敷き込みます。

　天井と外壁との取合い部、間仕切壁との交差部、吊木周囲の部分では断熱材や防湿シートに隙間が生じないようにします。

　外壁や間仕切壁と天井との取合い部で、壁の内部の空間が天井裏に対して開放されている場合は、この取合い部に通気止めを入れます（図110）。

> 断熱材の施工に隙間があると結露が発生します

図109 ▶ 壁の断熱材施工の注意点

基本

○
- 屋外／室内
- 間柱
- 耳付き断熱材　表面が防湿材になっている
- 断熱材（耳）を柱・間柱・胴差にタッカーでしっかり留める（または断熱材の上から気密シートを施工する）

✕
- 屋外／室内
- 間柱
- 断熱材がよれて隙間ができてしまっている
- 断熱材を柱・間柱・胴差に留めていないので、室内側に隙間ができている

胴差廻り

- 屋外／室内
- 防湿材
- 床根太
- 根太掛
- 防湿材を断熱材からはがし、耳をつくりしっかり留める

天井との取合い

- 小屋裏
- 室内
- 通気止め（防湿材をとる）

床との取合い

- 室内
- 通気止め（防湿材をとる）
- 床下

間仕切壁の上下部は通気が生じないよう断熱材をつめこむ。ただし、断熱材の防湿材をつけたままでは間仕切壁内に湿気がたまる原因となるため防湿材は取り除く

コンセントボックスの納め方

- 切り欠き
- 断熱材
- コンセントボックス

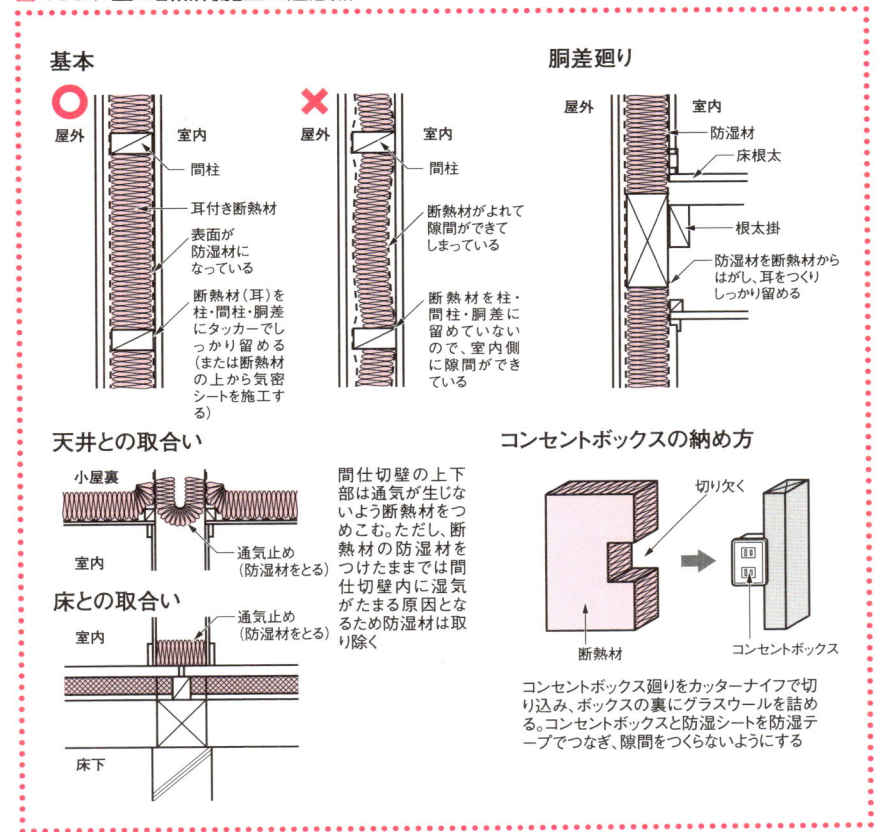

コンセントボックス廻りをカッターナイフで切り込み、ボックスの裏にグラスウールを詰める。コンセントボックスと防湿シートを防湿テープでつなぎ、隙間をつくらないようにする

図110 ▶ 通気止めと天井の断熱

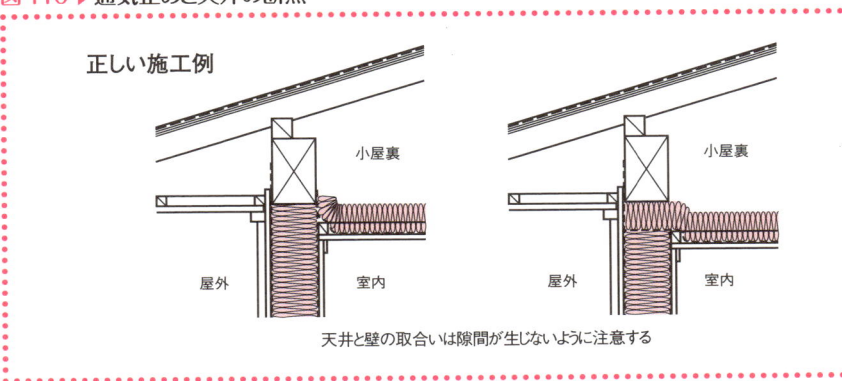

正しい施工例

- 小屋裏／屋外／室内
- 小屋裏／屋外／室内

天井と壁の取合いは隙間が生じないように注意する

4 屋根・外壁・断熱の工事と省エネ性能

コラム
天井断熱で必要となる小屋裏換気

　一般に小屋裏換気には、「妻面換気」「軒裏換気」「軒裏換気と妻面換気の併用」「棟換気」の4種類があり、必要な換気口の有効換気面積が決められています。

　小屋裏（屋根裏）は、建物の内部で太陽にもっとも近く、特に夏場には高温多湿になり、木材の耐久性という点では劣悪な環境にあります。適度に換気を行うことは、木造の建物にとって耐久性を高めるという点で大きな役割があります。小屋裏部分を換気し、溜まった熱気や湿気を外に排出するのが小屋裏換気です。

　小屋裏換気口は、屋根ではなく、天井裏に断熱材を敷き込む天井断熱工法の場合に必要となります。屋根面に断熱材を入れる場合は、小屋裏も室内と考えるので小屋裏換気は必要ありません。

　また、小屋裏換気口は、独立した小屋裏ごとに2カ所以上、換気するのに有効な位置に設けます。換気口の有効面積は、換気の方式によって「有効換気面積／天井面積」の比率が定められています。換気口には、雨・雪・虫などの侵入防止のため市販のスクリーンを取り付けます。機械は用いず、出来るだけ空気の温度差や気圧差などで自然換気を行います。

両妻壁にそれぞれ換気口（給排換気口）を設ける場合
換気口をできるだけ上部に設けることとし、換気口の面積の合計は、天井面積の1／300以上とする

1／300以上
（給排換気併用）

軒裏に換気口（給排換気口）を設ける場合
換気口の面積の合計は、天井面積の1／250以上とする

1／250以上
（給排換気併用）

排気筒その他の器具を用いた排気口
できるだけ小屋裏頂部に設けることとし排気口の面積は、天井面積の1／1,600以上とする。また、軒裏に設ける給気口の面積は、天井面積の1／900以上とする

給気口　　排気口
1／900以上　1／1,600以上

軒裏に給気口を、妻壁に排気口を、垂直距離で900mm以上離して設ける場合
それぞれの換気口の面積を天井面積の1／900以上とする

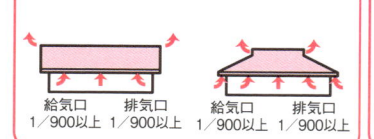

給気口　　排気口　　　給気口　　排気口
1／900以上　1／900以上　1／900以上　1／900以上

軒裏に換気口（給排換気口）を設ける場合
換気口の面積の合計は、天井面積の1／250以上とする

給気口　　排気口
1／900以上　1／1,600以上

軒裏に設置された換気口

第5章

内装工事と健康への配慮

健康に配慮して選択する内装仕上げ材と工事の流れ

内装工事の流れ

　軸組、サッシの取り付けが終わると、床下地、床仕上げ工事を行います。床に続いて壁の工事を行うので、床面に傷がつかないように養生をしっかりと行います。次に壁・天井の下地を施工し、断熱材を充填します。それと並行して、設備の配線・配管工事が始まります。建具の枠を取り付け、壁・天井の仕上げ工事、設備機器の取り付けを行い、最後に美装して内装工事が完了します(図111)。

内装材に求められる条件

　人が住まいに求めることは、健康的で快適に安心して暮らしたいということです。最近の住まいは気密性が高いため、有害化学物質を含んだ新建材の使用によってシックハウス症候群という新たな問題が出てきました。

　内装仕上げは、視覚的・機能的に快適であるだけでなく、健康に十分配慮して選択することが大切であることが再認識されています。

　内装材のうち、床材については、歩行性がよく、滑りにくく、汚れにくく、磨耗しないもので耐水性・耐久性・断熱性が高い材料が適しています。これらの条件をおおむね満たすものとしてフローリングがよく使われます。

　カーペットは歩行感やテクスチュアはよいのですが汚れやすいという欠点があります。畳は断熱性・調湿性などに優れていますが、ダニの心配があります。塩ビシート、石、タイルなどは耐久性・耐水性に優れており、水廻りに適しています。

　壁・天井については、視覚的に美しく、断熱性が高く、テクスチュアがよく、汚れにくいものが適しています。クロスは、デザインも豊富で、安価で張り替えやすいため、最もよく普及しています。そのほかに珪藻土、漆喰塗、じゅらく壁などの塗り壁、板張り、塗装仕上げ、タイルなどが使われます(図112)。

> 内装材は住む人の健康に十分配慮して選択します

図111 ▶ 内装工事の流れ

軸組 → サッシ取り付け → 床下地・床仕上げ → 壁・天井下地、断熱材入れ / 設備配線・配管 → 開口部、入口枠取り付け → 壁・天井石膏ボード張り → 塗装 → 壁・天井仕上げ → 設備器具付け → 美装工事 → 検査 → 引渡し

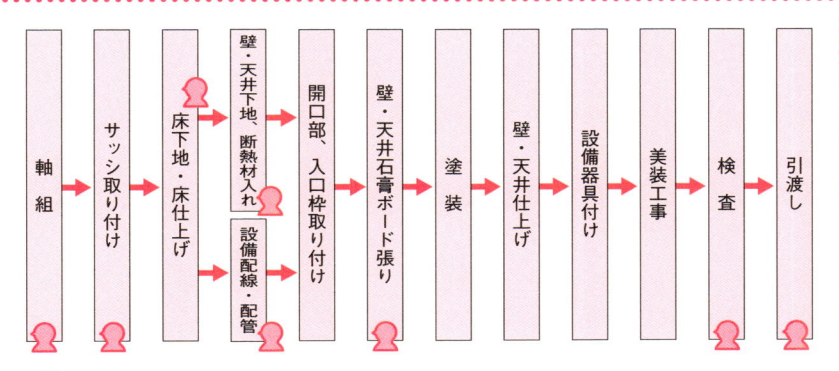

👤 現場監理が特に大切な工程

図112 ▶ 内装材の種類

●縁甲板・フローリング
幅80～120mm、厚さ12～18mm程度の建材で、板の長手方向の両側面に彫った溝に、本実加工などしたものをいう。ムク材ではヒノキ、マツなどの針葉樹のほか、ブナ、ナラ、カシなどの広葉樹や、ラワン、チーク、パインなどの輸入材が使われる。壁、天井などにも使われる

●石
非常に硬くて強度があり、耐久性が大きく、耐火性に富む。しかし、重たく、欠けやすいのが短所である。また、長材が得にくく、硬いため、加工性が悪く、高価である。内装用の石としては、大理石や御影石がよく用いられる。そのなかでも産地の違いによりさまざまな種類がある。仕上げ方は、加熱後水で急冷し、結晶を飛ばして表面を凹凸にするジェットバーナー仕上げ、カーボランダムや砥石などで磨き、仕上げる研磨仕上げ（磨き方の違いで粗磨き、水磨き、本磨きがある）、鑿や槌で叩いて仕上げる粗面仕上げなどがある。重厚感、高級感がある

●塩ビシート
塩化ビニル樹脂を主原料としたシートのことで、クッションフロアシート（CFシート）ともいう。塩ビシートは、耐水性、耐久性に優れ、傷が付きにくいので主にキッチンや洗面所、トイレなど水廻りの床材として使われることが多い。厚み1.8mmが一般的。色・柄・質感が豊富で安価なため、よく普及している

●石膏プラスター塗り
石膏を主材にしたもので、主成分は硫酸カルシウムである。乾燥における収縮が少なく、亀裂が生じにくく、仕上がりが白く美しい。水には弱く、水廻りには使用できない

●クロス
施工が容易でデザイン性にも富み、よく普及している。クロスには、紙、布、塩ビ製がある。紙クロスは、加工紙の表面に色や柄を印刷し、汚れないよう樹脂加工している。布クロスは、麻やウールなどの天然繊維やレーヨンやナイロンといった化学繊維で織ったクロスである。湿気を吸い取るので水拭きができず、水廻りには適さない。ビニルクロスは、色やデザインの種類が多く、安価で施工性がよい。汚れても水拭きできて手入れが簡単である。クロスのなかで最もよく普及している。しかし、湿気を吸収しないので結露しやすいという短所もある。表面の水滴をそのままにしておくとカビの原因となる

●その他
珪藻土、漆喰塗、じゅらく壁などの塗り壁、板張り、塗装仕上げ、タイルなどがある

下地で調整するフローリングと畳の仕上がり高さ

フローリング・畳の下地

　一般的に、フローリング、カーペット、塩ビシートなどで仕上げをする場合、床下地として、合板を捨張りします。合板の厚みはフローリング仕上げの場合で12㎜、カーペットや塩ビシート仕上げの場合で15㎜とします。

　根太と捨張り合板との接着面には十分に接着剤を塗布します。きちんと接着していないと歩行時に合板と根太が擦れて、床鳴りの原因となるので注意します。釘は合板の厚みの3倍程度の長さのものを使い、150㎜ピッチで打ちます（図113）。

　最近では、根太を使わずに、構造用合板を直に土台や大引に打ち付ける剛床とすることが多くなっています。

　この場合は根太で高さを調整することが出来ないため、基礎、土台、大引のレベルを正確に調整する必要があります。使用する構造用合板の厚みは、24㎜もしくは28㎜とします。

　また、ピアノや本棚などの重量物を置くことが決まっている場合は、合板を2重張りにしたり、根太の間隔を狭くしたりして、重さに耐えるようにします（図114）。

　畳の場合は、下地として、合板を使用する場合もありますが、スギ板を本実加工して使用するのがお勧めです。ムクのスギ板は、呼吸をしているので床下の湿気を吸収してくれます。

異なる床仕上材の下地

　各々の部屋で異なる床仕上材を張る場合がありますが、そのときは床仕上材の厚みに応じて下地の高さを変えます。下地で高さを調整して、床仕上げの高さを揃えるようにしないと敷居部分で段差ができてしまうからです。高さの変え方としては、捨張り合板の厚みか、もしくは、大引、根太の高さで調整します。同じ部屋で床仕上げが異なり、床仕上材の厚みが変わる場合は、合板で厚みを調整し、下地の高さを変えます（図115）。

床仕上げの厚みの違いは下地の高さで調整します

図113 ▶ 床下地のつくり方

フローリング

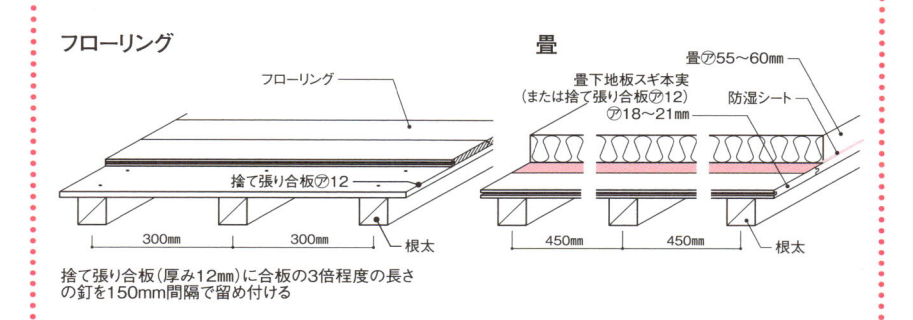

- フローリング
- 捨て張り合板⑦12
- 300mm / 300mm
- 根太

捨て張り合板（厚み12mm）に合板の3倍程度の長さの釘を150mm間隔で留め付ける

畳

- 畳⑦55〜60mm
- 畳下地板スギ本実（または捨て張り合板⑦12）⑦18〜21mm
- 防湿シート
- 450mm / 450mm
- 根太

図114 ▶ 重量物床下地

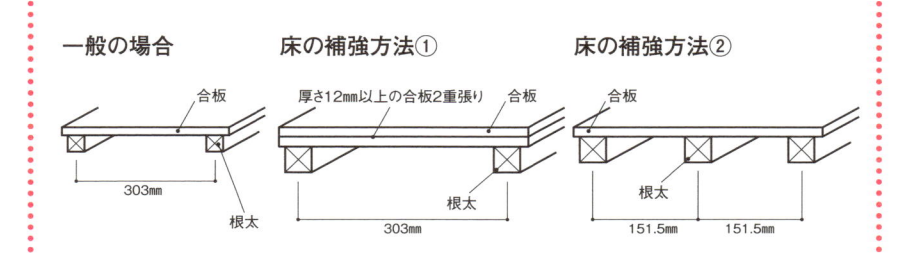

一般の場合
- 合板
- 303mm
- 根太

床の補強方法①
- 厚さ12mm以上の合板2重張り
- 合板
- 根太
- 303mm

床の補強方法②
- 合板
- 根太
- 151.5mm / 151.5mm

図115 ▶ 異なる仕上げの床下地（仕上げが部屋によって異なる場合）

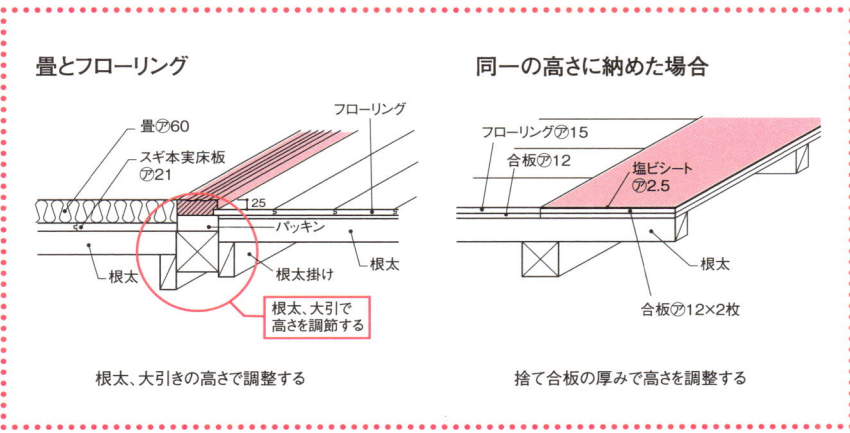

畳とフローリング

- 畳⑦60
- スギ本実床板⑦21
- フローリング
- 25
- パッキン
- 根太
- 根太掛け

根太、大引で高さを調節する

根太、大引きの高さで調整する

同一の高さに納めた場合

- フローリング⑦15
- 合板⑦12
- 塩ビシート⑦2.5
- 根太
- 合板⑦12×2枚

捨て合板の厚みで高さを調整する

5　内装工事と健康への配慮

継目をパテで埋める石膏ボードの壁下地

石膏ボードとは

壁下地には、乾式工法と湿式工法があります。乾式工法の下地には、石膏ボードや合板が使われ、湿式工法でもその下地として石膏ボードが一般的に使われます。

石膏ボードは、石膏を芯材として両面をボード用原紙で被覆し、板状に整形したものです。耐火性、断熱性、遮音性に優れていますが、湿気には強くありません。厚みは12.5mmと9.5mmが主に使用されています。この石膏ボードを下地として、クロス、塗装、珪藻土などの仕上げを行います。

石膏ボードにはさまざまな種類があり、強度や防火性が高い強化石膏ボード、吸放湿性に優れた吸放湿石膏ボード、表面にあらかじめプリントした化粧石膏ボード、湿気に強い耐水石膏ボードなどがあります。

石膏ボードの施工

石膏ボードの施工には、柱や間柱に直に張る場合と胴縁を介して張る場合の2通りがあります。

最近ではプレカットによって柱の通りが正確になっていますから、柱や間柱に直に張る場合が多くなっています。

胴縁を介して張る場合は、45×15mm以上のスギ材を胴縁とし、N50釘を303mmピッチで平打ちをして、柱や間柱に取り付けます。その上から厚み12mmの石膏ボードを長さ32mm以上のボード釘で張ります。釘のピッチは150mm以下とします。柱や間柱に直に石膏ボードを張る場合は、縁から10mm程度内側に32mm以上のボード釘を100mmピッチで打ち付けます。中間部は、150mmピッチ以下で打ち付けます（図116）。

石膏ボードは、もろく傷付きやすいので、特に出隅・入隅の処理が大切です。隅には合板を入れるか、補強材で補強する必要があります。

また、ジョイント部は、目違いを起こしやすいので、塗装や薄手のクロスで仕上げる場合は、仕上げに不陸や目違い、ひび割れが起こらないよう、補強テープなどで目地処理を行います（図117）。

> 石膏ボードは必ず目地処理を行います

図 116 ▶壁下地の納まり

大壁：胴縁を取り付けてボードを張る

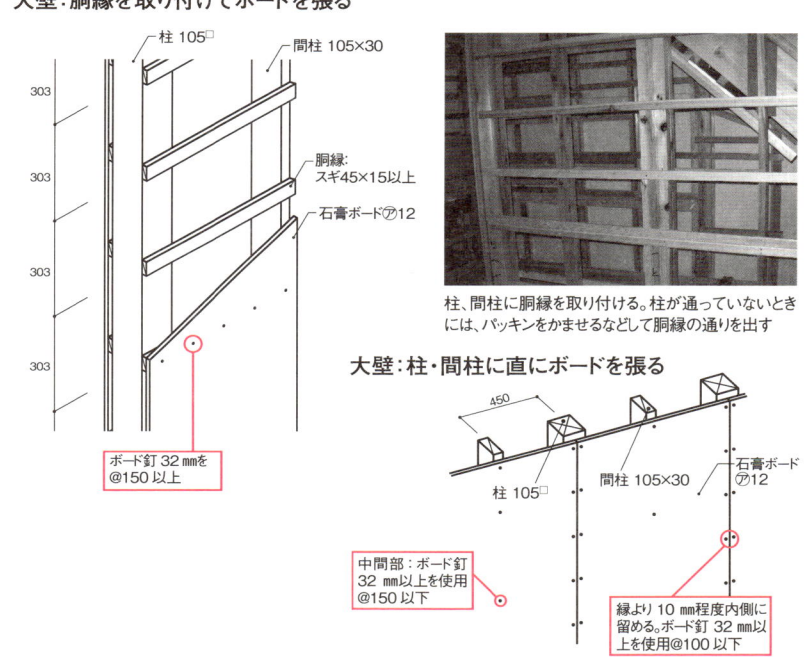

- 柱 105□
- 間柱 105×30
- 303
- 胴縁：スギ45×15以上
- 石膏ボード⑦12
- ボード釘 32 mmを @150 以上

柱、間柱に胴縁を取り付ける。柱が通っていないときには、パッキンをかませるなどして胴縁の通りを出す

大壁：柱・間柱に直にボードを張る

- 450
- 柱 105□
- 間柱 105×30
- 石膏ボード⑦12
- 中間部：ボード釘 32 mm以上を使用 @150 以下
- 縁より 10 mm程度内側に留める。ボード釘 32 mm以上を使用@100 以下

図 117 ▶ボードのジョイント処理方法の一例

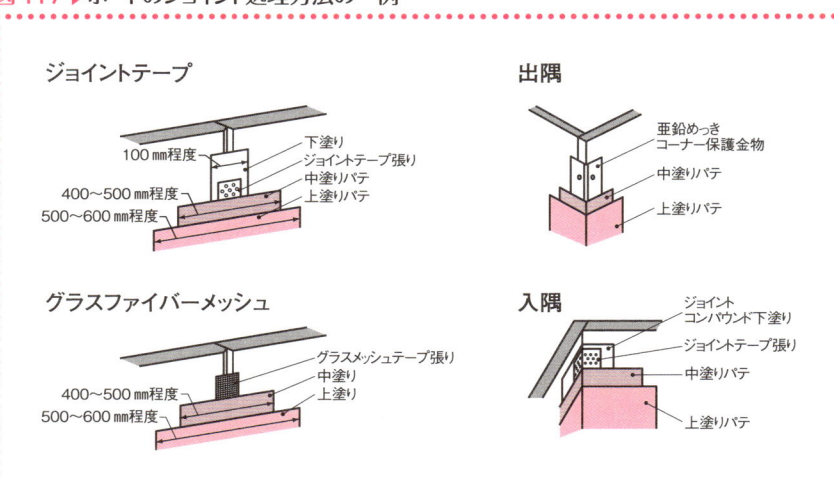

ジョイントテープ
- 100 mm程度
- 400〜500 mm程度
- 500〜600 mm程度
- 下塗り
- ジョイントテープ張り
- 中塗りパテ
- 上塗りパテ

出隅
- 亜鉛めっきコーナー保護金物
- 中塗りパテ
- 上塗りパテ

グラスファイバーメッシュ
- 400〜500 mm程度
- 500〜600 mm程度
- グラスメッシュテープ張り
- 中塗り
- 上塗り

入隅
- ジョイントコンパウンド下塗り
- ジョイントテープ張り
- 中塗りパテ
- 上塗りパテ

5 内装工事と健康への配慮

上階の振動を防ぐ天井下地の吊木受け

下地の組み方

天井の仕上げとしては、クロス張り、板張り、左官仕上げなどさまざまなものがあり、それぞれ天井下地の組み方も異なります。

最も一般的な下地である石膏ボードの場合は、455mm間隔で36mm角のスギ材を野縁として入れ、直交方向に910mm間隔で石膏ボードの継目がくるように切り込んだ野縁を入れます。木下地の場合は、乾燥収縮によって下地が変形するので、継目部分には接着材を十分に塗り、釘・ビスで留めます。

吊木は、30mm角のスギ材を900mm間隔で配置します。吊木の目的は、上階の振動を下階に伝えないことです。そのため、吊木受けを梁間に渡し、吊木受けに天井吊木を取り付けます。吊木受けは、胴差に取り付けた受木で支えます。直接、梁に吊木受けを取り付けることもありますが、そうすると床の振動が伝わりやすくなるので、お勧めできません。吊木受けの寸法は梁間の間隔により異なりますが、900mm間隔程度で配置します。吊木の下部は野縁受けに添え付けて釘打ちとします。

点検口と照明器具

天井には、設備機器や照明器具、点検口を設置する場合が多いので、事前にそれらの位置、配管経路を検討したうえで計画的に設置します。配管の径、必要なスペース、経路などを確認してお互いに干渉しないように計画します。不用意に下地を切断すると、下地の強度を損なうことがあるので注意が必要です。

点検口などの開口を空ける場合は、できる限り下地を切断しない位置に設置しますが、やむを得ず切断する場合は、添え木を設けるなどの補強が必要となります。また、シャンデリアなどの重たい照明器具を取り付ける場合は、構造体の梁から吊るか、受梁を取り付けて、受梁から吊るようにします(図118)。

> 天井下地には上階の振動防止のため吊木受けを取り付けます

図118 ▶吊木・野縁の組み方

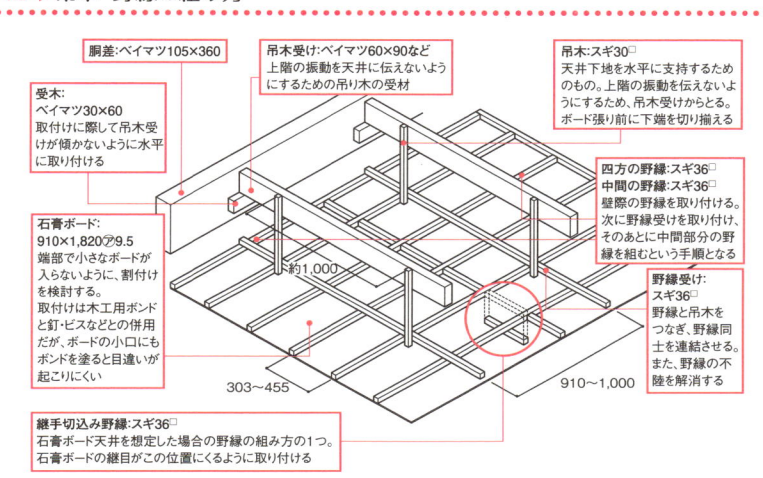

- **胴差**:ベイマツ105×360
- **吊木受け**:ベイマツ60×90など 上階の振動を天井に伝えないようにするための吊り木の受材
- **吊木**:スギ30□ 天井下地を水平に支持するためのもの。上階の振動を伝えないようにするため、吊木受けからとる。ボード張り前に下端を切り揃える
- **受木**:ベイマツ30×60 取付けに際して吊木受けが傾かないように水平に取り付ける
- **石膏ボード**:910×1,820㋐9.5 端部で小さなボードが入らないように、割付けを検討する。取付けは木工用ボンドと釘・ビスなどとの併用だが、ボードの小口にもボンドを塗ると目違いが起こりにくい
- **四方の野縁**:スギ36□
- **中間の野縁**:スギ36□ 壁際の野縁を取り付ける。次に野縁受けを取り付け、そのあとに中間部分の野縁を組むという手順となる
- **野縁受け**:スギ36□ 野縁と吊木をつなぎ、野縁同士を連結させる。また、野縁の不陸を解消する
- **継手切込み野縁**:スギ36□ 石膏ボード天井を想定した場合の野縁の組み方の1つ。石膏ボードの継目がこの位置にくるように取り付ける

約1,000
303〜455
910〜1,000

吊木受けの寸法の目安

胴差・大梁の間隔	通常の吊木受け（mm）	特に重い天井の吊木受け（mm）
2m	60×90	60×100
3m	60×120	60×150
4m	60×150	60×180
5m	75×180	75×210
6m	90×210	90×240

天井下地の確認。ボードのジョイントに野縁があるか、不陸はないかをチェックする

重たい照明器具が取り付く場合

シャンデリア取付け例

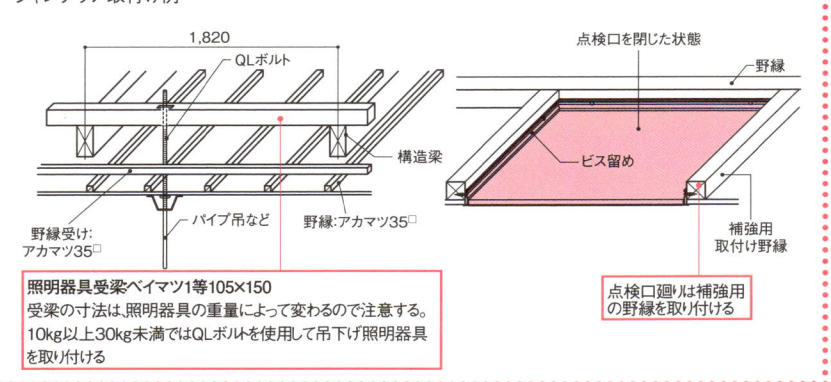

1,820
- QLボルト
- 構造梁
- 野縁受け:アカマツ35□
- パイプ吊など
- 野縁:アカマツ35□

照明器具受梁ベイマツ1等105×150
受梁の寸法は、照明器具の重量によって変わるので注意する。10kg以上30kg未満ではQLボルトを使用して吊下げ照明器具を取り付ける

天井点検口が付く場合

- 点検口を閉じた状態
- 野縁
- ビス留め
- 補強用取付け野縁

点検口廻りは補強用の野縁を取り付ける

5　内装工事と健康への配慮

現場ごとに異なる開口廻りの造作

　開口廻りの造作には、入口枠、サッシ額縁があります。入口枠は、開き戸、引戸、引込み戸などからなり、それぞれ納め方が異なります。

片開き戸

　片開き戸の場合は、扉が納まる本体枠と戸当たり、額縁、敷居から構成されます。本体枠は100×36㎜の寸法で戸当たりと額縁を差し込む溝を付けます。額縁寸法は、壁の厚さにより変わります。見付け面を25㎜程度にして、サッシ額縁と同じ寸法に揃えるときれいに見えます。

　壁との取合いは、額縁に石膏ボードの厚み分だけ溝を付け、そこに石膏ボードを差し込むように張ると隙間があくことがありません。額縁を省略してクロスを巻き込む方法もありますが、その場合は角部分のクロスに傷が付きやすくなります。

　敷居は、フローリングの張り方や種類が違った場合などに見切として入れます。バリアフリーを考慮してできるだけ段差を付けないようにし、角は面を取るようにします（図119）。

片引戸

　片引戸は開閉スペースが不要なため、扉が邪魔にならないというメリットがあります。しかし、気密性、施錠の点からは、開き戸に劣るため居室には向きません。建具のレールは、敷居にVレールを埋め込むのが一般的で、床との段差をなくすためフローリングに直接埋め込む場合もあります（図120）。

サッシの額縁

　サッシ廻りの額縁は、入口枠額縁と同様に内壁面から10㎜程度出します。また、サッシのアングルピース部分は、厚み分だけ決りを入れると、額縁と同面になりきれいに納まります。材料についてはナラ、シオジなどの広葉樹の柾目を使い、オイルステインやクリアラッカー塗りで仕上げると美しく見えます。

> 開口部の納め方は、建具の形状、壁の厚み、床の仕上げ方によりすべて異なります

図 119 ▶ 片開き戸枠の例（額縁あり）

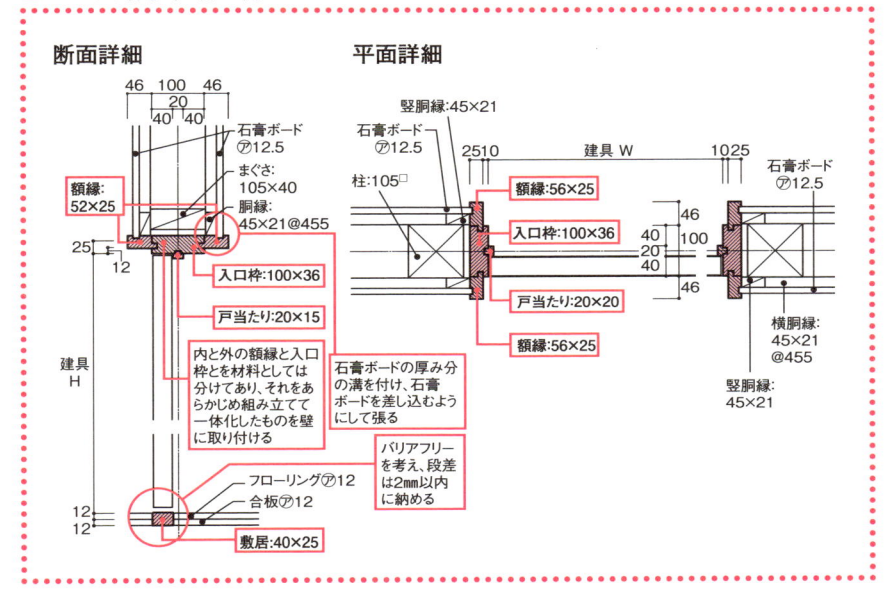

図 120 ▶ 片引戸枠の例

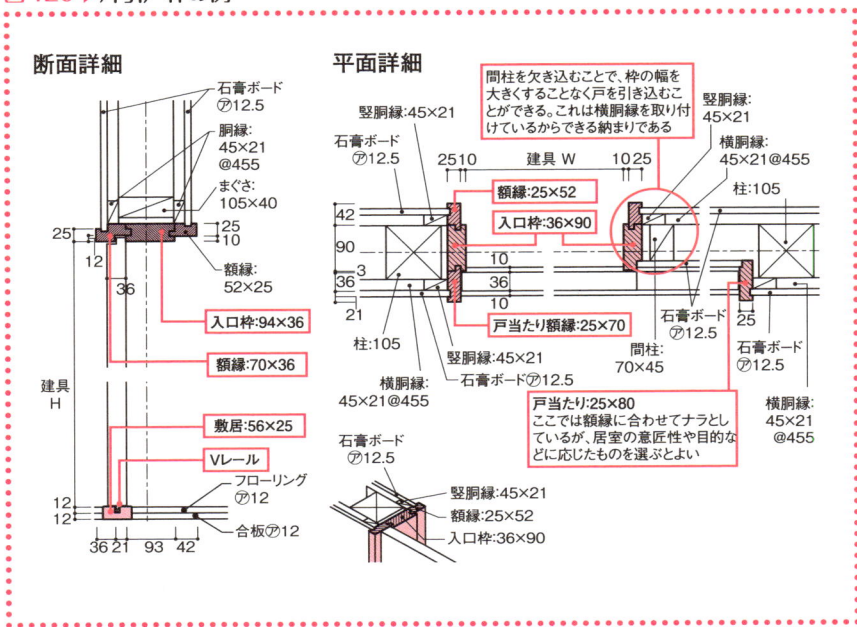

床・壁・天井の納まりを美しく見せる幅木と廻り縁

幅木の取り付け

　幅木は、壁を保護するためと納まりを美しく見せるために、床と壁の取合い部に取付けます。幅木の種類は、木製のほか、軟質プラスチック製（ソフト幅木）、石製、金属製などがあります。

　木製幅木の納め方としては、壁面を基準にして幅木が出っ張る出幅木と内に入り込む入幅木、壁仕上げと取合い部に目地をとって同一面に納める平幅木があります。出幅木は壁面の保護になりますが、壁面より5mm程度出るので、その上側部分に埃がたまりやすく、家具と壁の間に隙間ができます。入幅木と平幅木は意匠上すっきりと納まります。

　幅木と床との取合いは、床材の乾燥収縮や不陸により隙間ができやすい部分です。隙間ができない様に溝を付けた幅木台を床材に留め、それに幅木を差し込むようにします。また、床板に直に溝を付け、その部分に幅木を差し込む方法もあります。ソフト幅木は、接着剤で下地に直接張り付けます（図121）。

廻り縁の取り付け

　廻り縁は、壁と天井の取合い部に付け、納まりを美しく見せるために取り付けます。材料としては、木製、プラスチック製、アルミ製があります。

　一般的な木製廻り縁の取り付け方法は、天井に石膏ボードを張り、そこに溝を付けた廻り縁を取り付け、壁の石膏ボードをその溝に差し込むようにして張ります。壁下地は、廻り縁と幅木を基準にして取付けます（図122）。

　また、廻り縁を用いず、天井と壁の取合い部に目地を設けてすっきりと納める方法もあります。廻り縁を付けずにクロスのシーリングだけで納める方法もありますが、真っ直ぐに通すのが難しくなります。

　幅木、廻り縁の材料や塗装の仕上げは、開口部枠、家具と合わせてすべて揃えると統一感が出て美しく見えます。

> 幅木、廻り縁は、種類、納め方が多いので、目的に応じて選択します

図121 ▶ 幅木の納まり例　幅木の高さは75〜90mmとする（共通）

出幅木
- 石膏ボード
- クロス張りなど
- 13 9
- 21
- 幅木受堅地
- 30
- 10
- 12
- 9　12
- 合板
- 化粧床板

フローリングに溝を彫った受け材を付け、幅木を差し込む

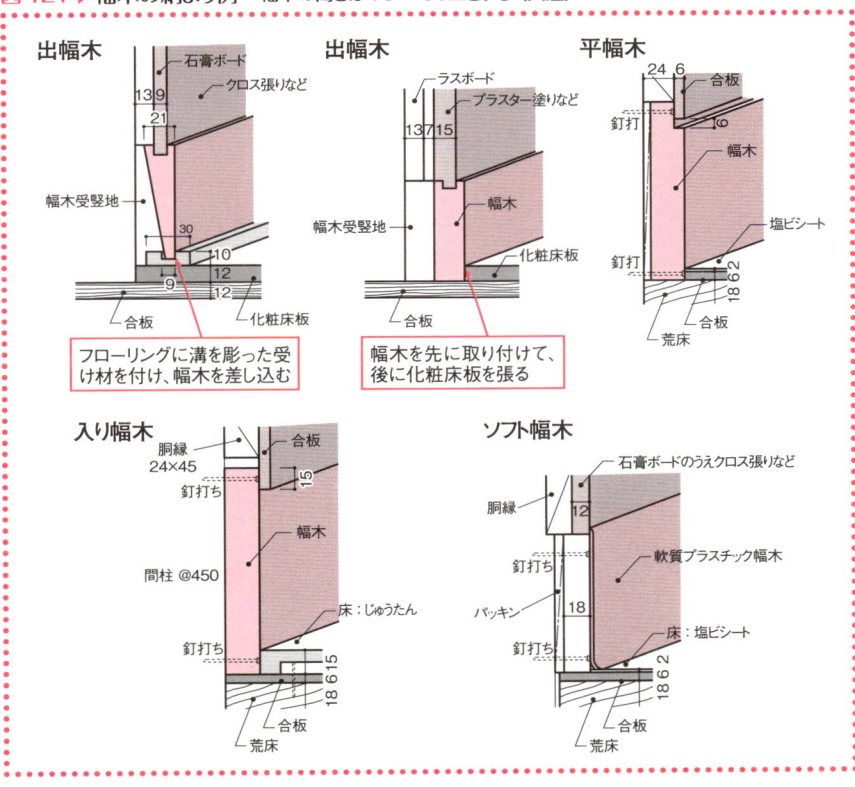

出幅木
- ラスボード
- プラスター塗りなど
- 13 7 15
- 幅木
- 幅木受堅地
- 合板
- 化粧床板

幅木を先に取り付けて、後に化粧床板を張る

平幅木
- 24　6
- 合板
- 釘打
- 幅木
- 塩ビシート
- 釘打
- 18 6 2
- 合板
- 荒床

入り幅木
- 合板
- 胴縁 24×45
- 釘打ち
- 15
- 幅木
- 間柱 @450
- 床：じゅうたん
- 釘打ち
- 18 6 15
- 合板
- 荒床

ソフト幅木
- 石膏ボードのうえクロス張りなど
- 胴縁
- 12
- 釘打ち
- 軟質プラスチック幅木
- パッキン
- 18
- 床：塩ビシート
- 18 6 2
- 合板
- 荒床

図122 ▶ 廻り縁の納まり例

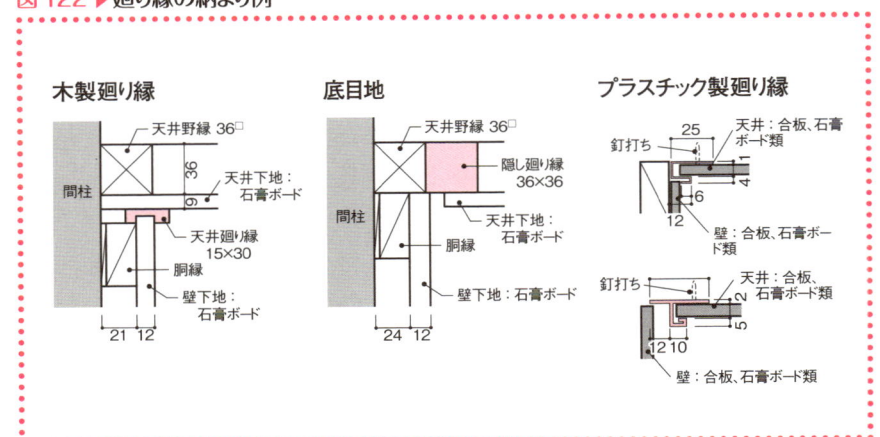

木製廻り縁
- 天井野縁 36□
- 36
- 天井下地：石膏ボード
- 6
- 間柱
- 天井廻り縁 15×30
- 胴縁
- 壁下地：石膏ボード
- 21　12

底目地
- 天井野縁 36□
- 隠し廻り縁 36×36
- 天井下地：石膏ボード
- 間柱
- 胴縁
- 壁下地：石膏ボード
- 24　12

プラスチック製廻り縁
- 25
- 天井：合板、石膏ボード類
- 釘打ち
- 4
- 6
- 12
- 壁：合板、石膏ボード類
- 釘打ち
- 天井：合板、石膏ボード類
- 5
- 12 10
- 壁：合板、石膏ボード類

5　内装工事と健康への配慮

真壁工法で行う和室の造作

材料の選択と納め方

和室の造作と洋室の造作の大きな違いは、真壁工法と大壁工法の違いにあります。真壁工法とは、柱と柱の間に壁を納め、柱が化粧として外面に見える壁のことです。大壁工法は、柱が見えることなく内面に納まっている壁のことで、それぞれの納め方、材料の使い方は、まったく異なります(図124)。

和室には、さまざまな形態がありますが、最も大事なことは、材料の選択と納め方です。各部位にどのような材料をどのように使用するかによって、その価値、雰囲気が大きく変わります。

和室に使用する材料として、柱、鴨居、長押しには、ヒノキやスギなどがよく使われ、天井板にはスギが多く使われます。木理によりさまざまな表情の違いがあり、そのなかでも中杢、笹杢、筍杢などは希少価値が高い材料です。棚板、地板などは、マツやケヤキなどの材料がよく使われます。

和室に使用する化粧柱はヒノキの無節が使用されますが、最近はムクで良質のものが極めて少なく高価なので、ほとんどが集成材に単板を張ったものを使用しています。

それぞれの部位にふさわしい材料、使い方、納まりを十分に理解したうえで和室の造作を行わなければなりません。

和室の大きな特徴として、床の間の造作があります。床の間の形態は、格調の高いものから簡素化したものまでさまざまにあり、床柱、落し掛け、床框、書院、床脇、違い棚から構成されます(図123)。

天井の形態としては、平天井、折上げ天井、舟底天井、掛込天井、落天井、化粧屋根裏天井などがあります(図125)。

また、開口部においては、障子、襖を使いますが、溝の付け方や納め方には多くの種類があります。

和室の造作は、設計監理者、現場監督、大工の技量によって、仕上がりが大きく変わります。

> 和室の造作は、材料と納め方についての深い知識と経験が必要とされます

Japanese

図123 ▶ 和室の部位名称

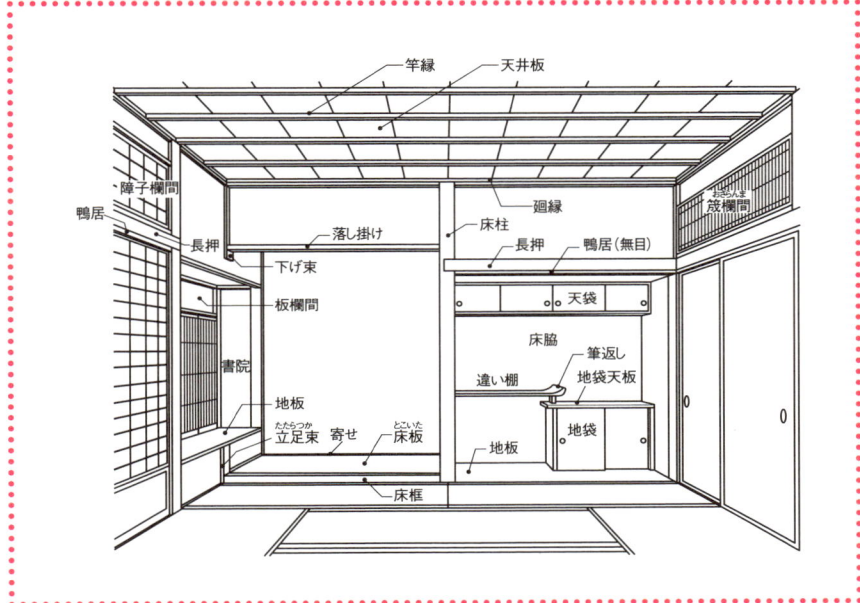

天井：竿縁、天井板
障子欄間、鴨居、長押、落し掛け、下げ束、板欄間、書院、地板、立足束（たたらつか）、寄せ、床板（とこいた）
床柱、廻縁、長押、鴨居（無目）、天袋、床脇、筆返し、違い棚、地袋天板、地袋、地板、床框
狭（さ）欄間

図124 ▶ 真壁と大壁の違い

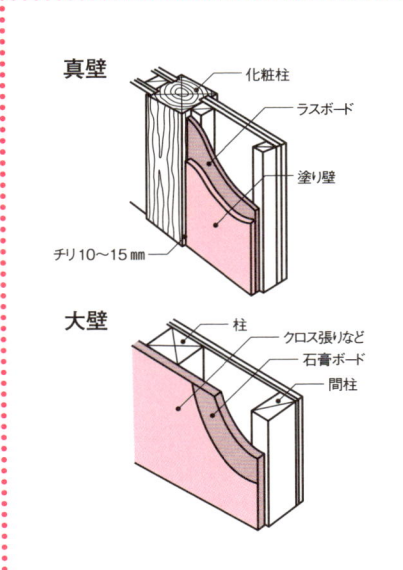

真壁
- 化粧柱
- ラスボード
- 塗り壁
- チリ10〜15mm

大壁
- 柱
- クロス張りなど
- 石膏ボード
- 間柱

図125 ▶ 和天井の形態

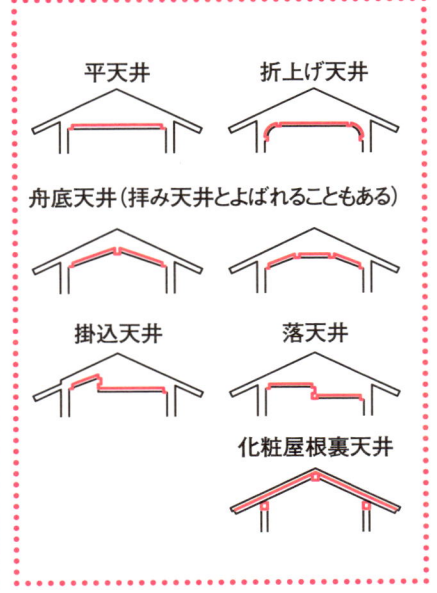

平天井　　折上げ天井

舟底天井（拝み天井とよばれることもある）

掛込天井　　落天井

化粧屋根裏天井

5　内装工事と健康への配慮

安全で使いやすい階段と手摺

厚生労働省の試算では、2025年には4人に1人が高齢者になると予測されています。これからの住宅は、高齢者が安心して暮らせるように、安全で使いやすい階段と手摺を設置することが必要です。

階段の形状

安全で使いやすい階段にするために、階段の勾配および踏面と蹴上げを十分に検討します。勾配は、6/7以下の緩やかなものとし、蹴込みは、出すぎると足先がつまずくため30mm以内の出にします。段鼻は出さずにテーパーにします。

階段の形状は、折れ階段とします。折れ階段の廻り部分は、踏板の形状が狭く、踏み外しやすい最も危険な場所になるため、中間に踊り場を設置します。

また、階段の一番上のステップが廊下に食い込んだり、一番下のステップが廊下に突き出ていたりしているとつまずきやすく危険です。階上の階段ホールにアルコーブを設け、見通しのよい廊下にすると安全です。

手摺

手摺は途中で途切れると危険なので連続して取り付け、階段の勾配が45度を越える場合は両側に取り付けます。設置高さは踏面の先端から高さ700mmから900mmの位置とします。また、取り付けは、下階に向かって利用者の利き腕側に設置します。

手摺の径は28〜40mmとし、断面形状はにぎりやすい円形とします。手摺と壁との間隔は30〜50mm空け、受金物は、柱に取り付けるか、補強材を入れた下地にしっかりと取り付けます。また、転倒を防止するために、上階の手摺端部は最上段より水平に200mm伸ばし、壁側または下側に折り曲げます。

木造住宅における階段幅は、75cm以上と定められていますし、直上階の居室の床面積の合計が200㎡を超える場合などは、階段幅を120cm以上とすることが求められます。手摺の突出部が10cmを超える場合は、超える部分を差し引いて、階段の幅が算定されます(図126)。

> 階段は、高齢者にも安全に昇降できるものになっているかをチェックします

図126 ▶階段の設計の基本

階段各部の呼称

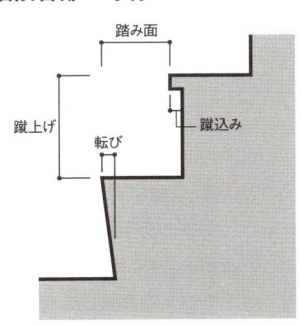

踏み面／蹴上げ／蹴込み／転び

階段の勾配

踏面寸法	蹴上げ寸法	
	基準寸法 (勾配：22／21以下)	推奨寸法 (勾配：6／7以下)
195mm	178～204mm	—
200mm	175～209mm	—
205mm	173～214mm	173～175mm
210mm	170～220mm	170～180mm
215mm	168～217mm	168～184mm
220mm	165～215mm	165～188mm
225mm	163～212mm	163～192mm
230mm	160～210mm	160～197mm
235mm	158～207mm	158～201mm
240mm	155～205mm	155～205mm
245mm	153～202mm	153～202mm
250mm	150～200mm	150～200mm
255mm	148～197mm	148～197mm
260mm	145～195mm	145～195mm
265mm	143～192mm	143～192mm
270mm	140～190mm	140～190mm
275mm	138～187mm	138～187mm
280mm	135～185mm	135～185mm
285mm	133～182mm	133～182mm
290mm	130～180mm	130～180mm
295mm	128～177mm	128～177mm
300mm	125～175mm	125～175mm
以下省略		

危険な階段・安全な階段

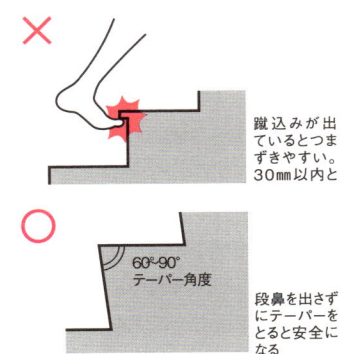

× 蹴込みが出ているとつまずきやすい。30mm以内とする

○ 60°〜90°テーパー角度／段鼻を出さずにテーパーをとると安全になる

階段幅の算定

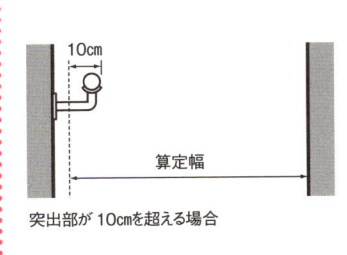

10cm／算定幅／突出部が10cmを超える場合

手摺の入れ方

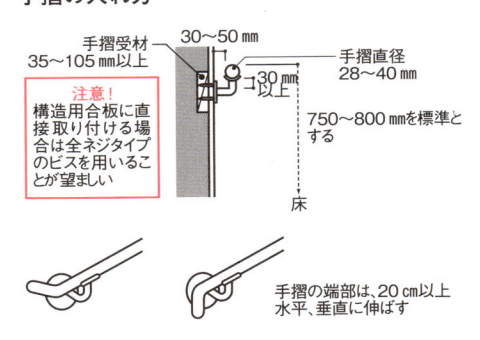

手摺受材 35～105mm以上
手摺直径 28～40mm
30～50mm
30mm以上
750～800mmを標準とする
床

注意!
構造用合板に直接取り付ける場合は全ネジタイプのビスを用いることが望ましい

手摺の端部は、20cm以上水平、垂直に伸ばす

5 内装工事と健康への配慮

床材で最も使われるフローリング

フローリングの長所と短所

フローリングは、床材のなかで最もよく使われている代表的な材料です。フローリングにはさまざまな種類がありますが、大きくは、単層フローリングと複層フローリングに分けられます。

単層フローリングは、丸太から挽き割った板状のもの（ムクフローリング）で、フローリングボード、フローリングブロック、モザイクパーケットに分類されます。複合フローリングは、合板の基材の上に化粧単板を張ったもので、複合1種、複合2種、複合3種に分類されます。

ムクフローリングを使用するメリットは、自然素材としての質感が得られること、調湿性を期待できること、傷が付いたときに補修しやすいことなどです。調湿性とは、湿度が高いときに湿気を吸い、乾燥しているときに水分を放出する機能です。

一方、デメリットは乾燥収縮が大きく、反ったり捩れやすいことです。

複合フローリングは、単層フローリングの欠点を補ったものです。交互に合板を張り合わせたものは寸法の狂いが少なく、種類やデザインも豊富です。デメリットとしては、接着剤に含まれる揮発性化学物質の問題があります。また、傷が付いた場合の補修がしにくく、風合いではムクのフローリングに劣ります（図127）。

フローリングの基本的な張り方は、部屋の長手方向に沿って張ります。根太専用の接着剤を併用して、38mmのフロアネイルを303mmピッチで留め付けます。これを適切に行わないと床鳴りの原因となります（図128）。

張り終わると傷が付かないよう、薄ベニヤなどで養生します。ベニヤは、幅木を付ける部分を除き、専用の養生テープで留めます。

> フローリングは、釘と接着剤で適切な施工をしないと床鳴りの原因となります

図127 ▶ フローリングの種類

フローリングの体系

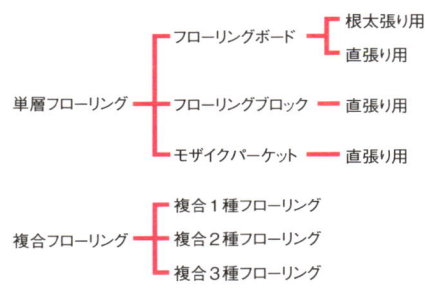

- 単層フローリング
  - フローリングボード
    - 根太張り用
    - 直張り用
  - フローリングブロック ── 直張り用
  - モザイクパーケット ── 直張り用
- 複合フローリング
  - 複合1種フローリング
  - 複合2種フローリング
  - 複合3種フローリング

複合フローリング

複合1種フローリング
- 表面材
- 合板

複合2種フローリング
- 単板
- 表面材
- 素材（コア材）
- 単板積層板

複合3種フローリング
- 表面材
- 素材
- 表面材
- パーティクルボード（コア材）
- ハードボード

単層フローリング

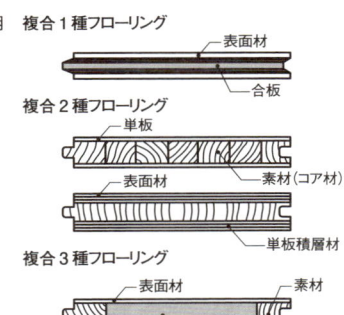

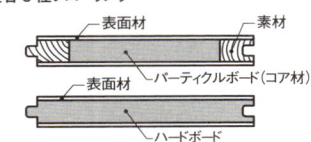

図128 ▶ フローリングの施工ポイント

基本的な張り方

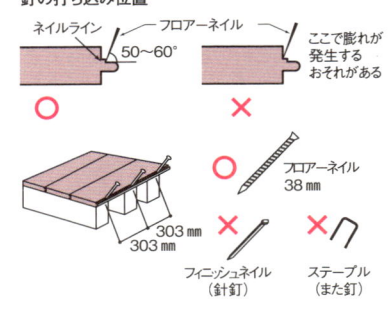

釘の打ち込み位置
- ネイルライン／フロアーネイル　50〜60°　○
- ここで膨れが発生するおそれがある　×

- フロアーネイル 38mm　○
- フィニッシュネイル（針釘）　×
- ステープル（また釘）　×

303mm　303mm

エンドマッチ部の根太専用ボンド塗布
- 根太専用ボンド
- 根太

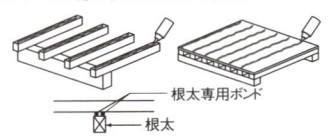

- ●釘はフロアーネイルの38mmを使用し、釘打ちの間隔は303mmとする
- ●釘の打つ位置は、ネイルライン下部に打ち込む
- ●針釘は使用しない。フロアーネイルは、必ず根太に打ち込む
- ●専用接着剤と併用する
- ●接着剤の塗布量は鉛筆の太さ（5〜6mm）程度とする（150g/㎡）

壁と床との取り合い

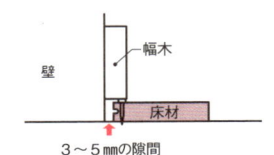

- 壁
- 幅木
- 床材
- 3〜5mmの隙間

- ●床材周囲の壁際およびサッシの下などには、3〜5mmの隙間をあけておく
- ●端部の床材は、釘を脳天打ちで完全に固定する
- ●隙間と釘を隠すため、幅木は後付けとする

床下収納庫の天板

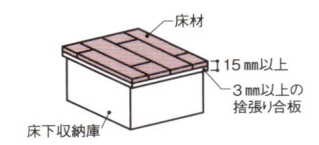

- 床材
- 15mm以上
- 3mm以上の捨張り合板
- 床下収納庫

- 12mm厚の床材を床下収納庫の天板に使用する場合は3mm厚以上の捨張り合板を釘と接着剤で補強する

5　内装工事と健康への配慮

4つの等級に分けられる畳の種類

畳

　畳は、畳床、畳表、畳縁から構成されています。畳床は、稲わら畳とポリスチレンフォームサンドイッチ稲わら畳などの建材畳に分類されます。

　稲わら畳は等級により4種類に分けられます。特級・1級・2級品は6層以上、3級品は4層以上となっています。畳表はい草を横糸に、麻や綿を縦糸に用いて織ったもので、い草の本数が多いほど上級品です。畳縁は幅6cmほどの縁の部分で、材料は絹、麻、木綿、ナイロン製のものがあります(図129)。

　畳を敷く下地としては、合板か、マツ・スギ・ベイマツの挽板を取付けます。これらを荒床といいます。湿気を吸収するためスギ板などを用いることが望ましいのですが、最近では合板を使うことのほうが多くなっています。

　畳の敷き込みは、敷居、畳寄せに不陸、目違い、隙間などがないように注意します。

カーペット

　カーペットの材料は、ウール、絹、木綿、麻などがあり、パイルの形状によって分類されます。パイルとはカーペットの表面に出ている繊維の束のことで、ループパイル、カットパイル、ループとカットの混合パイルの3種類に分けられます。パイルの形状によりテクスチュアが変わってきます。製法には手織り、機械織り、刺繍などがあり、手織りは緞通といわれ特に高級品です。

　施工方法は、グリッパー工法と全面接着工法があります。グリッパー工法は、床の周囲に釘でグリッパーを固定し、カーペットの端部をグリッパーに引っ掛けて緩みのないよう引っ張って敷き詰める方法で、カーペットがはずれないようしっかりと押さえ込みます。カーペットの下には緩衝材を敷きます。全面接着工法は、温湿度の変化による伸縮を防ぐことができます。カーペット下地は不陸や目違いがないことを確認したうえで施工します(図130)。

> 畳やカーペットの下地は、不陸、目違いに注意します

図129 ▶畳

畳の名称

畳表
い草を横糸に、麻や綿を縦糸に用いて織ったもの。い草の本数が多いほど上級品となる。い草をそのまま織る備後畳と、茎を半分に割って織る琉球畳がある

畳縁
材料は絹、麻、木綿、ナイロン製のものがある

畳床
稲わら、ポリスチレンフォームなどが使われる。また、稲わら畳は等級により4種類に分けられる

畳床の種類

稲わら畳床（6層形畳床）
表側／上配（うわばえ）／横手配（よこてばえ）／縦配（たてばえ）／大手配（おおてばえ）／下配（したばえ）（桐ワラ含む）／裏面材／裏側

稲わら畳床（4層形畳床）
表側／上配／大手配／下配（桐ワラ含む）／裏面材／裏側

ポリスチレンフォームサンドイッチ稲わら畳床
表側／上配／横手配／補強材／ポリスチレンフォーム板／下配（桐ワラ含む）／裏面材／裏側

タタミボードサンドイッチ稲わら畳床
表側／上配／横手配／タタミボード／下配／裏面材／裏側

Check! 敷き込みは敷居、畳寄せに不陸、目違い、隙間などがないように注意する

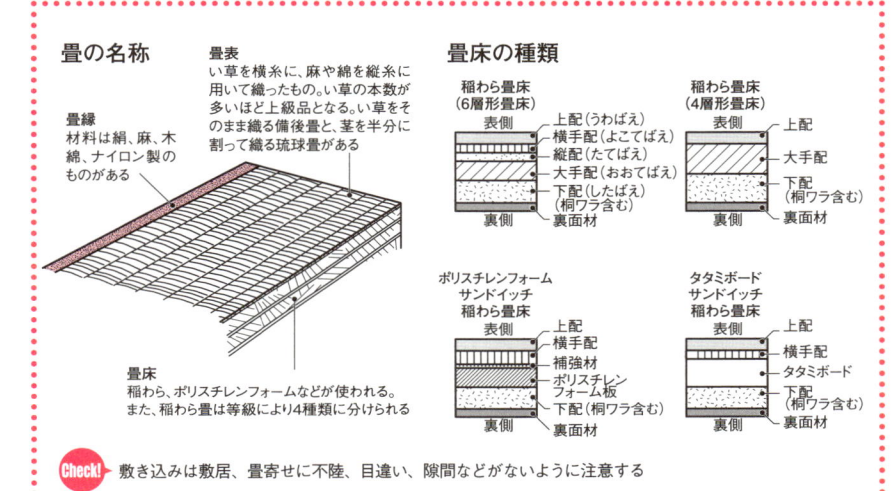

図130 ▶カーペット

パイルの形状の種類
パイルの形状によりテクスチュアが変わってくる

ループ　　カット　　ループとカット

カーペットの納め方（グリッパー工法）

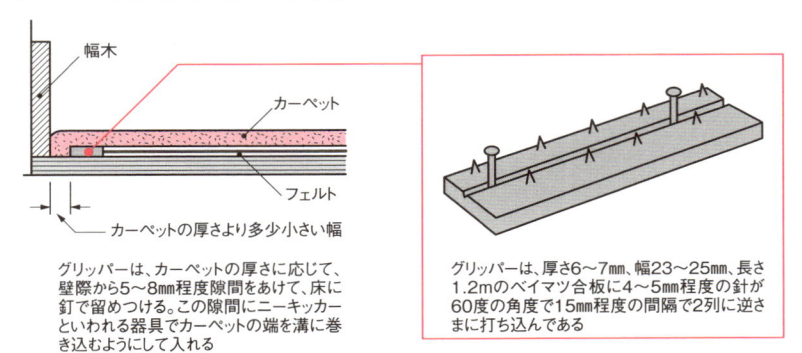

幅木／カーペット／フェルト／カーペットの厚さより多少小さい幅

グリッパーは、カーペットの厚さに応じて、壁際から5～8mm程度隙間をあけて、床に釘で留めつける。この隙間にニーキッカーといわれる器具でカーペットの端を溝に巻き込むようにして入れる

グリッパーは、厚さ6～7mm、幅23～25mm、長さ1.2mのベイマツ合板に4～5mm程度の針が60度の角度で15mm程度の間隔で2列に逆さまに打ち込んである

Check! 下地は、不陸、目違い、凹凸がないことを十分に確認する。敷き込みはたるみ、隙間がないように注意する。グリッパーからカーペットがはずれないよう、しっかりと押さえ込む

下地と目的に応じて使い分ける塗料と塗装方法

塗装の種類

塗装では、塗料の特徴やその塗装方法を十分に理解して、目的に応じて塗料を使い分けます。一般的に、木造住宅に使用される塗料は、大きく分けて3種類あります。木部用、石膏ボード用、金属用塗料です。それぞれ、素地の処理の仕方や塗装方法、養生方法が異なります。

木部用塗料には、オイルステンクリヤラッカー塗り（OSCL塗り）、合成樹脂調合ペイント（SOP塗り）、自然素材の木材保護塗料があります。

石膏ボード用塗料は、壁や天井の石膏ボードや石膏プラスターに使用します。エマルションペイント（EP塗り）、塩化ビニルエナメルペイント（VP塗り）など耐アルカリ性の合成樹脂塗料などが使用されます。

金属用塗料は、油性ペイント（OP塗り）・合成樹脂調合ペイント（SOP塗り）などが使用されます。そのほかにもさまざまな塗料があります（図131）。

素地ごとの施工のポイント

塗装の素地面は、汚れ、付着物をきれいに取り除き、塗料の付着性を確保します。

素地の種類により塗装方法が異なります。木部の場合は、必要であれば目止め処理を行い、研磨紙で十分に研磨し、平坦にします。石膏ボードの場合は、目地の処理が重要です。これを十分に行わないと、あとで目地部分にひび割れが生じます。不陸、目違いがないかも確認します。

塗装方法は、主として刷毛塗り、吹付け、ローラー塗りなどがあります。これらのなかから塗料、素地、施工部位に適した方法を選択します。気温5℃以下、湿度が85％以上のときは、乾燥の条件が良くないため作業を避けるようにします。

養生乾燥期間は、塗料の種類によって異なりますが、一般的に24時間以上は必要です。乾燥後は汚れが付着しないようにし、適切な養生を行います。

塗装仕上げをする素地面の汚れや付着物を取り除きます

図131 ▶木造住宅によく使われる塗料の種類と特徴

名　称	略式記号	特　徴	適する素地	塗装方法	養生時間（20℃）
油性ペイント	OP	●安価であり、刷毛塗りがしやすく、弾力性がある ●乾燥時間が非常に遅く、塗膜の劣化が早い ●モルタル、コンクリート面には適さない	木部、鉄部	刷毛塗り	48時間以上
合成樹脂調合ペイント	SOP	●油性ペイントは乾燥時間が非常に遅く、塗膜の劣化が早いなどの欠陥があるが、合成樹脂調合ペイントはそれを改善したもの ●コンクリート面などアルカリ性下地には直に塗装できない	木部、鉄部	刷毛塗り、吹付け	24時間以上
オイルステイン	OS	●木に染み込ませる塗料 ●木部の着色剤として使われる以外に、ワニスやクリヤラッカーの下塗りとして使用する ●安価で、木目が潰れず美しく仕上がる	木部	刷毛塗り、吹付け、拭き取り	24時間以上
クリヤラッカー	CL	●顔料を使用せず、木材の素地をそのまま見せて、透明塗膜を仕上げる ●塗面に艶があり、耐油性、耐摩耗性に優れるが、耐熱性に劣る ●壁面、柱、家具、建具などさまざまなところに幅広く用いられる	木部	刷毛塗り、吹付け	24時間以上
酢酸ビニル系エマルションペイント	EP	●水で希釈するものので、常温で乾燥する ●塗膜は耐アルカリ性があり、かつ通気性がある ●安価であるが、耐水性・耐候性に劣るため、外装には適さない。湿気の少ない屋内壁面に使用される	コンクリート、モルタル、ボード	ローラー塗り、吹付け	3時間以上
アクリル系エマルションペイント	AEP	●アクリル樹脂と少量の酢酸ビニル樹脂を組み合わせたもの ●酢酸ビニルエマルションと比べて、耐水性・耐候性に優れており、外装にも使用できる	コンクリート、モルタル、ボード	ローラー塗り、吹付け	3時間以上
塩化ビニルエナメルペイント	VPまたはVE	●難燃性で、耐アルカリ性・耐水性・耐候性・耐薬品性に優れている。また、塩素を含んでいるので防カビ性に優れる ●浴室・厨房・地下室の壁面や天井面、外壁のモルタル・コンクリート面の塗装に用いられる ●膜厚が薄く、金属面に対しては付着性にやや劣るため、プライマーなどの下塗処理が必要である	コンクリート、モルタル、ボード	刷毛塗り、吹付け	3時間以上
ラッカー	L	●乾燥時間が早い。温かみのある質感を出す ●溶剤で容易に溶融できるため、補修が簡単である ●家具や木工製品、床を除く木部全般に用いられる ●塗膜が薄いため耐候性・耐水性・耐熱性・耐溶剤性・耐摩耗性に劣るので、水掛り部分での使用は適さない	木部	ローラー塗り、吹付け	1～2時間
木材保護塗料	（略号なし）	●木に浸透させるもので、油性塗料のように膜を張らないため、木の呼吸を妨げず、調湿機能を損なうことがない ●自然の植物油をベースにした無公害塗料のものもあり、防虫・防腐剤など有害物を含んでいない ●撥水性のものがあり、浴室、キッチンなどの湿気の多い所でも使用できる ●重ね塗りが簡単なので、補修が楽。傷がついた所へ重ね塗りができる ●施工性がよい。ウェスで伸ばすだけで、誰にでも簡単に塗ることができる	木部	刷毛塗り、吹付け	拭き取り

Check Point 塗装工事のチェックポイント

- □ 素地面は汚れや付着物などがないか
- □ 素地面は十分に乾燥しているか
- □ 素地面は凹凸などなく平坦か、目違いなどないか。パテ処理は適切か
- □ ボード面の目地処理は適切か
- □ 塗装材料の選択は適切か
- □ 塗装方法は適切か、塗り工程は適切か
- □ 作業時の気温、湿度は適切か
- □ 塗装面に刷毛ムラ、垂れなどないか
- □ 養生方法、乾燥期間は適切か

5 内装工事と健康への配慮

割り付けが大切な
タイルの施工

タイル

　タイルには、陶器質タイル、せっき質タイル、磁器質タイルがあります。また、大きさは300mm角、200mm角、150mm角、50mm角以下のモザイクタイル、外装用の二丁掛けタイルなどさまざまなものがあります。

　タイル張りの工法はいろいろありますが、張る部位やタイルの種類により選択します。

　壁に張る場合は、タイル下地としてケイカル板や合板を使い、その上に専用接着剤で張る方法が主流です（図132）。

　床にタイルを張る方法としては、床タイルならしモルタル張りが一般的です。

　タイルの割り付けも大事です。開口廻りや壁際には、できる限り小さな切れものを入れないようにします。タイル割りが適切でないと、見苦しいだけでなく、切れ目が出て危険なこともあります。また、スイッチやコンセント、給水口などは目地の中心にくるようにします。

クロス

　クロスはデザインが豊富で、施工が容易であり、安価で張り替えも簡単です。しかし、下地の不陸、目違いが仕上げに影響するのでパテ処理などの下地処理をしっかりと行うことが大切です。内装ボード下地のジョイント部分やすべての釘、ビスの頭にしっかりとパテが塗られているかも確認します（図133）。

左官仕上げ

　左官仕上げは、乾燥に時間がかかる、乾燥後にひびが入る、仕上がりが職人の技量に左右されやすいなど、施工の難易度が高く、最近ではクロスなど簡単に施工できる仕上げが主流となっています。しかし、土壁、漆喰壁などは化学物質の心配がなく、調湿性などの機能をもつことから、その良さが見直されています。職人によって手間暇をかけてつくられた仕上がりには深い味わいがあります（図134）。

> タイルの種類や割付は適切か、確認します

図132 ▶ タイル施工

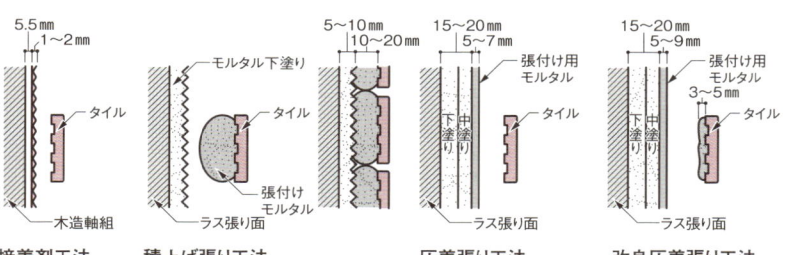

接着剤工法
ケイカル板や合板、石膏ボードの上に専用接着剤で張る

積上げ張り工法
積上げ張りはモルタルで下塗りをして、タイルの裏にモルタルを乗せてモルタルを隙間なく十分になじむように押し付けて張る

圧着張り工法
タイル下地の上に張付けモルタルを塗って、タイルをもみ込むようにして張り付ける

改良圧着張り工法
タイル下地の上とタイルに張付けモルタルを塗って、タイルをもみ込むようにして張り付ける

図133 ▶ クロス施工

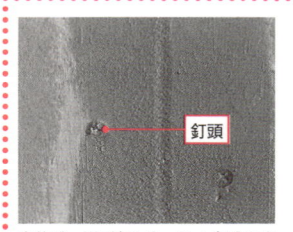

釘頭
内装ボード下地のジョイント部分やすべての釘、ビスの頭にしっかりとパテが塗られているかを確認する。問題があれば修正することで、下地の仕上げへの影響を最小限に抑えられる

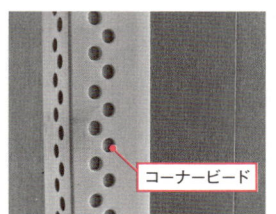

コーナービード
壁面などの出隅・入隅部分を回り込んでクロスを張る場合は、補強のためのコーナービード（角金物）を施工する。コーナービードの上にパテ処理を行う

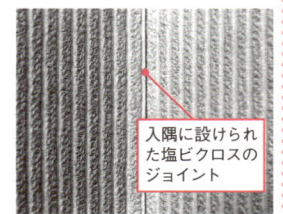

入隅に設けられた塩ビクロスのジョイント
ジョイントは出隅・入隅や開口部の隅部などでとると比較的目立たない。できれば事前に割付けについて確認しておきたい

図134 ▶ 左官仕上げの構成

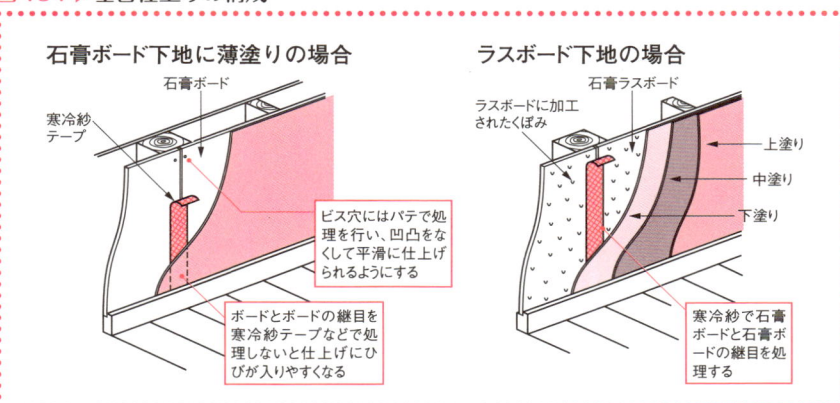

石膏ボード下地に薄塗りの場合
- 石膏ボード
- 寒冷紗テープ
- ビス穴にはパテで処理を行い、凹凸をなくして平滑に仕上げられるようにする
- ボードとボードの継目を寒冷紗テープなどで処理しないと仕上げにひびが入りやすくなる

ラスボード下地の場合
- 石膏ラスボード
- ラスボードに加工されたくぼみ
- 上塗り
- 中塗り
- 下塗り
- 寒冷紗で石膏ボードと石膏ボードの継目を処理する

5 内装工事と健康への配慮

コラム
シックハウス対策と24時間換気

　2003年の建築基準法の改正により、シックハウス法が施行されました。クロルピリホスおよびホルムアルデヒドが有害化学物質として規制対象となり、特にクロルピリホスは、使用禁止となりました。ホルムアルデヒドについては、居室の種類および換気回数に応じて、ホルムアルデヒドを含む建材の使用に面積制限が行われ、24時間の換気設備の設置も義務付けられました。また、天井裏から居室へのホルムアルデヒドの流入を防ぐための措置も義務付けられました。

　規制対象となる建材は、合板、木質フローリング、パーティクルボード、MDFなどの木質建材、壁紙、断熱材、接着材、塗料、仕上げ塗材などです。これらは、JIS、JAS、国土交通大臣認定によって等級付けがされています。

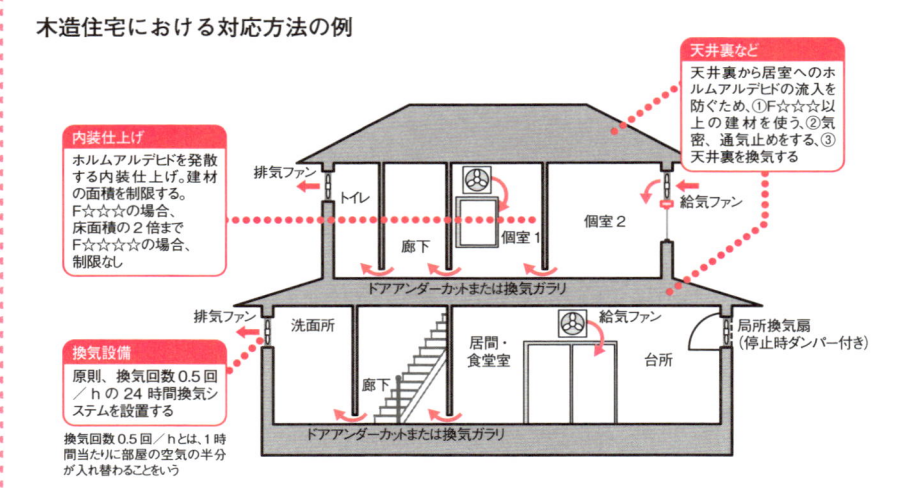

木造住宅における対応方法の例

内装仕上げ
ホルムアルデヒドを発散する内装仕上げ。建材の面積を制限する。F☆☆☆の場合、床面積の2倍までF☆☆☆☆の場合、制限なし

天井裏など
天井裏から居室へのホルムアルデヒドの流入を防ぐため、①F☆☆☆以上の建材を使う、②気密、通気止めをする、③天井裏を換気する

換気設備
原則、換気回数0.5回／hの24時間換気システムを設置する

換気回数0.5回／hとは、1時間当たりに部屋の空気の半分が入れ替わることをいう

ホルムアルデヒド発散量による使用制限（令20条の7）

ホルムアルデヒドの発散速度（μg／㎡h）	JAS規格 JIS規格	建築材料の区分	内装仕上げの制限
5以下	F☆☆☆☆	建築基準法の規制対象外	使用面積制限なし
5超20以下	F☆☆☆	第3種ホルムアルデヒド発散建築材料	使用面積制限あり
20超120以下	F☆☆	第2種ホルムアルデヒド発散建築材料	使用面積制限あり
120超	F☆	第1種ホルムアルデヒド発散建築材料	使用禁止

注　測定条件：28℃、相対湿度50%、ホルムアルデヒド濃度0.1mg／m³（化学物質の室内濃度の指針値（厚生労働省））
　　建築物の部分に使用して5年経過したものについては制限なし

第6章

設備機器の設置と
外構のデザイン

将来の増設も考慮して行う電気設備の工事

予備回路のチェック

　内部の造作工事が始まると、それに並行して電気設備工事が始まります。分電盤は、使用する電気機器により1機器につき1回路必要なものと、照明器具などをグループ単位にまとめて1回路にするものがあります。この設計が適切でないと過電流が流れたとき、事故につながります。一般的な住宅では、1階と2階の電灯関係とエアコンなどの容量が大きいものはそれぞれ単独に分けるため、最低でも5回路は必要になります。将来の増設も考慮して2〜4回路の予備を残しておきます。

配線のチェック

　配線材料は一般的にFケーブルを使用します。これはVVFといわれ、照明やコンセントに使われています。CD管（配線管）を使って配線を行います。これらの材料が、JIS適合品であることを確認して使用します。

　天井裏や壁内の配線はステープルで固定させ、コンセントボックスやスイッチボックスに接続します。配線の接続部にはジョイントボックスを設置します。これらは露出させないようにして、しっかりと木ネジで柱、梁や間柱に留めます。柱や筋かいが当たるからといって、これらを欠いてはいけません。外壁などの貫通部は、雨仕舞、シーリング打設状況などを十分にチェックします。

　重量が大きい照明器具や分電盤を取り付ける場合は、下地を補強した上で石膏ボードを張ります。

　また、ダウンライト設置時は、器具自体から熱を発するので、その周囲には配線や配管を避けるようにします。内装の仕上げが終わるとやり直しが難しくなりますから、ダウンライトボックスが取り付けられた段階で図面どおりであることをチェックします（図135）。

> コンセントボックスの取付けは、絶対に構造材を欠いてはいけません

図135 ▶配線工事のポイント

配線の接続部にジョイントボックスが付けられているかをチェック

コンセントボックスの位置や取り付け状態のチェック

配線はステープルできちんと固定されているかをチェック

照明の通電が適切に行われるかテスターなどによりチェック

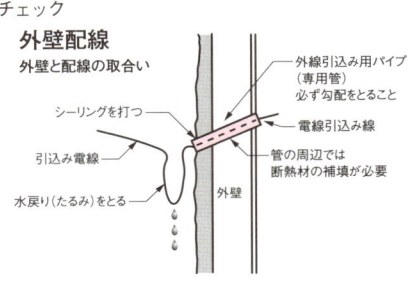

外壁配線

外壁と配線の取合い

- 外線引込み用パイプ（専用管）必ず勾配をとること
- シーリングを打つ
- 引込み電線
- 水戻り（たるみ）をとる
- 電線引込み線
- 管の周辺では断熱材の補填が必要
- 外壁

電線を引き込むための専用管は取出口が水下になるようにし、専用管と外壁の間にはシーリングを施す。電線は曲げて外壁に雨水が伝わらないようにする

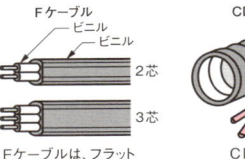

配線材料

Fケーブル
- ビニル
- ビニル
- 2芯
- 3芯

Fケーブルは、フラットケーブルの略。平らな長円形のもの

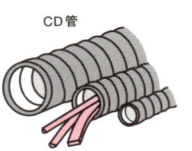

CD管

CD管で配線をまとめると、配線を保護できるうえ、配線の交換がしやすくなる

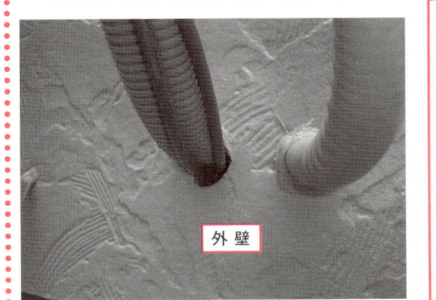

外壁

外壁との取合いのチェック。写真は左の専用管まわりにシーリングが施されていない

Check Point 電気設備工事のチェックポイント

- ☐ 分電盤の回路の分け方、回路数は適切か
- ☐ 材料は、JIS適合品か
- ☐ 配線は、ステープルでしっかり留められているか
- ☐ ジョイントボックス内の結線は適切か
- ☐ 柱、筋かいなどの構造材を欠いていないか
- ☐ ボックス、照明の位置、個数、留め方は適切か
- ☐ 照明器具などが重たい場合、下地補強をするが、その方法は適切か
- ☐ ダウンライトと断熱材の取合いは適切か
- ☐ 外壁との取合い部の雨仕舞は適切か
- ☐ 通電状況に問題はないか

6 設備機器の設置と外構のデザイン

通水・水漏れの確認が大切な給排水設備

配管の施工方法

　給排水設備工事に使用する材料はさまざまな種類がありますが、まず所定の規格品かどうかを確認します。

　配管をコンクリートに埋め込む場合は、さや管を用いてメンテナンスをしやすくします。さや管とは、樹脂製の管で、その中に給排水管を通して二重構造にすることで、中の給排水管が劣化した場合、抜き出して簡単に交換できるようにしています。構造耐力上主要な部分のコンクリートには埋設しないようにします。

　横走り配管の吊具および振れ止め器具の支持間隔は、鋼管およびステンレス管は2m以下、ビニル管、ポリエチレン管、銅管は1m以下とします。横走りの勾配は、管径75mm以下は1/50、管径75mm以上は1/100を標準とします（図136）。

　竪管は、各階ごとに1カ所以上固定し、排水を流れやすくするために空気を取り入れる通気管を設けます。配管のために、構造材を欠くようなことをしてはいけません。トラップは、排水管を通して下流の下水道管から悪臭ガスや虫類などが屋内に侵入することを防ぐために設置するものです。内部に50～100mmの封水深さが必要です（図137）。

トラブルとメンテナンス

　よくあるトラブルに、ウォーターハンマー現象があります。これは、レバー水栓などを急に閉めたり開けたりしたときに配管内の圧力が瞬間的に高まり、それが圧力波となって上流に伝わり、配管を振動させ、ハンマーで叩くような衝撃音を発生させるものです。この防止対策としては、給水圧を下げたり、急激な閉鎖がされにくい給水器具を使用します。

　配管のメンテンス用に床、壁、天井面に点検口を取り付けます。屋内排水管は、配管工事の終了後、30分以上水を張る満水試験をして漏水のないことを確認します。最後に洗面台、便器などの機器を取り付けて、通水して水漏れがないことを確認します。

排水管は内外部とも1/50～1/100の勾配をつけます

図136 ▶ 配管工事のポイント

排水管などの配管が構造材を切り欠いていないかなどを確認する

排水管の径と材質状態をチェック。勾配も適切かをチェックする

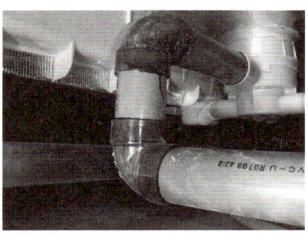

ユニットバス下部接続部のチェック。水漏れを起こさないか確認する

ヘッダー方式の接続部のチェック。接続が適切か、位置や数は図面どおりか確認する

図137 ▶ トラップと通気管

トラップの種類

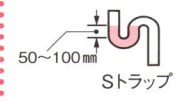

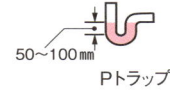

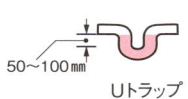

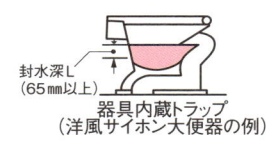

50〜100mm　Sトラップ
50〜100mm　Pトラップ
50〜100mm　Uトラップ
封水深L（65mm以上）　器具内蔵トラップ（洋風サイホン大便器の例）

通気管の取り付け

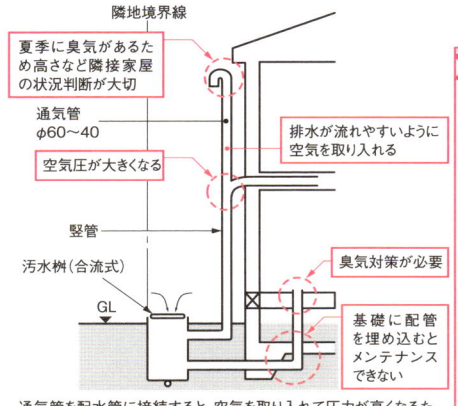

隣地境界線

夏季に臭気があるため高さなど隣接家屋の状況判断が大切

通気管 φ60〜40

空気圧が大きくなる

竪管

汚水桝（合流式）

GL

排水が流れやすいように空気を取り入れる

臭気対策が必要

基礎に配管を埋め込むとメンテナンスできない

通気管を配水管に接続すると、空気を取り入れて圧力が高くなるため、水が流れやすくなる。ただし、通気管の出口の高さや向きには、周辺の家屋の状況を判断することが重要

Check Point　給排水設備工事のチェックポイント

☐ 配管接続状況、取付け状況は適切か
☐ 配管をコンクリートに埋め込む際は、さや管を用いているか
☐ 材料は、JIS適合品か
☐ 配管の径、材質は仕様書どおりか
☐ 排水管の勾配は適切か
☐ 構造材を欠いていないか
☐ 配管の防露・保温状態は適切か
☐ 設備機器の位置、個数、留め方は適切か
☐ 給水管、排水管、洗面台、ユニットバス下部に水漏れはないか
☐ 点検口は適切なところにあるか

2時間で室内の空気を入れ換える空調・換気設備

3つの換気方式

2003年の建築基準法改正で、シックハウス対策として、2時間で居室の空気をすべて入れ替えるための24時間換気が義務付けられました。換気設備が必要となる居室とは、居間、食堂、台所、寝室、個室、和室、応接室、書斎などで、納戸、物入れ、押入れなどは対象外です（図138）。

24時間換気システムには、第1種換気方式、第2種換気方式、第3種換気方式の3種類があります。第1種換気方式は、給気と排気を機械で行い、第2種換気方式は、機械で給気を行い排気は自然換気で行います。第3種換気方式は、機械で排気を行い、給気を自然換気で行います。いずれの方式もダクトを用いる方式とダクトを用いない方式とがあります。

一般的な第3種換気設備では、各居室に自然給気口を設置し、各ドアの隙間を通って廊下を経由してトイレ、洗面所などから局所換気扇により排出します。片開きドアの場合は、ドアの隙間にガラリを付けたり、下部に1cm程度のアンダーカットをしたりして、必要な換気を確保します。その他の引戸、折れ戸に関しては、周囲に十分な隙間があるので、特別な換気の措置は必要ありません（図139）。

給排気口設置のポイント

居室の給気口、排気口は室内の空気が滞ることなくスムーズに流れるように、ドアから最も遠い場所に設置します。ドアのすぐ近くに設置すると、給排気口やドアから遠い箇所の空気が換気されにくくなるためです。ホルムアルデヒドは常時発散されるため換気扇は常時運転とし、スイッチは、容易に停止されないようにします。

天井裏にF☆、F☆☆の建材を使用した場合は、天井裏のホルムアルデヒドが居室へ漏れないように換気設備の設置が必要となります。

> 居室の空気が2時間で入れ換わるように換気を行います

図138 ▶ 換気回数の意味

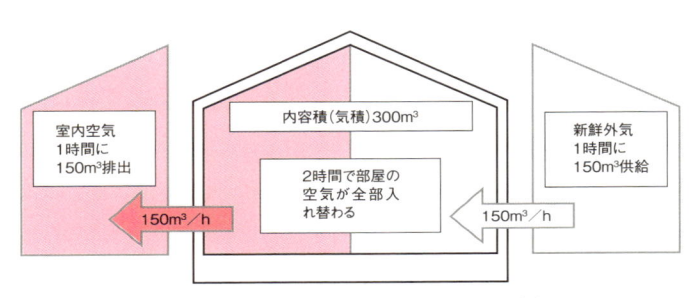

室内空気
1時間に
150m³排出

150m³/h

内容積（気積）300m³

2時間で部屋の空気が全部入れ替わる

新鮮外気
1時間に
150m³供給

150m³/h

室内の容積が300m³の住宅で、換気回数の基準値0.5回/hの意味するのは、室内の空気が150m³排出され、同量の新鮮外気が供給されることである

図139 ▶ 換気システムの種類

ダクトを用いる第3種換気設備

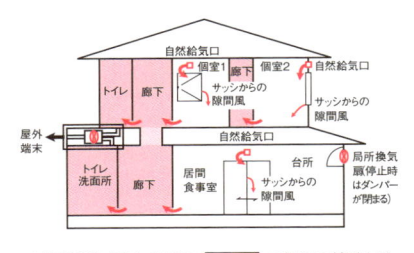

自然給気口
個室1　廊下　個室2　自然給気口
トイレ　　　　　　　　サッシからの隙間風
　　　　　　　　　　　サッシからの隙間風
屋外端末
自然給気口
トイレ洗面所　廊下　居間食事室　台所
局所換気扇停止時はダンパーが閉まる
サッシからの隙間風

減圧効果が現れるように▨の部分の外壁などの隙間を極力少なくする

ダクトを用いない第3種換気設備

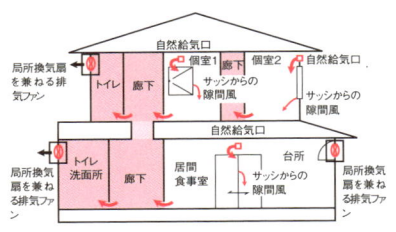

自然給気口
個室1　廊下　個室2
局所換気扇を兼ねる排気ファン
トイレ　　　　　　　　サッシからの隙間風
　　　　　　　　　　　サッシからの隙間風
自然給気口
トイレ洗面所　廊下　居間食事室　台所
局所換気扇を兼ねる排気ファン
サッシからの隙間風
局所換気扇を兼ねる排気ファン

減圧効果が現れるように▨の部分の外壁などの隙間を極力少なくする

ダクトを用いる第1種換気設備

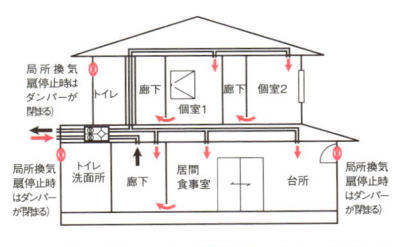

トイレ　廊下　個室1　個室2
局所換気扇停止時はダンパーが閉まる
屋外端末
トイレ洗面所　廊下　居間食事室　台所
局所換気扇停止時はダンパーが閉まる

減圧効果が現れるように▨の部分の外壁などの隙間を極力少なくする

第1種換気設備と給気ファンの組み合わせ

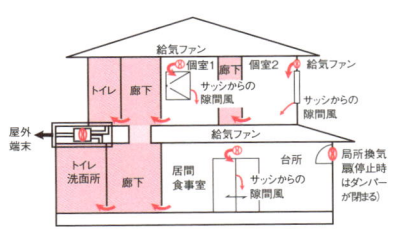

給気ファン
個室1　廊下　個室2　給気ファン
トイレ　　　　　　　　サッシからの隙間風
屋外端末
給気ファン
トイレ洗面所　廊下　居間食事室　台所
サッシからの隙間風
局所換気扇停止時はダンパーが閉まる

減圧効果が現れるように▨の部分の外壁などの隙間を極力少なくする

6　設備機器の設置と外構のデザイン

電気式と温水式がある床暖房設備

エアコン暖房では空気を暖めるため、室内温度の上昇が早く部屋は素早く暖まりますが、床面温度はなかなか高くなりません。一方、床暖房では、床面温度が徐々に上昇し足元から暖まりますが、室内温度の上昇が遅いため、部屋全体の暖かさを感じるまでに時間がかかります。

床暖房とエアコンを併用すれば、床暖房の暖房感が得られるまでエアコンで素早く部屋を暖め、その後、床暖房のみでも快適で暖かい空間を維持することができます。

電気式と温水式

床暖房には、電気式と温水式があります。電気式は発熱体あるいは蓄熱体を床材の直下に組み込み、これに通電して加温します。立ち上がりが早いなどの特徴があります（図140）。

温水式は、ガスや灯油（重油）などの熱源で温水をつくり、この温水を配管により床材の直下に導いて床材を加温する方式です。温度分布が均一であるなどの特徴があります。これらは、方式によりさらに細かく分類されます（図141）。

施工方法と注意点

施工方法は、熱源の方式やメーカーによりそれぞれ異なるため、各メーカーの仕様書に従って適切に施工します。

床暖房パネル、温水マットの上に仕上げをする場合は、仕上材の種類により工法が違うので注意が必要です。

フローリングの場合は、必ず床暖房対応のものを選び、専用の接着剤、フロアネイルを使用します。

カーペットの場合は、グリッパー工法が適しています。畳は、一般の畳は熱伝導がよくないので床暖房専用畳を使用します。タイルは、床暖房専用があるので、それを使用します。クッションフロアは、専用接着剤にて全面接着をします。なお、床暖房は、頻繁に水が接する場所には使用できません。

床暖房はメーカーの仕様書により適切に施工します

図140 ▶電気式の施工例

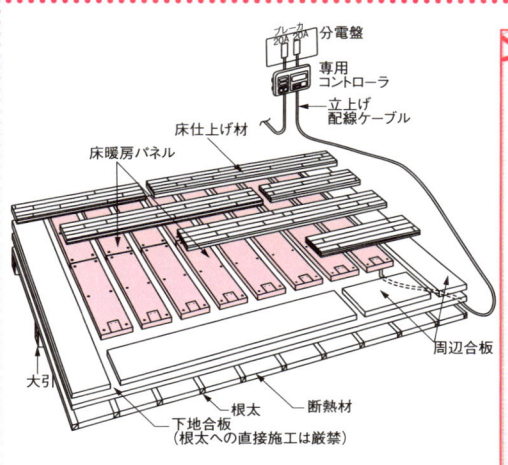

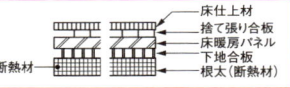

Check Point

- 床暖房パネルの下側には、適切な断熱工事を行う
- 根太は、十分乾燥したもの(含水率13%以下)を使用し、45mm角以上のものを303mm間隔で施工する
- 合板下地は、12mm厚以上とし、根太と接着剤と釘で確実に留め、不陸、目違いなどないようにする
- フローリングは根太に直交かつ短手側の継目が小根太上に位置するように割り付ける
- フローリングの継目と床暖房パネルの継目や下地合板の継目と床暖房パネルの継目とが重ならないようする(目安として150mm程度ずらす)
- フローリングの張り方向は、床暖房パネルと直交する方向にしか張らないので、事前に張り後方を十分に確認する
- 床暖房パネルの釘打ちできる範囲は決まっているので、仕様書で十分に確認する

図141 ▶温水式の施工例

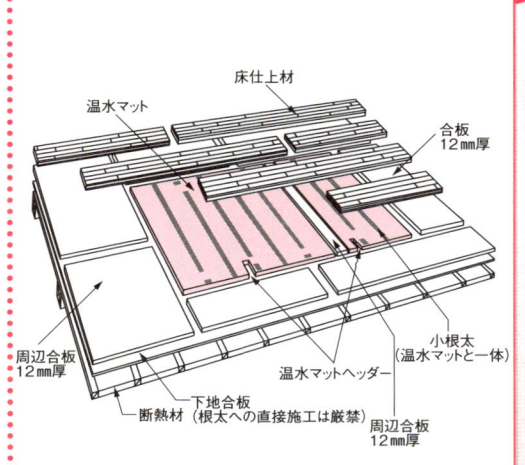

Check Point

- 温水マットの下側には、適切な断熱工事を行。
- 根太は、十分乾燥したもの(含水率13%以下)を使用し45mm角以上のものを303mm間隔で施工する
- 床下は、作業できるよう300mm以上開ける。
- 合板下地は、12mm厚以上とし、根太と接着剤と釘で確実に留め、不陸、目違いなどないようにする
- フローリングは根太に直交かつ短手側の継目が小根太上に位置するように割り付ける
- フローリングの継目と温水マットの継目や下地合板の継目と温水マットの継目とが重ならないようする(目安として150mm程度ずらす)
- 壁際から20mm以上離して温水マットを取り付ける
- 温水マットヘッダー部は必ず周辺の合板と接するように取り付ける

6 設備機器の設置と外構のデザイン

建物との調和が大切な
外構のデザイン

外構工事全体の注意点

　外構工事は、門、アプローチ、テラス、カーポート、擁壁、塀工事などがその範囲となります。

　アプローチは、人を迎え入れ、その家の顔となる部分です。デザインは建物や建て主にふさわしいものでなくてはなりません。

　カーポートやテラスの工事でも建物と同様に、掘削、埋戻しをしてすぐに土間コンクリートを打設するのではなく、しっかり転圧を行い、十分な養生期間をとることが必要です。建物と土間との間に隙間ができたり、タイル目地に亀裂が入ることがありますが、いずれも転圧不足や地盤沈下が大きな原因です。

よくあるトラブル

　トラブルとしては、施工時のタイルの接着不良が原因で白華が出る、塀のモルタル下地が浮いて何年か経つと剥落する、ひび割れが起きるなどがあります。

　メンテナンスのことを考えて、塀が汚れないように笠木を取り付けます。デザイン上の理由で笠木を省略する場合がありますが、後になってトラブルの原因となることがあります(図142)。

　擁壁や塀はトラブルによっては人命にかかわる場合もあるため、建物同様にしっかりとした現場監理が必要です。

コンクリートブロック塀

　コンクリートブロック塀の基礎は、地盤にあった形状とし十分な根入れ深さをとることが必要です。基礎は鉄筋コンクリート造とし、根入れ深さを35cm以上とします。基礎は地面より5cm以上上げ、基礎の形は、I型、逆T型、L型とします。

　コンクリートブロックは圧縮強度によりA種、B種、C種に分けられ、塀には、B種かC種を使用します。鉄筋は、SD295Aを使用し、縦筋は、基礎から壁の上まで1本の鉄筋で立ち上げます。横筋は、控え壁があるときは塀本体と控え壁をつなぎ、一体とします。控え壁は、倒壊を防ぐために重要です(図143)。

> 外構工事においても建物と同様にしっかりとした施工監理が必要です。

図142 ▶ 外構工事の注意点

カーポートの配筋。十分に転圧した上に鉄筋を組む

タイルの接着不良により土間タイルに白華が出ている

地盤沈下が原因で土間タイルに亀裂がはいっている

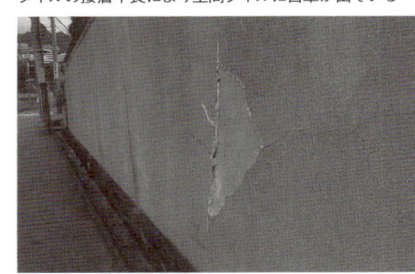

モルタルが浮いていると数年後に剥落する

図143 ▶ コンクリートブロック塀の基本構成

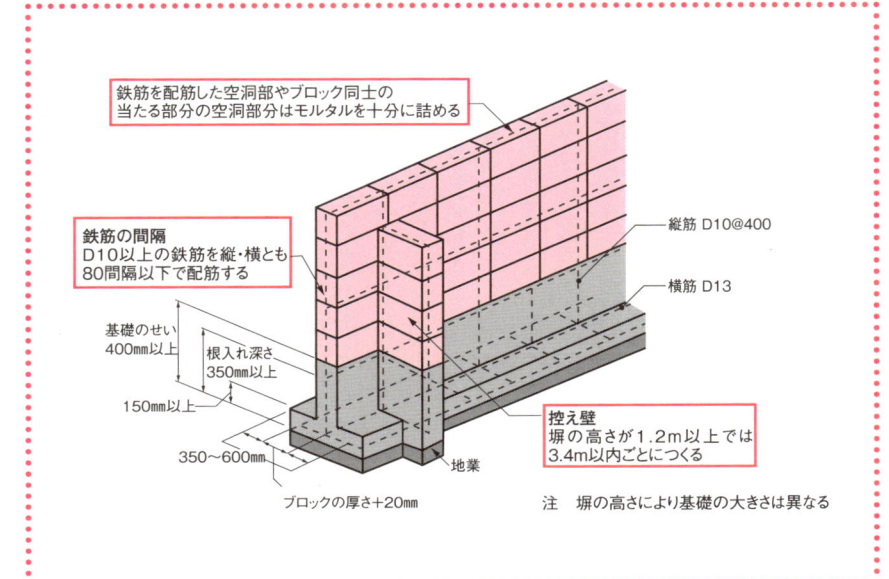

鉄筋を配筋した空洞部やブロック同士の当たる部分の空洞部はモルタルを十分に詰める

縦筋 D10@400

横筋 D13

鉄筋の間隔
D10以上の鉄筋を縦・横とも80間隔以下で配筋する

基礎のせい 400mm以上
根入れ深さ 350mm以上
150mm以上
350〜600mm
ブロックの厚さ+20mm
地業

控え壁
塀の高さが1.2m以上では3.4m以内ごとにつくる

注　塀の高さにより基礎の大きさは異なる

6　設備機器の設置と外構のデザイン

安水正（やすみず ただし）

1959年生まれ。一級建築士。1984年大阪工業大学工学部建築学科卒業。同年株式会社あめりか屋に入社。住宅建築の基礎を学ぶ。2003年安水建築事務所を設立、日本工科専門学校非常勤講師。2006年株式会社アーキアシストを設立。2009年より大手前大学非常勤講師。兵庫県建築市会神戸支部理事、神戸市すまいの耐震診断員。現在、主に木造住宅の設計・監理、欠陥住宅調査・鑑定、建物調査・診断、建物に関するコンサルティングを行っている

ゼロからはじめる建築知識
02 木造の工事

発行日	2010年6月18日　初版第1刷発行 2016年9月16日　　　第2刷発行
著　者	安水正
発行者	澤井聖一
発行所	株式会社エクスナレッジ 〒106-0032 東京都港区六本木7-2-26 販売部　TEL:03-3403-1321 　　　　FAX:03-3403-1829 URL:http://www.xknowledge.co.jp/
編集協力・本文デザイン	廷々史哉・橋村浩／パルス・クリエイティブ・ハウス 阿部 守／MABコンサルティング
イラスト	高村あゆみ
カバー・表紙デザイン	細山田デザイン事務所
印刷・製本	大日本印刷

落丁・乱丁本は販売部にてお取り替えします。
本書の内容（本文、図表、イラストなど）を当社および著者の承諾なしに無断で転載（翻訳、複写、データベースの入力など）することを禁じます。
ISBN978-4-7678-0996-0
ⓒYASUMIZU TADASHI　2010　Printed　in　Japan